„Die Partei ruft" – Summarium: Die braunen Jahre

Rainer Schulz

Die Partei ruft

Leutershausen zur Zeit
der nationalsozialistischen Herrschaft

DIE BRAUNEN JAHRE

EIN SUMMARIUM

Der Autor

Rainer Schulz, geboren 1954, Dr. theol., war evang. Gemeindepfarrer in Bayern und Chile (Punta Arenas, 1986–1995). Für seinen Einsatz für Frieden und Gewissensfreiheit in Chile erhielt er die Friedensmedaille der röm.-kath. Kirche. Er promovierte an der AHS Neuendettelsau mit einer Dissertation über den biblischen Märtyrer Stephanus. Die mehrbändige **Dokumentation „Die Partei ruft"** wurde von der Evang.-Luth. Kirche in Bayern im November 2024 mit dem Wilhelm Freiherr von Pechmann-Preis gewürdigt.

Impressum
Rainer Schulz © Neuendettelsau / Leutershausen 2024/2025
Dokumentarische Vorarbeiten zur wissenschaftlichen Aufarbeitung des Lebens in Leutershausen während der nationalsozialistischen Gewaltherrschaft, Ergänzungsband: Die braunen Jahre – ein Summarium. Fassung: 3
Abbildung Cover-Logo: AI / DALL-E.

Hinweis: das hier gemeinte mittelfränkische Leutershausen ist nicht zu verwechseln mit Leutershausen an der Bergstraße, einem Teilort der Gemeinde Hirschberg in Baden-Württemberg.

Zitierweise: Rainer Schulz: Die Partei ruft. Leutershausen zur Zeit der nationalsozialistischen Herrschaft. Zusatzband: Summarium: Die braunen Jahre. 2024
Kurztitel: Schulz, Rainer (Hg.): Die Partei ruft. Summarium. 2024.

Verlag: BoD · Books on Demand GmbH, Überseering 33, 22297 Hamburg, bod@bod.de
Druck: Libri Plureos GmbH, Friedensallee 273, 22763 Hamburg
ISBN: 978-3-7693-1585-1

INHALT

EINFÜHRUNG

- *Zur Archiv-Dokumentation „Die Partei ruft"*

Diesem Buch liegt eine 1200 Seiten umfassende, aus Datenschutz-
gründen nichtöffentliche Archiv-Dokumentation zugrunde. Deren Titel lautet: „Die Partei ruft – Leutershausen zur Zeit der nationalsozialistischen Herrschaft".

Im Februar 2024 wurde diese Dokumentation nach zweijähriger Arbeit im Team mit Karlheinz Seyerlein (Leutershausen) und Stefan
Diezinger (Jochsberg) fertiggestellt. Im November 2024 wurde sie in
München mit dem Wilhelm-Freiherr-von-Pechmann-Preis der Evan-
gelisch-Lutherischen Kirche in Bayern in der Kategorie „Wissenschaft" ausgezeichnet.

Der Dokumentationstitel „Die Partei ruft" greift einen am 31. Oktober 1941 in der Fränkischen Zeitung (FZ) erschienen Artikel auf, der
mit der Losung „Die Partei ruft" beginnt und mit „Führer befiehl, wir
folgen!" endet.

Erklärtes Ziel der Archiv-Dokumentation war und ist es, Material für
eine wissenschaftliche Aufarbeitung des Lebens in Leutershausen
zur Zeit der NS-Diktatur bereitzustellen. Sie entstand aus dem lang-
jährigen Bestreben des Stadtrates Leutershausen und seines Ar-
beitskreises „Gedenken", eine solche Aufarbeitung zu ermöglichen.

Die Bände der Dokumentation setzen die folgenden Schwerpunkte:

- **Band 1** dokumentiert die kommunale Politik und Verwaltung
  Leutershausens anhand der städtischen Bekanntmachungen
  während der Jahre 1932 bis 1949.
- **Band 2** (wegen seines Material-Umfangs in *2 Teilbänden* auftre-
  tend) bietet durch einen Pressespiegel (v. a.: Fränkische Zeitung,
  1930 bis 1948) umfassende Einblicke in das alltägliche Leben
  der Leutershausener Stadt- und Landbevölkerung sowie die ört-
  liche Propaganda der NSDAP.

- **Band 3** untersucht den kommunalen Bedeutungszuwachs der NSDAP und die Mechanismen ihrer Machtergreifung im Alltag der Menschen.
- **Band 4** dokumentiert die Geschichte der jüdischen Gemeinde, ihre Demütigung, Entrechtung, Verfolgung, Vertreibung und Vernichtung.
- **Band 5** beleuchtet den demokratischen Neuaufbau nach dem Zweiten Weltkrieg und die späteren Formen eines Gedenkens an die Opfer des Nationalsozialismus.

- *Die befragten Quellen*

Die Archiv-Dokumentation „Die Partei ruft", nun zusammengefasst im vorliegenden „Summarium", verdankt ihren Inhalt wesentlich Dokumenten aus dem **Stadtarchiv Leutershausen**. Beispiele dafür sind städtische Bekanntmachungen, Korrespondenzen, Protokolle, Statistiken, Dokumente zur Entnazifizierung wie Meldebögen oder Spruchkammerakten.

Darüber hinaus gibt ein „Pressespiegel" Auskunft über Alltag und NS-Propaganda in Leutershausen (Teilbände 2-1 und 2-2). Er bezieht sich vor allem auf Artikel der „Fränkischen Zeitung".

Darüber hinaus verweist die Dokumentation auf zahlreiche wissenschaftliche Publikationen, die sich mit der Geschichte des Nationalsozialismus befassen. Gelegentlich wurden auch Internetquellen herangezogen, etwa um bestimmte Begriffe oder Ereignisse zu erläutern. Visuelle Elemente wie Fotografien von Dokumenten ergänzen den Text.

Die Zusammenführung all dieser Archivalien in der Archiv-Dokumentation „Die Partei ruft" schafft eine konkrete Grundlage für weitere Forschungsarbeiten. Sofern ein direkter Zugang zu den Originalquellen für *wissenschaftliche* Zwecke erforderlich ist, besteht die Möglichkeit, die Dokumentation nach Genehmigung durch die Archivleitung im Stadtarchiv Leutershausen persönlich einzusehen. Eine Ausleihe ist nicht möglich.

- *Zu diesem Buch*

Das Buch ist so konzipiert, dass seine einzelnen Kapitel je nach Interesse hintereinander oder in loser Reihenfolge aufgerufen und gelesen werden können.

Jedes Kapitel greift ausgewählte Themenbereiche der „großen" Dokumentation heraus und fasst sie handlich zusammen. Aus Tausenden von ursprünglich befragten Quellen wurden dafür nun etwa 300 ausgewählt und zitiert.

Das Summarium richtet sich an Leserinnen und Leser, die sich über die Zeit der nationalsozialistischen Herrschaft in Leutershausen informieren möchten, aber nicht die Möglichkeit haben, sich im Detail mit den mehr als zahlreichen, oft in Sütterlin oder Fraktur geschrieben Archivalien zu befassen, die der „großen", nichtöffentlichen Archiv-Dokumentation zugrunde liegen.

Hinweis für Eilige:

Vor jedem Kapitel steht eine kurze Zusammenfassung seines Inhalts. Für einen allerersten Überblick hilft die rasche Lektüre dieser Absätze.

Umrahmte Abschnitte, die mit **„Näheres dazu"** überschrieben sind, lassen sich zunächst überspringen. Allerdings enthalten gerade sie wichtige Erläuterungen von Begriffen, Beispielen aus dem Alltagsleben der Stadt- und Landbevölkerung und Originalzitate aus Presse und städtischen Archivalien.

Zur vorliegenden überarbeiten Auflage

Die vorliegende Auflage unterscheidet sich von der ursprünglichen aus dem Jahr 2024 vor allem durch die Beseitigung von Druckfehlern. Abgesehen von kleineren orthographischen Unebenheiten betrifft dies einige wenige sachliche Korrekturen, vertippte Kalenderdaten und Fehleinordnungen in der „Zeitleiste" am Ende des Buches.

Rainer Schulz

„Die Partei ruft"
Leutershausen zur Zeit der nationalsozialistischen Herrschaft

Abb. 2: „Die Partei ruft" – die Dokumentation

1. DIE MACHT DER PARTEI

Darum geht es in diesem Kapitel:

Wie überall erlangte die NSDAP auch in Leutershausen ihre Macht durch die effektive Verbreitung und Durchsetzung ihrer Ideologie. Eine zentrale Rolle spielten dabei die Vielzahl nationalsozialistischer Organisationen sowie der gezielte Einsatz bestimmter Symbole und Rituale, um die NS-Ideologie im Bewusstsein der Bevölkerung zu verankern. Die lokale Presse, insbesondere die Fränkische Zeitung (FZ), diente als Propagandainstrument, um über Veranstaltungen und Ziele der Partei zu informieren und die nationalsozialistische Weltanschauung zu verbreiten. Parteiveranstaltungen demonstrierten Macht und Stärke. Der Einfluss auf die Kommunalpolitik zeigte sich in der Kontrolle der Gemeinderäte und der Gleichschaltung aller Lebensbereiche. Widerstand regte sich kaum, abgesehen von vereinzelten kritischen Oppositionsäußerungen.

1.1. NS-IDEOLOGIE: VERBREITUNG UND DURCHSETZUNG

Die befragten Quellen zeigen, wie die NS-Ideologie in Leutershausen wirksam propagiert und durchgesetzt wurde. Dazu dienten verschiedene Maßnahmen wie die Beeinflussung der Jugend oder die Einbindung der Bevölkerung in nationalsozialistische Organisationen. Bestimmte Symbole und Rituale spielten dabei eine eigene propagandistische Rolle.

- *Die Rolle der Medien*

Die damals lokal viel gelesene „Fränkische Zeitung" (FZ) wurde zunehmend zum Sprachrohr der NSDAP. Ihre Berichterstattung war einseitig auf die Erfolge des Regimes ausgerichtet.

Besonders auffällig sind beispielsweise Zitate aus Artikeln des von Julius Streicher herausgegebenen antisemitischen Blattes „Der Stürmer". Dessen Publikationen trugen wesentlich zur Verbreitung des Judenhasses bei.

1. Näheres dazu:

Julius Streicher (1885–1946) war ein einflussreicher Gauleiter der NSDAP in Franken und der Herausgeber des antisemitischen Hetzblattes „Der Stürmer". Seine aggressive Verbreitung von rassistischer und antisemitischer Propaganda war ein zentraler Bestandteil seiner politischen „Karriere".

Nach dem Ende des Zweiten Weltkriegs versuchte Streicher, sich als „Kunstmaler Seiler" zu tarnen, wurde jedoch in Tirol verhaftet.

Im Nürnberger Prozess wurde er wegen Verbrechen gegen die Menschlichkeit zum Tode verurteilt und am 16. Oktober 1946 hingerichtet.

Der Rundfunk wurde als wichtiges Propagandainstrument eingesetzt, um insbesondere die kommunikationstechnisch oft vom Weltgeschehen abgeschnittene Landbevölkerung direkt zu erreichen und ideologisch zu beeinflussen.

2. Näheres dazu:

Die Übertragung von Reden, insbesondere von Adolf Hitler, spielte eine zentrale Rolle in der nationalsozialistischen Propaganda. Ein Beispiel unter mehreren ähnlichen ist die Übertragung einer „Führerrede" am 1. Mai 1935. (FZ 3. Mai 1935)

Auch die städtischen Bekanntmachungen der Stadt Leutershausen, die traditionell mit einer Handglocke „ausgeschellt" wurden, dienten der Verbreitung von Anweisungen und Verordnungen des NS-Regimes.

3.   Näheres dazu:

Bereits im Jahr 1933 enthalten die amtlichen Bekanntmachungen Aufrufe zu Wahlversammlungen (städtisch Bekanntmachung 26. Oktober 1933) oder zu Werbeabenden der nationalsozialistischen Jugendverbände. (Städtische Bekanntmachungen 30. November 1933).

Reichszuschüsse für landwirtschaftliche Instandsetzungsarbeiten werden angeboten (städtische Bekanntmachung 1. April 1934) oder verbilligte Fahrten zu Ausstellungen des Reichsnährstandes nach Hamburg (städtische Bekanntmachung 6. Mai 1935). Gleichzeitig werden Musterungstermine und Gestellungsaufrufe für den Arbeits- und Wehrdienst prominent verkündet (städtische Bekanntmachung 1, Juni 1935)

Mit dem Beginn des Krieges dominieren kriegsbedingte Themen die städtischen Bekanntmachungen. Meldungen über die Einquartierung von Soldaten (städtische Bekanntmachung 7. Juli 1940) und die Sammlung von Kleidern für die Front (städtische Bekanntmachung 21. Juni 1942) spiegeln die Herausforderungen der Kriegswirtschaft wider.

Nach dem Krieg beschäftigen sich die städtischen Bekanntmachungen u. a. mit den Herausforderungen des Wiederaufbaus, der Ausgabe von Lebensmittelkarten (städtische Bekanntmachung 6. Dezember 1945) oder der Ausgabe von Saatkartoffeln (städtische Bekanntmachung 18. Februar 1946).

Regelmäßige Kundgebungen und Versammlungen der NSDAP waren ein weiteres Mittel zur Propagierung der Ideologie. Redner wie der berüchtigte „Frankenführer" Julius Streicher oder Karl Holz trugen dazu bei, antisemitische Hetze zu verbreiten und die Bevölkerung für die Ziele des Regimes zu mobilisieren.

In den FZ-Berichten wurde – vermutlich eher realitätsfern – immer wieder geschildert, dass die Auftritte von Streicher und Holz stets und überall mit „brausenden Heilrufen", „gewaltigem Jubel", „starkem", „reichem", „lang anhaltendem" Beifall" und „stürmischer Zustimmung" beantwortet worden seien.

4. Näheres dazu:

Karl Holz (1895-1945) war der Stellvertreter von Julius Streicher. Er reiste unermüdlich durch die Region und hielt zahlreiche Reden und Versammlungen ab, um die nationalsozialistische Ideologie zu verbreiten und die Bevölkerung für die Ziele des Regimes zu mobilisieren.

Wie Streicher war Holz ein fanatischer Antisemit und nutzte seine Plattform, um gegen „das Weltjudentum" zu hetzen und die Verfolgung der jüdischen Bevölkerung voranzutreiben.

Holz war lange Zeit Schriftleiter des „Stürmer", des berüchtigten antisemitischen Hetzblatts von Julius Streicher. Holz bereicherte sich wie Streicher im 1938er-Pogrom persönlich.

Im Jahr 1934 wurde die Schillingsfürster Straße in „Karl-Holz-Straße" umbenannt. Holz starb 1945 als Führer von Stoßtrupps der Wehrmacht und des Volkssturms in Nürnberg.

▪ *Bevölkerung und NS-Organisationen*

Die Hitlerjugend (HJ) und der Bund Deutscher Mädel (BDM) spielten eine entscheidende Rolle bei der Indoktrinierung der Jugend. Durch regelmäßige Versammlungen, Appelle, Sportwettkämpfe und paramilitärische Übungen wurden die Jugendlichen auf die Ziele des Regimes eingeschworen und zum Gehorsam erzogen.

5. Näheres dazu:

Ein Bericht über die Gründung einer **Hitler-Jungvolk**-Abteilung in Frommetsfelden im Jahr 1933 unterstrich die Bedeutung des „nationalen und kameradschaftlichen Geistes" und stellte den „unverbrüchlichen Gottesglauben" als „heiligstes Gut" über alles. (FZ 12. Mai 1933)

Im Lauf der Jahre wurde die HJ immer präsenter im öffentlichen Leben. Sie nahm an Festen und Veranstaltungen teil, wie dem „Fest der deutschen Jugend" im Jahr 1934 (städtische Bekanntmachung 22. Juni 1934) oder der Sonnwendfeier mit Kriegstotengedenken im Jahr 1936 (FZ 30. Juni 1936).

Zur „Eingliederung" der evangelischen Jugend berichtet die FZ im März 1934:

- „Am Sonntag zogen die Hitlerjugend und evangelische Jugend unter Vorantritt der hiesigen Sturmkapelle zur Kirche, wo die Eingliederung der evangelischen Jugend ihre Weihe fand.
- Pfarrer Fries wies in seiner Predigt auf die große Bedeutung der Eingliederung hin und ermahnte die Jugend zu treuester Pflichterfüllung und Hingabe für Volk und Vaterland.
- Der Posaunenchor wirkte bei der erhebenden Feier mit. Anschließend an den Gottesdienst durchzogen die gesamten Jugendverbände unter klingendem Spiel die Straßen unserer Stadt."

Das Schulwesen wurde auf die NS-Ideologie ausgerichtet; Lehrer waren verpflichtet, ihre Schüler im Sinne des Regimes zu erziehen.

Die NSDAP und ihre zahlreichen Gliederungen wie die SA (Sturmabteilung), die NS-Frauenschaft und der Reichsarbeitsdienst (RAD) drängten die Bürger, sich aktiv am Aufbau des nationalsozialistischen Staates zu beteiligen.

6. Näheres dazu:

Die **Hitlerjugend (HJ)** war eine zentrale Organisation im nationalsozialistischen System, die junge Menschen im Sinne der NS-Ideologie erziehen wollte. Sie bot Aktivitäten wie Sport, Geländespiele, Märsche und politische Schulungen an, um die Jugendlichen auf ihren Einsatz für das Regime vorzubereiten.

Die HJ Leutershausen war in verschiedene Altersgruppen unterteilt und gehörte zum „Bann 319" der Region Ansbach/Franken. Sie nahm aktiv am öffentlichen Leben teil, organisierte Veranstaltungen und war in die Kriegswirtschaft eingebunden.

Die „Motor-HJ" und Elternabende verdeutlichen ihre vielfältigen Aktivitäten. Obwohl die Mitgliedschaft offiziell freiwillig war, übte die HJ großen sozialen Druck aus. Sie bot den Jugendlichen Gemeinschaft und Abenteuer, diente aber in Wirklichkeit der Indoktrination und Kriegsvorbereitung.

Die Anwesenheit von HJ-Gruppen aus anderen Regionen, wie z. B. 80 Hitlerjungen aus dem Saargebiet (FZ 7. September 1935), zeigt die überregionale Vernetzung.

Bund Deutscher Mädel (BDM): Die befragten Quellen bieten umfassende Informationen über den Bund Deutscher Mädel (BDM) in Leutershausen und dessen Einfluss auf das Leben von Mädchen und jungen Frauen. Der BDM war die weibliche Jugendorganisation der NSDAP, die Mädchen im Alter von 10 bis 18 Jahren im Sinne der nationalsozialistischen Ideologie erziehen und auf ihre Rolle als Hausfrau und Mutter vorbereiten sollte. Die Organisation bot Aktivitäten wie Hauswirtschaft, Handarbeit, Sport, Singen und politische Schulungen an, um die Mädchen auf ihre Rolle in der „Volksgemeinschaft" vorzubereiten.

Der BDM nahm aktiv an Veranstaltungen wie dem 1. Mai, Helden-Gedenkfeiern oder z. B. einem „Werbeabend" der NS-Frauenschaft 1934 (FZ 17. März 1934). Der BDM nahm zudem an „Reichsberufswettkämpfen" teil, um Mädchen beruflich zu fördern; 1935 nahmen 66 Mädchen aus Leutershausen daran teil (FZ 22. März 1935). Die Organisation arbeitete eng mit anderen nationalsozialistischen Gruppen wie der NS-Frauenschaft zusammen.

Die **SA** war eine paramilitärische Organisation der NSDAP und spielte eine Schlüsselrolle beim Aufstieg der Nationalsozialisten. Sie sorgte bei Versammlungen für Ordnung und propagierte die Ideologie durch Aufmärsche und Kundgebungen. In Leutershausen war die SA in verschiedene Stürme unterteilt, die jeweils für bestimmte Gebiete zuständig waren.

Die **NS-Frauenschaft (NSF)** hatte die Aufgabe, Frauen im Sinne der nationalsozialistischen Ideologie zu mobilisieren. In Leutershausen wurde sie 1933 gegründet und umfasste zahlreiche Mitglieder. Ihre Aktivitäten reichten von Schulungsabenden über Handarbeiten bis hin zu Muttertagsfeiern und Nähkursen.

Der **Reichsarbeitsdienst (RAD)**, gegründet 1935, verpflichtete junge Männer und Frauen zu einem sechsmonatigen Arbeitsdienst. Ziel war es, sie zu „Volksgenossen" zu erziehen und sie auf den Kriegseinsatz vorzubereiten. In Leutershausen wurde ein RAD-Lager für weibliche Jugendliche eingerichtet, das im ehemaligen Landgerichtsgebäude untergebracht war. Die „Arbeitsmaiden", wie die weiblichen RAD-Angehörigen genannt wurden, arbeiteten vor allem in der Landwirtschaft und Hauswirtschaft.

Der **Reichsnährstand** unter Richard Walther Darré spielte eine bedeutende Rolle bei der Verbreitung der Ideologie auf dem Land, indem er Bauern als „Fundament des Volkes" idealisierte und sie auf den Krieg vorbereitete.

Zahlreiche Feiern wie der Tag der nationalen Solidarität oder Heldengedenkfeiern dienten der Propagierung der NS-Ideologie und der Mobilisierung der Bevölkerung. Die Bevölkerung wurde aufgefordert, ihre Häuser zu bestimmten Anlässen mit Hakenkreuzfahnen zu beflaggen, um die Allgegenwart des Regimes zu demonstrieren.

1.2. DER AUFSTIEG DER NATIONALSOZIALISTISCHEN PARTEI

Die befragten Quellen zeichnen ein detailliertes Bild davon, wie sich die NSDAP zwischen 1933 und 1945 in Leutershausen etablierte und die Kontrolle über das gesellschaftliche und politische Leben der Stadt erlangte.

- *Vor 1933: Ein fruchtbarer Boden für die NSDAP*

Bereits vor 1933 stieß die NSDAP in Leutershausen auf breite Zustimmung in der Bevölkerung. Bei der Reichstagswahl 1932 erhielt die NSDAP in Leutershausen laut städtischer Bekanntmachung 86% der Stimmen, was der Stadt schon früh den zweifelhaften Ruf einer „Parteihochburg" einbrachte.

7. Näheres dazu:

Die Reichstagswahl vom Juli 1932 führte zu einem Patt im Parlament, da die NSDAP zwar die meisten Stimmen erhielt, aber nicht genügend, um eine Regierung zu bilden. Da keine Partei eine parlamentarische Mehrheit erreichen konnte, wurden für November 1932 Neuwahlen ausgerufen. Die beiden Reichstagswahlen waren entscheidend für den Aufstieg der NSDAP. Die folgenden stichpunktartigen Hinweise spiegeln die Vielfalt und zugleich Uneinigkeit bzw. Kleinteiligkeit der Parteienlandschaft wider:

- Im März 1932 sprach Oberleutnant a.D. Dechant vom paramilitärischen „**Stahlhelm**" in Ansbach auf einer Wahlkampfveranstaltung des **Kampfblocks Schwarz-Weiß-Rot** zur Reichspräsidentenwahl. Diese Veranstaltung wurde gemeinsam mit dem **Bund der Frontsoldaten**, der **Deutsch-Nationalen Volkspartei** und dem **Bayerischen Landbund** organisiert. Es musizierte die Stahlhelm-Kapelle Ansbach. Nach der

Machtergreifung der Nationalsozialisten 1933 wurde der Stahlhelm in die SA eingegliedert. (FZ 5. März 1932)

- Im April 1932 hielt der Landwirt (Johann?) Arnold aus Deßmannsdorf (Sachsen bei Ansbach) eine Rede im Müllerschen Gasthaus in Jochsberg, in der er sich gegen das **„schwarz-rote System"** positionierte, d. h. sich gegen eine demokratisch orientierte Koalition der sozialistischen **SPD** („rot") und die katholische geprägte **Zentrumspartei** („schwarz") aussprach. Der anwesende Leutershausener **NSDAP**-Ortsgruppenführer Wilhelm Bächner kritisierte seinerseits den **Landbund** für dessen wechselnden politischen Kurs. (21. April 1932).
- Im November 1932 hielt Dr. Fischer, ein Redner aus Nürnberg, eine Versammlung des **Bayerischen Landbunds** in Petersaurach ab. Er forderte die Anwesenden auf, am 6. November für die Liste der **Deutschnationalen** zu stimmen. (FZ 4. November 1932)
- Eine für den 6. September 1930 geplante Wahlversammlung der 1930 gegründeten mittelständischen **Wirtschaftspartei** in Leutershausen musste aufgrund zu geringer Beteiligung abgesagt werden. (FZ 3.9.1940)
- Die **NSDAP** führte kurz vor der Reichstagswahl im November 1932 mehrere Wahlversammlungen durch, z. B. in Winden, Oberramstadt, Röthenbach, Auerbach, Meuchlein, Höchstetten usw.: „Ueberall zeigte sich sehr guter Besuch und reges Interesse für die die Idee Adolf Hitlers." (FZ 1932-11-04)

- *Die „Machtergreifung" und die Konsolidierung der Macht:*

Nach der Ernennung Hitlers zum Reichskanzler im Januar 1933 festigte die NSDAP rasch ihre Macht im ganzen Land, so auch in Leutershausen. Der Stadtrat, der Hitler bereits 1932 die Ehrenbürgerwürde verliehen hatte, unterstützte die neue Regierung aktiv.

Der Marktplatz wurde 1934 in Adolf-Hitler-Platz und die Schillingsfürster Straße vom Schlumpfschen Anwesen bis zur Hohen Brücke in Karl-Holz-Straße umbenannt.

8. Näheres dazu:

- Nach Hitlers Ernennung zum Reichskanzler im Januar 1933 gratulierte die Stadtgemeinde Leutershausen ihm telegraphisch (städtische Bekanntmachung 3.Oktober 1932)

- Im Februar 1934 beschloss der Stadtrat, den Marktplatz in „Adolf-Hitler-Platz" umzubenennen, um Hitler weiter zu ehren. (Az B 109, Stadtratssitzung vom 1934-02-08). – FZ vom 13. Februar 1934: „Ehrungen. Auf Antrag der Fraktion der NSDAP hat der Stadtrat beschlossen, als weitere Ehrung unseres Reichskanzlers Adolf Hitler, dem bereits am 6.7.32 das Ehrenbürgerrecht verliehen wurde, den Marktplatz in Adolf-Hitler-Platz umzubenennen. Dem Frankenführer Julius Streicher wird das Ehrenbürgerrecht von Leutershausen angetragen. Die Straße vom Schlumpfschen Anwesen bis zur Hohen Brücke wird Karl-Holz-Straße benannt.«
- Bürgermeister Faatz, der den Eid der Stadträte auf Hitler abnahm, versicherte, dass er und der Stadtrat voll und ganz hinter der Regierung Hitlers stehen. (Az B 109, 1935-10-01, Sitzungsprotokoll, und FZ 15. Mai 1933)

Der Gauleiter Julius Streicher und nationalsozialistische Politiker wie Wilhelm Stegmann verbreiteten die nationalsozialistische Ideologie in der Region – und das mit Nachdruck.

9. Näheres dazu:

Wilhelm Stegmann (1899-1944) war SA-Führer und von 1930 bis 1933 Reichstagsabgeordneter der NSDAP. In den frühen Jahren des Nationalsozialismus wirkte er aktiv an der Parteiorganisation mit. 1932 hielt Stegmann bei einer NSDAP-Kundgebung in Leutershausen eine Rede über „Zweck und Ziel der SA". (FZ 6. Juni 1932), Im April 1932 (FZ 20. April 1932) sprach Stegmann bei der Beerdigung eines „Hitlerjungen" in Leutershausen. Ebenfalls 1932 begrüßte er den aus der Haft entlassenen SA-Führer von Leutershausen, Michael Fleischmann, bei einer Versammlung und sprach über die Rolle der SA im „kommenden Dritten Reich". (FZ 6.Juni 1932)

Stegmann war bekannt für seine aggressiven SA-Ausschreitungen, die sich auch gegen die Landpolizei richteten. Die Polizei sah sich überfordert und konnte sich gegen die Übergriffe nicht durchsetzen.

Als einige SA-Randalierer verhaftet werden sollten, reagierten Teile der Bevölkerung in Leutershausen mit einer drohenden Haltung gegenüber der Polizei. (Rainer Hambrecht, Die braune Bastion, 2017, 210f.)

Die NSDAP-Ortsgruppe unter der Leitung von Personen wie Wilhelm Bächner und später Joseph Rattler spielte eine zentrale Rolle bei der Durchsetzung der nationalsozialistischen Politik auf lokaler Ebene.

10. Näheres dazu:

Wilhelm Bächner war Ortsgruppenführer der NSDAP in Leutershausen.

Im Jahr 1932 leitete er eine NSDAP-Versammlung in Jochsberg. (FZ 28. Januar 1932)

Im Jahr 1933 veröffentlichte Bächner Erklärungen in der Fränkischen Zeitung zu den Vorgängen in der NSDAP in Franken im Zusammenhang mit dem „Fall Stegmann". Er hob die Wichtigkeit der Treue zu Adolf Hitler hervor und warnte vor parteischädigenden Handlungen. (FZ 2. April 1933)

Bächner organisierte auch einen Vortrag des Reichstagsabgeordneten Schemm aus Bayreuth zum Thema „Der Kampf um die Deutsche Freiheit und Kultur". (FZ 6. Juni 1932)

Oberförster **Joseph Rattler** war Mitbegründer der NSDAP-Ortsgruppe Leutershausen und bis 1942 leidenschaftlicher Ortsgruppenleiter.

Sein Engagement zeigte sich z. B. in der Teilnahme an Schulungsabenden, bei denen er Veranstaltungen eröffnete und die Ideologie der NSDAP propagierte. Er starb im März 1944 im Alter von 66 Jahren. (FZ 3. September 1944)

In den befragten Quellen werden verschiedene Maßnahmen der NSDAP beschrieben, die dazu dienten, die Kontrolle der Partei zu festigen und die Bevölkerung zu mobilisieren.

Dazu gehörten

- regelmäßige Versammlungen und Appelle,
- die Verbreitung von Propaganda durch Zeitungen und Flugblätter
- sowie die Einrichtung von NS-Organisationen wie der Hitlerjugend und dem Bund Deutscher Mädel.

Die NSDAP nutzte auch die wirtschaftliche Notlage der Zeit, um Unterstützung zu gewinnen. Dies erfolgte beispielsweise durch die Organisation von Arbeitsbeschaffungsmaßnahmen bzw. Arbeitseinsätzen sowie die Verteilung von Hilfsgütern im Rahmen des Winterhilfswerks.

11. Näheres dazu:

Arbeitsbeschaffungsmaßnahmen bzw. **Arbeitseinsätze** waren u. a. der „Freiwillige" Arbeitsdienst (FAD. Beispiele: Instandsetzung des Luitpold-hains und des Sportplatzes, Regulierung der Altmühl und Ausbau von Ver-bindungswegen), Pflichtarbeitseinsätze für Arbeitslose, Krisen- und Wohl-fahrtsunterstützungsempfänger (Beispiel: die Instandsetzung des Fußweges entlang der Bezirksstraße nach Wiedersbach), Bauprojekte (Bei-spiele: Umbau des Rathauses und der Ausbau der städtischen Badean-stalt), Reichsarbeitsdienst (RAD) für die weibliche Jugend („Arbeitsmai-den").

Das **Winterhilfswerk** (WHW) war eine nationalsozialistische Wohlfahrtsor-ganisation, die bedürftigen „Volksgenossen" Unterstützung bot. Diese Ak-tion diente nicht nur der materiellen Hilfe, sondern auch der ideologischen Festigung des Regimes, indem sie das Bild einer fürsorglichen Gemein-schaft propagierte.

- *Die Gleichschaltung der Gesellschaft:*

Der Begriff der „Gleichschaltung" bezeichnet den Prozess der Machtergreifung der Nationalsozialisten im Jahr 1933, welcher eine umfassende Kontrolle aller Bereiche des öffentlichen Lebens zur Folge hatte. Dieser Prozess umfasste

- die Abschaffung demokratischer Institutionen,
- die Auflösung oder Übernahme von Parteien, Verbänden und Vereinen
- sowie die Durchsetzung der nationalsozialistischen Ideologie in allen gesellschaftlichen Bereichen.

Dies betraf z. B. den Stadtrat Leutershausen, der auf Grundlage des „Gleichschaltungsgesetzes" unter der Aufsicht des zum Wahlleiter ernannten Bürgermeisters Faatz neu zu bilden war und nun von der NSDAP kontrolliert wurde („Gesetz zur Gleichschaltung der Länder mit dem Reich" vom 31. März 1933).

12. Näheres dazu:

Beispiele gleichschaltender Maßnahmen, um eine durchgehende NS-Ideologisierung der Gesellschaft zu erreichen:

Gleichschaltung der Arbeitswelt: Die Deutsche Arbeitsfront (DAF) organisierte Schulungen (z. B. für Handwerker und Gewerbetreibende, Buchführungskurse zur Anwendung der „Einheitsbuchführung", Abschlüsse, Abzüge für Steuerberechnungen und das Waren-Eingangsbuch, usw., oder Schnellkurse zur Führerscheinprüfung für Kleinkrafträder) und kontrollierte das Versicherungs- und Unterstützungswesen (die befragten Quellen erwähnen Krankenversicherung, Erwerbslosen-, Unfall-, Heirats-, Arbeitsopfer-, Invaliden- und Notfallunterstützung).

Kontrolle der Freizeitgestaltung: Kraft durch Freude (KdF) organisierte Reisen und kulturelle Angebote, um die Freizeit im Sinne der NS-Ideologie zu gestalten und den „Frohsinn" des deutschen Arbeiters zu fördern. Ausflüge führten Leutershausener Bürgerinnen und Bürger zum Beispiel nach Norwegen (1936), zum Fasching nach Rothenburg (1937) oder in die Fränkische Schweiz (1937). KdF lud ein zu Weinfesten und anderen Treffen, oft verbunden mit Tanz – Meldung 1937: „Wer wollte auch nicht fröhlich sein? Im Kaffee Dürnhöfer traf man sich und wer nicht rechtzeitig kam, fand keinen Platz mehr. Lachen und Frohsein war die Parole des Abends. Eine feine Musik paßte sich der Fröhlichkeit an." (FZ 8. November 1937).

Propaganda und Mobilisierung: NSDAP-Redner auf Versammlungen und Kundgebungen behandelten politische Themen, während Schulungsabende für Parteimitglieder die ideologische Schulung intensivierten.

Ideologisierung der Jugend: Die Hitlerjugend (HJ) und der Bund Deutscher Mädel (BDM) indoktrinierten Kinder und Jugendliche durch Veranstaltungen und Schulungen, z. B.:

– Wochenendschulungen für die HJ-Führerschaft (z. B. 1939 in Leutershausen, 1941 in Colmberg und Lehrberg),
– Ausbildungskurse für Unterführer und Führer (Antritt in Uniform; mitzubringen waren Bücher wie Hitlers „Mein Kampf" u.a.m.),
– Schulungen in Lagern Arbeitslager (z. B. Pfingstlager 1942 in Eyb; 1942 Arbeitslager für alle Jungen und Mädchen, „gleichgültig ob sie der Hitlerjugend angehören oder nicht"),
– Schulung durch praktische Tätigkeiten, spezifische Schulungen (Schießübungen, Geländedienst und Sport; technische Schulungen der Motor-HJ).

Abb. 3: „Hoheitszeichen" am Rathaus Leutershausen (FZ 1934)

- *Aufforderung zur Unterstützung von Kriegsanstrengungen*

Die kriegerische Überfallpolitik Hitlers, welche im September 1939 den Zweiten Weltkrieg auslöste, führte zu einer Verstärkung des Einflusses der NSDAP in Leutershausen. Die Partei nutzte die patriotische Stimmung, um ihre Macht weiter zu festigen.

Der Appell an Patriotismus, Pflichtbewusstsein und Opferbereitschaft stellte ein zentrales Element dieser Propaganda dar.

Die Bevölkerung wurde dazu aufgerufen, die Kriegsanstrengungen zu unterstützen.

13. Näheres dazu:

Die befragten Quellen erwähnen z. B.

- **Finanzielle Unterstützung**: Sammlungen für das Winterhilfswerk u. a. m.
- **Materielle Unterstützung**: Abgabe von Materialien, die für die Kriegsführung benötigt wurden (z. B. Sammlungen von Altmaterial und Spinnstoffen).
- **Moralische Unterstützung**: Häuserbeflaggung 1939 anläßlich der Annexion (bzw. „Rückkehr zum Reich") des Memellandes oder Empfang von Truppen (vgl. z. B. eine städtische Bekanntmachung vom 20. Juli 1940: „Voraussichtlich am kommenden Montag trifft ein Bataillon Infanterie ein, um hier Quartier zu nehmen. Die Soldaten haben die schweren Kämpfe und gewaltige Märsche in Frankreich hinter sich. Sie kehren als Sieger in die Heimat zurück und sollen sich nun von den überstandenen Strapazen und dem Schweren, das sie erlebten, erholen.")
- **Aktive Teilnahme**: Im Jahr 1940 wurde die Bevölkerung dazu aufgerufen, *„Opfer für Deutschlands Sieg"* zu bringen und *„aus Vaterlandsgefühl und anständiger Gesinnung"* Quartiere für Rückwanderer bereitzustellen. Im Jahr 1943 wurden *„Säumige"* zum Arbeiten aufgefordert, um *„die kämpfenden Soldaten an der Front"* nicht *„im Stich zu lassen"*.

- *Antisemitismus*

Antisemitismus, eines der zentralen Element der nationalsozialistischen Ideologie, gab es auch in Leutershausen (vgl. dazu besonders den Abschnitt „Juden„, Seite 77):

- Bereits vor 1933 kam es zu antisemitischen Ausschreitungen und Hetzkampagnen gegen die jüdische Gemeinde der Stadt.
- Nach der sogenannten „Machtergreifung" verschärfte sich die gezielte Diffamierung der Juden dramatisch.
- Jüdische Geschäfte wurden boykottiert, jüdische Bürger aus Vereinen und öffentlichen Ämtern ausgeschlossen und jüdisches Eigentum arisiert.

- Die Pogromnacht am 16. Oktober (!) 1938 markierte einen Höhepunkt der Gewalt gegen Juden in Leutershausen.

1.3. EINFLUSS VON NSDAP-VERTRETERN VON AUßEN

Die Auswertung der befragten Quellen lässt den Schluss zu, dass Vertreter der NSDAP von außen einen maßgeblichen Einfluss auf das politische und gesellschaftliche Leben in Leutershausen ausübten.

Dies erfolgte durch verschiedene Kanäle, welche eine umfassende Kontrolle und Mobilisierung der Bevölkerung ermöglichten.

- *Redner bei Versammlungen und Kundgebungen*

NSDAP-Funktionäre reisten wiederholt an, um bei Versammlungen und Kundgebungen zu sprechen. Diese Gelegenheiten dienten nicht nur der Verbreitung der Ideologie der Partei und der Mobilisierung der Bevölkerung für die Ziele der NSDAP, sondern auch der offenen Agitation gegen politische Gegner.

Beispiele für solche Veranstaltungen sind:

- Julius Streicher, Gauleiter von Franken, sprach 1932 bei einer Massenversammlung in Leutershausen.
- Pfarrer Sauerteig aus Ansbach referierte 1932 in Binzwangen über das Thema „Das deutsche Volk wählt Adolf Hitler„.
- Kreisleiter Hänel aus Ansbach sprach 1939 bei einer Versammlung in Leutershausen über die Herausforderungen, die die Kriegszeit an die Bevölkerung stellte.

Diese Redner waren maßgeblich daran beteiligt, nationalsozialistische Ideen zu verbreiten und das Regime zu festigen.

14. Näheres dazu:

Der Ansbacher Pfarrer **Max Sauerteig** (1867-1963) trat 1925 mit seiner Familie der NSDAP bei und erhielt den Spitznamen „Hakenkreuzapostel". Er unterstützte die Partei offen, indem er die Hakenkreuzfahne an seinem Pfarrhaus hisste und als Parteiredner auftrat. (wikipdia.de Max Sauerteig)

In einer Rede 1931 setzte Sauerteig das christliche Kreuz mit dem Hakenkreuz gleich. So versuchte er, christlich-religiöse Inhalte mit nationalsozialistischen Idealen zu verbinden.

Ein weiteres Beispiel seiner Redetätigkeit fand am 4. März 1932 in Binzwangen statt, wo er über „Das deutsche Volk wählt Adolf Hitler„ sprach. (FZ 3, Juli 1932)

Richard Hänel war von 1929 bis 1945 Kreisleiter der NSDAP in Ansbach und gleichzeitig Oberbürgermeister. In dieser Funktion hielt er z. B. bei Vereidigungen von Bürgermeistern in Leutershausen, Petersaurach und Wiedersbach Reden, in denen er die Pflichten der Bürgermeister im „Dritten Reich" betonte und die Wichtigkeit der Zusammenarbeit zwischen NSDAP, Staat und Gemeinden hervorhob. Er hielt Vorträge über Themen wie die „Neuordnung in Europa und Ostasien" (FZ 14. April 1942).

- *Schulungen und Schulungsfahrten*

Überregionale Schulungen und Schulungsfahrten waren unverzichtbare Instrumente, um die Mitglieder der NSDAP in Leutershausen mit der Ideologie und den Zielen der Partei vertraut zu machen.

Ein Beispiel hierfür ist Kreisschulungsleiter Parteigenosse Böhm. aus Ansbach, der 1936 in Leutershausen über den „Bolschewismus" referierte.

15. Näheres dazu:

Parteigenosse (Pg.) **Böhm** war ein Kreisredner in Ansbach. Er hielt eine Rede in Lichtenau im Rahmen einer Reihe von Versammlungen, die im Kreis Ansbach am 7. Oktober 1939 stattfanden.

Zusätzlich war er Kreisschulungsleiter in Ansbach. Am 17. April 1937 hielt er in Leutershausen einen Vortrag über die aktuelle politische und wirtschaftliche Lage mit Schwerpunkt auf dem Thema „Freimaurertum". (FZ 17. April 1937)

Bolschewismus: Der Begriff „Bolschewismus" leitet sich von den „Bolschewiki" ab, was wörtlich übersetzt „die Mehrheitler" bedeutet und sich darauf bezieht, dass Lenins Anhänger auf dem 2. Parteitag der Sozialdemokratischen Arbeiterpartei Russlands im Jahr 1903 eine knappe Mehrheit erreicht hatten. Sie entwickelten eine eigene Interpretation des Marxismus, die später als Marxismus-Leninismus bekannt wurde.

Der Nationalsozialismus stellte den Bolschewismus als vom Judentum gesteuerte Bewegung dar, die angeblich auf die Zerstörung Deutschlands abzielte.

- *Anweisungen und Richtlinien*

Die NSDAP-Kreisleitung in Ansbach gab klare Anweisungen und Richtlinien an die Ortsgruppe in Leutershausen weiter, beispielsweise zur Durchführung von Aktivitäten für das Winterhilfswerk.

Diese Vorgaben garantierten eine einheitliche Umsetzung nationalsozialistischer Programme auf lokaler Ebene.

1.4. DER EINFLUSS DER NSDAP AUF DIE KOMMUNALPOLITIK

Die NSDAP hatte einen entscheidenden Einfluss auf die Kommunalpolitik in Leutershausen. Sie kontrollierte politische Ämter und setzte nationalsozialistische Ideologie in der Stadtverwaltung durch. Diese Entwicklungen prägten das gesellschaftliche Leben und die politische Agenda der Gemeinde erheblich.

- *Kontrolle über Bürgermeister und Stadtrat*

So nahm die NSDAP auch Einfluss auf die Besetzung von Bürgermeister- und Stadtratsposten. Ein prägnantes Beispiel ist die Ernennung von Georg Schiller. Im Jahr 1937 wurde er zum ehrenamtlichen Bürgermeister ernannt, auf Vorschlag des Beauftragten der NSDAP.

16. Näheres dazu:

Georg Schiller war von 1937 bis 1945 Bürgermeister von Leutershausen. Als NSDAP-Mitglied setzte er nationalsozialistische Politik um, organisierte Parteiveranstaltungen und forderte Unterstützung für NS-Projekte. Seine Rolle in den letzten Kriegstagen ist umstritten: Ihm wurde einerseits vorgeworfen, die kampflose Übergabe betrieben zu haben, andererseits sich nicht genug jenen entgegengestellt zu haben, die die Stadt mit allen Mitteln bis zum letzten Mann verteidigen wollten.

- *NSDAP-Vereidigung des Bürgermeisters*

Bei der Amtseinführung Schillers Im Jahr 1937 machte der Kreisleiter unmissverständlich klar, welche spezifischen Aufgaben und Pflichten ein Bürgermeister im Dritten Reich hat. Die Eidesformel unterstrich den starken Einfluss der NSDAP auf das Amt und dessen Funktion innerhalb des nationalsozialistischen Systems. Damit wurde nicht nur Loyalität gegenüber dem Regime gefordert, sondern auch eine klare Bindung an die Ideologie der Partei.

17. Näheres dazu:

Treueschwur: „Ich werde dem Führer des Deutschen Reiches und Volkes Adolf Hitler treu und gehorsam sein, die Gesetze beachten und meine Amtspflichten gewissenhaft erfüllen, so wahr mir Gott helfe." Dies war ein bewusster Akt der Unterwerfung unter die Autorität Hitlers und des NS-Regimes. – Das Protokollbuch des Stadtrates berichtet, wie schon 1935 Bürgermeister Faatz den Räten eben diesen Treueschwur abgenommen hatte: „Ich bin angewiesen, Sie auf die gewissenhafte Erfüllung ihrer Pflichten zu vereidigen. Ich bitte Sie, sich von den Sitzen zu erheben und die rechte Hand zum Schwur zu erheben. Sprechen Sie mir nach: Ich schwöre: ..." (Az B 109, 1. Oktober 1935-10-01, Sitzungsprotokoll)

- *Einsetzung von Parteimitgliedern in Schlüsselpositionen*

Die NSDAP sorgte für wichtige Positionen ihrer Mitglieder in der Stadtverwaltung. NSDAP-Reichstagsabgeordneter Adolf Hergenröder wurde 1933 zum landwirtschaftlichen Gaufachberater für den Gau Mittelfranken ernannt, Kreisbauernführer Soldner vom Reichsführer Darré persönlich eingesetzt.

18. Näheres dazu:

Adolf Hergenröder (1896–1945) trat Ende der 1920er Jahre der NSDAP bei und war auch Mitglied der SA und SS, wurde 1931 SA-Sturmführer und stieg bis zum Obersturmführer der SA-Standarte 27 im Jahr 1933 auf. Seit 1932 bis Mai 1945 war er Mitglied des Reichstages für den Wahlkreis 26 (Franken). Neben seiner politischen Laufbahn war Hergenröder in landwirtschaftlichen Funktionen aktiv, unter anderem als Landwirtschaftsberater im bayerischen Staatsdienst und als Gaufachberater für die NSDAP in Mittelfranken. Er war auch Kreisbauernführer in Nürnberg und Hauptabteilungsleiter der Landesbauernschaft Bayern.

Kreisbauernführer Soldner war überzeugter Antisemit und eine einflussreiche Figur in der nationalsozialistischen Agrarpolitik in Leutershausen und der Region Ansbach. 1934 zum Kreisbauernführer ernannt, spielte er eine zentrale Rolle bei der Verbreitung der NS-Ideologie im ländlichen Raum. Für kurze Zeit war er Mitglied der Landessynode der Evangelischen Kirche in Bayern. Im Rahmen der sogenannten „Erzeugungsschlacht" hielt er Vorträge über Düngung und Viehzucht. Zudem war er in die Schulung der Ortsbauernführer involviert. Er war entscheidend an der Mobilisierung der Landbevölkerung für die Ziele des Regimes beteiligt.

Richard Walther Darré war von 1933 bis 1942 Reichsminister für Ernährung und Landwirtschaft. Als „Reichsbauernführer" und SS-Obergruppenführer vertrat er die Blut-und-Boden-Ideologie, die die deutsche Bauernschaft als Grundlage der Nation verherrlichte und ihre Überlegenheit propagierte. Darré war direkt für die Ernennung von Kreisbauernführern wie Soldner in Ansbach verantwortlich. Nach dem Krieg wurde er von einem amerikanischen Militärgericht wegen Verbrechen gegen die Menschlichkeit verurteilt, darunter die Beschlagnahmung von Eigentum polnischer und jüdischer Bauern sowie die Anordnung, deutschen Juden Nahrungsmittel zu verweigern. Er erhielt sieben Jahre Haft, wurde jedoch bereits 1950 entlassen.

- *Instrumentalisierung kommunaler Einrichtungen*

Die NSDAP nutzte kommunale Einrichtungen und Veranstaltungen für ihre Propaganda und zur Durchsetzung ihrer Ziele. Eine Saarkundgebung im Jahr 1934 diente beispielsweise dazu, die Bevölkerung für die Rückgewinnung des Saargebiets zu mobilisieren. Zudem wurde eine Kleinkinderschule durch Erlöse einer Kirchweih-Glücksbude unterstützt.

19. Näheres dazu:

Am 29. August 1934 fand in Leutershausen eine Saarkundgebung auf dem Hirschenwirtskeller statt. (FZ 30. August 1934)

Vor der Radioübertragung der Saar-Kundgebung in Koblenz mit Adolf Hitlers Rede hielt Ortsgruppenführer Rattler eine Ansprache. Er pries den Kampf des Deutschtums an der Saar seit dem Versailler Vertrag und die Bedeutung der Unterstützung aus dem Reich für den bevorstehenden „Endkampf".

Diese Kundgebung sollte den Saarländern Rückhalt geben und ihre Verbundenheit demonstrieren.

Ein weiteres Ereignis war die Feier zur „Rückgliederung" des Saargebiets an Deutschland am 1. März 1935. In den Schulen fanden Feiern statt, und die Kirchenglocken läuteten. (FZ 5. März 1935)

Am Abend gab es eine große Kundgebung mit einem Fackelzug zum Adolf-Hitler-Platz, bei der Rattler die Treue und Disziplin der Saarländer lobte.

Die Saarabstimmung wurde propagandistisch als Sieg der „nationalen Einheit" Deutschlands inszeniert.

- *Überwachung und Kontrolle der Bevölkerung*

Die NSDAP schuf ein System der Überwachung und Kontrolle, um die Opposition zu unterdrücken und die Bevölkerung auf Linie zu halten. Die Ernennung von Blockwaltern und Zellenleitern war ein effektives Instrument, um die Bürger genau zu kontrollieren. Versammlungen der NSDAP wurden oft von der SA begleitet, um für Ordnung zu sorgen und Gegner einzuschüchtern.

20. Näheres dazu:

Blockwalter waren für einen bestimmten Straßenabschnitt oder ein kleineres Siedlungsgebiet zuständig. Sie waren die Augen und Ohren der Partei in der Bevölkerung und hatten die Aufgabe, Informationen über die politische Einstellung und das Verhalten der Bewohner zu sammeln. Sie sollten auch die Einhaltung der NS-Vorschriften überwachen und Propaganda verbreiten.

Zellenleiter standen über den Blockwaltern und waren für eine größere Einheit, die sogenannte Zelle, verantwortlich. Sie koordinierten die Arbeit der Blockwalter und leiteten die Zellenversammlungen.

Blockwalter und Zellenleiter wurden oft aus der lokalen Bevölkerung rekrutiert. Die befragten Quellen erwähnen zudem Schulungen für Blockwalter und Zellenleiter, in denen sie über ihre Aufgaben und Pflichten informiert wurden. In spezifischen Schulungen ging es um Themen wie z.B. das Freimaurertum.

- *Verfolgung und Entrechtung der jüdischen Bevölkerung*

Ein besonders erschreckendes Merkmal des Einflusses der NSDAP war ihre aggressive antisemitische Politik, die zur Entrechtung und Verfolgung der jüdischen Bevölkerung führte. Die befragten Quellen dokumentieren antisemitische Hetze in Versammlungen sowie Hetz-Schriften der Partei. Jüdische Bürger wurden gezwungen, ihre Immobilien zu verkaufen und auszuwandern (vgl. dazu besonders den Abschnitt „Juden„, Seite 77).

1.5. DIE ROLLE DER BÜRGERMEISTER

Die befragten Quellen bieten einen Einblick in die Arbeit, die öffentlichen Auftritte und den politischen Einfluss der Bürgermeister während der Zeit des Nationalsozialismus. Dieser Einblick ist zwar begrenzt, aber dennoch aufschlussreich. Im Fokus stehen Karl Faatz (im Amt von 1925 bis 1937) und Georg Schiller (im Amt von 1937 bis 1945). Sie waren von entscheidender Bedeutung für die Umsetzung der nationalsozialistischen Politik auf lokaler Ebene.

21. Näheres dazu:

Karl Faatz war von 1925 bis 1937 Bürgermeister in Leutershausen und erlebte den Aufstieg der NSDAP sowie die Etablierung des nationalsozialistischen Regimes. In dieser Rolle leitete er Gemeinderatssitzungen, repräsentierte die Stadt und war für die städtische Bekanntmachung von Gesetzen der NS-Regierung verantwortlich.

Einer Verlautbarung der FZ (5. Mai 1933) zufolge jubelte Bürgermeister Faatz in einer Festansprache zur Feier des 1. Mai 1933, Leutershausen könne stolz auf seine frühzeitige, weitschauende Erkenntnis sein, daß der Führer des neuen Deutschlands, Adolf Hitler, den richtigen Weg gehe. [...] *„Der Redner forderte die Teilnehmer auf, dem Ehrenbürger Leutershausens, Reichskanzler Adolf Hitler, auch fortan die Treue zu halten."*

Laut einer Pressemeldung vom 15. Mai 1933 (FZ) versicherte Faatz, „daß sowohl er als auch der neue Stadtrat voll und ganz hinter der Regierung unseres Volkskanzlers und Ehrenbürgers Adolf Hitler stehen und daß es sein und des Stadtrates eifrigstes Bestreben sei, mitzuarbeiten am Wiederaufbau unseres heißgeliebten Vaterlandes." (vgl. auch: Az B 109, 1935-10-01, Sitzungsprotokoll).

Die befragten Quellen zeigen, dass Faatz die Anordnungen der NSDAP umsetzte und die nationalsozialistische Ideologie unterstützte, etwa durch die Vereidigung neuer Stadträte auf Adolf Hitler im Jahr 1935. Er verzichtete zudem auf eine ihm zustehende Gehaltserhöhung, was als Zeichen seiner Loyalität gegenüber dem Regime interpretiert werden kann. 1937 wurde Faatz von Georg Schiller als Bürgermeister abgelöst, wobei die Gründe für diese Entscheidung bislang unklar geblieben sind.

- *Aufgaben, Verantwortlichkeiten, öffentliche Auftritte*

Die Bürgermeister repräsentierten die Stadt bei Einweihungen, Feiern und Kundgebungen usw., nahmen an Parteiversammlungen teil und verantworteten die städtischen Bekanntmachungen. Bei öffentlichen Anlässen hielten sie Reden, in denen sie die Bevölkerung zur Unterstützung des NS-Regimes aufriefen. Sie waren Verwaltungschefs und repräsentierten die Stadt gegenüber höheren Instanzen.

Eine ihrer Hauptaufgaben war die Durchführung der NS-Politik auf lokaler Ebene. Sie waren verpflichtet, die Anordnungen der NSDAP und der staatlichen Behörden zu befolgen und umzusetzen. Sie waren für die Schaffung einer „Volksgemeinschaft" im Sinne der NS-Ideologie verantwortlich. Während des Krieges übernahmen sie zusätzliche Aufgaben im Rahmen der Kriegswirtschaft, wie etwa die Zuteilung von Lebensmitteln und Brennstoffen. Zudem waren sie an der Organisation des Einsatzes von Zwangsarbeitern beteiligt, insbesondere von „Ostarbeitern".

- *Einfluss und Handlungsspielräume*

Die Handlungsspielräume der Bürgermeister waren durch die Vorgaben der NSDAP und der staatlichen Behörden jedoch stark eingeschränkt. Es kam durchaus auch zu Konflikten zwischen den Bürgermeistern und der NSDAP, beispielsweise bei der Besetzung von Stellen oder bei der Durchführung von Bauprojekten durch den „Freiwilligen Arbeitsdienst".

22. Näheres dazu:

Zuständigkeiten: 1935 schreib Bgm. Faatz an die Reichsleitung des FAD: „Wir erfahren soeben, daß Gemeinden für die Zukunft nicht mehr Träger des Dienstes sein dürfen. Wir wollen als Träger des Dienstes der N.S.D.A.P., Ortsgruppe Leutershausen bestimmen [...]." Das Bestehen auf eigener Trägerschaft war vergebens. (Stadtarchiv Az 810-2 II, 5. Mai 1933).

Stellenbesetzungspolitik: Die beiden Bürgermeister von Leutershausen, wurden von der Gauleitung in Nürnberg am 4. März 1937 nicht mehr bestätigt, so dass nun Georg Schiller das Amt übernahm. Hing ihre Absetzung mit ihrer kirchlichen Haltung zusammen?

Der stellvertretende Bürgermeister Rattler kündigte am selben Tag die evangelischen Kinderschulschwester (Schwester Berta Schäfer vom Neuendettelsauer Mutterhaus), um sie ab 1.5.1937 durch NSV-Schwestern zu ersetzen.

Trotz solcher Konflikte gibt es keine Hinweise auf aktiven Widerstand gegen die NS-Politik seitens der Bürgermeister. Zwar informierte

Bürgermeister Schiller die Staatsanwaltschaft und die Kreisleitung über die Ausschreitungen gegen die jüdische Bevölkerung während des Pogroms, vermutlich aber vor allem, um sich Unruhen und ähnlichen Ärgernissen entgegenzustellen. Die Bürgermeister waren aktiv an der sogenannten „Entjudung" der Stadt beteiligt. Außerdem vermieteten sie Häuser, die zuvor jüdischen Bürgern gehört hatten.

23. Näheres dazu:

- Spätestens ab Frühjahr 1938 wurde die jüdische „Restbevölkerung" durch die Stadtverwaltung unter Bürgermeister Schiller „unter Druck gesetzt, ihren verbliebenen privaten und Gemeindebesitz an Nichtjuden oder an die Landgemeinden selbst zu verkaufen." (vgl.: Stefanie Fischer, Ökonomisches Vertrauen und antisemitische Gewalt, 2014, 276).
- 1940 nahm der Stadtrat unter Bürgermeister Schiller zur Kenntnis, dass die Käufe der Synagoge mit Grundstück durch den Landesbauernführer genehmigt wurden (Protokoll Stadtratssitzung Az B 109, 27.6.1940).
- 1941 verhandelte der Stadtrat unter Schillers Führung den anteiligen Verkauf des Synagogengartens an einen Stadtrat. (Sitzungs-Protokollbuch des Stadtrates Leutershausen, Stadtarchiv Az B 109, Sitzung vom 18.12.1941).

1.6. NS-ÄMTER UND AMTSTRÄGER IN LEUTERSHAUSEN

Die befragten Quellen bieten detaillierte Informationen über die verschiedenen Ämter und Amtsträger der NSDAP in Leutershausen und zeigen, wie die Partei die Kontrolle über das öffentliche Leben erlangte. Die Struktur und die Funktionen der NSDAP in der Ortsgemeinde verdeutlichen den umfassenden Einfluss, den sie auf die lokale Politik und Gesellschaft ausübte.

- *Wichtige Ämter und deren Inhaber*

- An der Spitze der NSDAP-Ortsgruppe stand der **Ortsgruppenleiter**, der für die Organisation und Durchführung der Parteiaktivitäten verantwortlich war.

- Der **Schulungsleiter** war für die ideologische Schulung der Parteimitglieder zuständig.
- Der **Propagandaleiter** war verantwortlich für die Verbreitung der NS-Ideologie.
- Der **Kassenverwalter** verwaltete die finanziellen Belange der Ortsgruppe.
- Die **Zellenleiter** führten die einzelnen „Zellen" der Ortsgruppe.
- Die **Blockleiter** waren für die Überwachung und Kontrolle der Bevölkerung in ihren jeweiligen „Blöcken" zuständig.
- Neben diesen Ämtern gab es zahlreiche weitere Funktionen innerhalb der NSDAP-Ortsgruppe, wie **Schiesswart**, **Protokollführer** oder **Blockwalter**.

24. Näheres dazu:

Die hierarchische Struktur der NSDAP war folgendermaßen gegliedert: Reichsleitung, Gaue, Kreise, Ortsgruppen, Zellen und Blöcke.

— Eine **Zelle** war eine organisatorische Einheit, die aus mehreren Blöcken bestand. Typischerweise umfasste eine Zelle zwischen vier und acht Blöcken. Diese Struktur diente der effektiven Kontrolle und Mobilisierung der Mitglieder auf lokaler Ebene, indem sie eine direkte Verbindung zwischen den Parteifunktionären und der Basis herstellte.

— Ein **Block** stellte die kleinste organisatorische Einheit dar und bestand aus etwa 40 bis 60 Haushalten. In der Regel umfasste ein Block zwischen 160 und 240 Personen. Die Blockleiter waren für die direkte Ansprache und Überwachung der Parteimitglieder in ihrem Gebiet verantwortlich, was eine enge Kontrolle über die Bevölkerung ermöglichte.

▪ *Frauen: Die NS-Frauenschaft (NSF)*

Die NS-Frauenschaft (NSF) war die Frauenorganisation der NSDAP. Ihr Ziel war klar definiert: Frauen sollten für die NS-Ideologie gewonnen und in den Dienst der „Volksgemeinschaft" gestellt werden.

25. Näheres dazu:

Pressemeldung FZ 30. Januar 1934: NS-Frauenschaft im Lutherhaus.

– „Leutershausen. Die Ortsgruppe der NS-Frauenschaft hatte ihre Mitglieder und alle deutschen Frauen am Donnerstagabend zu einer Versammlung im Lutherhaus eingeladen, dessen Saal die Besucher kaum zu fassen vermochte. Die Führerin der hiesigen Ortsgruppe [...] eröffnete die Versammlung [...] und betonte, daß es wert sei, für Deutschland zu kämpfen. Hierauf nahm Frl. S. das Wort zu ihrem tiefdurchdachten Vortrag, in dem sie zunächst das Werden der Frauenbewegung schilderte, die sie als die fortschrittlichste für das Frauentum bezeichnete. [...] Als Hauptaufgabe der Frau bezeichnete die Rednerin die Erziehung an uns selbst und die an der Generation. In warmen Worten zeigte sie dann, wie man die Kinder schon im frühesten Alter zum Nationalsozialismus erzieht und ihnen den Opfergeist lehrt. In ihren weiteren Ausführungen erklärte Frl. S. noch, daß es Pflicht jeder deutschen Hausfrau sein muß, nur in deutschen Geschäften und deutsche Waren zu kaufen. [...].“

Pressemeldung FZ 17. März 1934: NS-Frauenschaft (Werbeabend)

– „Die Ortsgruppe Leutershausen der NS-Frauenschaft hatte die Einwohnerschaft in die Schillersäle zu einem Werbeabend geladen. [...] Schneidige Weisen der Sturmkapelle leiteten den Abend ein. Die Ortsgruppenleiterin Frau D. begrüßte mit herzlichen Worten die Erschienenen, besonders den BdM, den Arbeitsdienst und die Formationen der SA. Sie wies darauf hin, der überaus zahlreiche Besuch zeige, wie schnell sich die NS-Frauenschaft die Liebe aller erworben hat. Hierauf sang der BdM das Lied: „Wir kämpfen mit, wir deutschen Hitler-Frauen“. Ortsgruppenführer Oberforstverwalter R. hielt eine Ansprache, in der er die Vertreter des starken Geschlechts aufforderte, die Frauen in ihren Arbeiten für das Wohl des Volkes und der Gemeinde zu unterstützen. Die noch abseitsstehenden Frauen ermahnte er, sich freudig einzureihen in die NS-Frauenschaft. Nach einem gut vorgetragenen Sprechchor des Arbeitsdienstes wurden herrliche Volkstänze aufgeführt, die allgemeinen Beifall fanden. Hierauf spielten Mitglieder des BdM und der NS-Frauenschaft das Theaterstück „Das Dritte Reich für alle“ und zeigten durch ihr gutes Spiel großes Können. [...]„

- *Kontrolle über das öffentliche Leben*

Die NSDAP und ihre Gliederungen erlangten schnell die Kontrolle über das öffentliche Leben in Leutershausen. Ein Zeichen dieses Einflusses ist die **„Ehrentafel der alten Parteigenossen"** der NSDAP-Ortsgruppe Leutershausen, die im Stadtarchiv aufbewahrt wird. Diese mit zwei Hakenkreuzen versehene Tafel listet 45 Namen und Fotoportraits ehemaliger Stadtratsmitglieder auf. Die Ehrentafel steht beispielhaft für die heroisierende Darstellung von Parteimitgliedern und die Verherrlichung der NS-Ideologie.

1.7. NSDAP-AMTSTRÄGER, -MITGLIEDER, -GLIEDERUNGEN

Die befragten Quellen bieten keine konkrete definitive Prozentzahl für den Anteil der Bevölkerung, der ein NSDAP-Amt innehatte. Dennoch lassen sich einige Hinweise und Schätzungen ableiten, die ein besseres Verständnis der politischen Landschaft in Leutershausen während der NS-Zeit ermöglichen.

- *NSDAP-Mitgliederschaft 1939*

Laut der Volkszählung von 1939 lebten in Leutershausen insgesamt 1.520 Personen. Diese Zahl bietet einen möglichen Anhaltspunkt zur Einschätzung des Einflusses der NSDAP in der Stadt: Etwa 16% der damaligen Stadtbevölkerung waren Mitglieder der NSDAP. Der Anteil der Mitglieder aber, die zugleich NSDAP-Amtsträger waren, dürfte mehr oder minder deutlich unter diesen 16% gelegen haben.

Umgekehrt bedeutet dies, dass 84% der Erwachsenen vermutlich weder der NSDAP noch einer ihrer Gliederungen angehörten und also auch keine Parteiämter innehatten.

Dem steht die passive Anhängerschaft gegenüber, was sich 1932 in dem angeblichen Wahlergebnis von 86% Zustimmung ausgedrückt haben soll, was allerdings eine äußerst signifikante Anzahl von Sympathisanten gewesen wäre. Mit dieser hohen Zahl wurde seinerzeit die Ehrenbürgerschaft Hitlers begründet und gerechtfertigt.

▪ *Vielfalt von NSDAP-Gliederungen*

Die befragten Quellen erwähnen eine Vielzahl von NSDAP-Gliederungen wie die SA, SS, Hitlerjugend, Bund Deutscher Mädel und die NS-Frauenschaft. Diese Organisationen erweiterten den Einfluss der NSDAP über die formelle Mitgliedschaft hinaus.

1.8. AUFFORDERUNG ZUR NS-LOYALITÄT

Die befragten Quellen zeigen, dass die Bevölkerung von Leutershausen während der NS-Zeit auf verschiedene Weise zum Ausdruck ihrer Loyalität gegenüber dem Regime aufgefordert, bzw. richtiger: gedrängt und genötigt wurde.

Aufforderungen zur Loyalität manifestierten sich in öffentlichen Kundgebungen bzw. der gehorsamen Teilnahme daran, in Sammlungen sowie der Vereinnahmung bestehender Vereine und Organisationen.

26. Näheres dazu:

Loyalität wurde erreicht durch:

Mitgliedschaften z. B in NS-Organisationen (NSDAP, SA, HJ, BDM), **Teilnahme** an Kundgebungen, Parteiveranstaltungen und Sammlungen, durch wehrsportliche Wettkämpfe der SA, u. s. w.

Spenden und **freiwillige Arbeit** verstanden sich als Beitrag zum Kriegseinsatz. Spenden wurden als Zeichen der Loyalität gegenüber dem Volk und den Front-Soldaten propagiert. Der Volksbund für das Deutschtum im Ausland rief zu Spenden für das Winterhilfswerk auf („Spendung eines Scherfleins für unsere notleidenden deutschen Brüder in den Grenzlanden")

Auf Anweisung war die strikte Trennung der **Kriegsgefangenen** und „**Ostarbeiter**" von der deutschen Bevölkerung zur Aufrechterhaltung der nationalsozialistischen Rassentheorie zu beachten. Zuwiderhandlungen gegen diese Bestimmungen wurden als Verrat an der Volksgemeinschaft gebrand-markt und mit Strafen bedroht.

Treuebekundungen leisteten „**Heil Hitler**„-Gruß, **Hakenkreuz**-Armbinde oder bestimmte **Lieder** (Horst-Wessel-Lied) und **Parolen** (Gemeinnutz geht vor Eigennutz, Jedem das Seine, Kraft durch Freude, Sieg Heil, Ruhm und Ehre der deutschen Wehrmacht, Deutschland muss leben, und wenn wir sterben müssen, die Juden sind unser Unglück, Kauft nicht bei Juden). Sie sollten die Loyalität gegenüber dem Führer, dem Volk und dem Vaterland beschwören und die Massen mobilisieren.

- *Öffentliche Kundgebungen und Versammlungen*

Die NSDAP und ihre Gliederungen organisierten regelmäßig Kundge-bungen, Aufmärsche, Versammlungen oder „Generalappelle". Die Teilnahme wurde zumeist als Pflicht betrachtet, Abwesenheit wurde als illoyal gewertet.

27. Näheres dazu:

Märsche / Aufmärsche:

- Die befragten Quellen beschreiben zum Beispiel einen Fackelmarsch der **HJ**, des **BdM** und des **Jungvolks** in Frommetsfelden zu einer Sonn-wendfeier mir Kriegstotengedenken 1936 (FZ 30. Juni 1936). Ein anderer Bericht schildert einen Aufmarsch des **HJ**-Stamms in Leutershausen im Jahr 1937, bei dem die Jungen in *„Pimpfen"*- oder *„Landsknechtsstel-lung"* marschierten (FZ 21. Oktober 1937).
- Die **SA** führte 1933 einen *„Übungsmarsch"* von Ansbach über Lehrberg, Colmberg und Leutershausen durch (FZ 12. Mai 1933)

Appelle:

- Im September 1937 organisierte die **NSDAP-Ortsgruppe** Leutershau-sen einen *„Mitgliederpflichtappell"*, bei dem Kreisleiter Hänel die Partei-genossen ermahnte, *„echten Nationalsozialismus"* durch „unerschüt-terliche Treue und tiefempfundene Dankbarkeit gegen den Führer zu bekunden" (FZ 22. September 1937). Im Oktober 1939 fand in Leuters-hausen ein *„Generalappell"* der NSDAP-Ortsgruppe statt, bei dem Kreis-leiter Hänel über die Aufgaben der Volksgenossen sprach und zu Pflicht-erfüllung und Opferbereitschaft aufrief (FZ 18. Oktober 1939).

- *Beflaggung und öffentliche Symbole*

Ein weiteres Mittel zur Demonstration von Loyalität war die Beflaggung öffentlicher Gebäude und privater Häuser. Die Bevölkerung wurde immer wieder dazu aufgefordert, ihre Häuser zu bestimmten Anlässen zu beflaggen. Hakenkreuzfahnen und andere NS-Symbole wurden im öffentlichen Raum prominent platziert.

28. Näheres dazu:

Für die immer wieder ergangene Aufforderung an die Bevölkerung, zu bestimmten Gelegenheiten die Häuser der Stadt zu beflaggen, stehen stellvertretend die folgenden Beispiele.

→ siehe auch Seite 53 „37. Näheres dazu:„

26. August 1936, Verordnung der Gauleitung: „Während des Reichsparteitages muß jedes Haus im Gau Franken reichen Flaggenschmuck tragen. [...]; die Bürgermeister sind davon zu verständigen und zur Mitarbeit heranzuziehen. Es muß jeder Volksgenosse schon heute auf diese Anordnung des Gauleiters hingewiesen werden, damit noch fehlende Flaggen beschafft werden können. [...]. Dort wo festgestellt wurde, daß nicht alles beflaggt ist, wird noch am gleichen Tag dem Gauleiter Meldung gemacht."

12. März 1938: „Die Bevölkerung wird aufgefordert, zu Ehren der nationalsozial. Erhebung Österreichs sofort zu beflaggen. Auch an dem morgen stattfindenden Heldengedenktag werden die Fahnen auf Vollmast gesetzt. Nur während der zwischen 8 und 14 Uhr stattfindenden Gedenkfeiern ist auf Halbmast zu flaggen."

5. Dezember 1938: „Die Sudetendeutschen haben gestern anlässlich der Ergänzungswahlen zum deutschen Reichstag ein glänzendes Zeugnis zum Führer und zu Großdeutschland abgelegt. Aus diesem Anlass flaggen sämtliche öffentlichen Gebäude bis einschließlich Mittwoch. Die Bevölkerung wird aufgefordert, sich der Beflaggung anzuschließen."

15. März 1939: „Der Reichsminister für Volksaufklärung und Propaganda hat aus Anlass des Einmarsches deutscher Truppen in die Tschechoslowakei allgemeine Beflaggung angeordnet. Ich [= Bürgermeister Schiller] ersuche die Bevölkerung, ihre Gebäude zu beflaggen."

- *Sammlungen und Spendenaufrufe*

Das Winterhilfswerk (WHW) und andere NS-Organisationen führten regelmäßig Sammlungen durch, bei denen die Bevölkerung zu Spenden aufgerufen wurde. Die *„Opferbereitschaft"* für das WHW wurde als Ausdruck der Loyalität gegenüber dem „Führer" und der „Volksgemeinschaft" propagiert. Die Teilnahme an diesen Sammlungen wurde als *„Pflicht eines jeden Volksgenossen"* dargestellt. Die befragten Quellen erwähnen auch Sammlungen für „das Deutschtum im Ausland" und andere Zwecke, die der Stärkung des Nationalsozialismus dienten.

29. Näheres dazu:

Die Sammlungen für „das Deutschtum im Ausland" dienten der nationalsozialistischen Ideologie der „deutschen Volksgemeinschaft" und des „Großdeutschen Reiches".

Sie dienten den expansionistischen Zielen Hitlers.

- Haussammlung (1933): Im Juni 1933 erbrachte eine *„Haussammlung für das Deutschtum im Ausland"* den Betrag von 77,80 Reichsmark (= etwa der Brutto-Monatslohn eines Arbeiters). Im Stadtarchiv sind noch einige der handschriftlich geführten Sammellisten aus dieser Aktion erhalten. (Stadtarchiv Az 134-4)
- Sammlung (1934): Der „Volksbund für das Deutschtum im Ausland" organisierte in Leutershausen eine Sammlung für das Winterhilfswerk (Städtische Bekanntmachung vom 23. Februar 1934)

- *Vereinnahmung von Vereinen und Organisationen*

Bestehende Vereine und Organisationen wie der Gesangverein, die Kriegerkameradschaft oder der Turnverein wurden in das NS-System eingegliedert. Diese Vereine waren verpflichtet, an NS-Veranstaltungen teilzunehmen und die NS-Ideologie zu verbreiten. Die Uniformierung und die Verwendung von NS-Symbolen sollten die Loyalität der Mitglieder demonstrieren.

30. Näheres dazu:

Die beiden Leutershausener Vereine **„Krieger- und Militärverein"** und **„Veteranen- und Kampfgenossenverein"** wurden 1933 gleichgeschaltet und unter dem Namen „Krieger- und Militär-Verein" zusammengeschlossen. Der neue Verein diente nun der Integration ehemaliger Soldaten in das NS-System und der Vorbereitung auf den Krieg.

Der **Turnverein** 1862 Leutershausen (75-jähriges Jubiläum 1937) wurde dem Reichsbund für Leibesübungen (RfL) angeschlossen und diente nun der körperlichen Ertüchtigung der Bevölkerung im Sinne der NS-Ideologie.

Der **Gartenbauverein** in Leutershausen wurde dem Reichsnährstand angegliedert und diente nun der Förderung des Obst- und Gemüseanbaus im Sinne der nationalsozialistischen Autarkie-Bestrebungen.

- *Indirekter Druck und soziale Kontrolle*

Die befragten Quellen dokumentieren auch den sozialen Druck, dem die Bevölkerung ausgesetzt war. So wurden beispielsweise *„Nichtstuer"*, die sich nicht an der Getreideernte beteiligten, öffentlich kritisiert.

31. Näheres dazu:

Städtische Bekanntmachung 8. August 1948:

„Die Ortsgruppe der N.S.D.A.P. hat auf ihre[r] Vorstellung bei der Kreisleitung die Zusage erhalten, daß ihr an den Nachmittagen 15 Erntehelfer zur Verfügung gestellt werden. Wer also eine Hilfe dringend benötigt, wolle sich beim Gruppenleiter melden. [...]

Volksgenossen Leutershausen: Für Eure bisher geleistete Arbeit danke ich Euch. Erlahmt nicht in eurem Eifer und helft weiter und beschämt die, die immer noch als Nichtstuer bei Seite stehen."

Die Denunziation von „Volksverrätern" wurde gefördert, was zeigt, wie sozialer Druck und Angst vor Denunziation zur Durchsetzung von Konformität beitrugen. Die betroffene Gruppe umfasste politische Gegner, Juden, „Asoziale", Homosexuelle, Zeugen Jehovas, Freimaurer, Personen, die mit Juden verkehrten, und andere.

32. Näheres dazu:

Karl Holz in einer Rede in Leutershausen 1936:

„Wenn es heute noch einer fertig bringt, mit dem Juden zu verkehren, ist er ein **Volksverräter**. Er fällt denen in den Rücken, die kein Opfer gescheut haben, um das deutsche Volk wieder zu einigen." (FZ 17. November 1936)

Diesem Ansinnen verwandt, hatten sich wohl so gut wie alle Gaststätten und Caféhausbesitzer Leutershausens im März 1936 bereit erklärt, „an ihren Lokalen Tafeln anzubringen mit der Aufschrift, daß Juden im Lokal nicht erwünscht" seien. (FZ 28. März 1936).

Der Terror jener Jahre, seine unfassbare Unverblümtheit, aufgeblasene Ungeniertheit und selbstherrlich feiste Freude, soll der Presseberichterstattung zufolge von einer stets breiten Zustimmung der „Massen" begleitet gewesen sein. Dies mag in der Tat eine typische Erscheinung der von der Partei organisierten Redeauftritte gewesen sein. Wie breit die Zustimmung der Gesamtbevölkerung genau und tatsächlich war, lässt sich allerdings nicht durch die Lektüre der Tagespresse klären. Denn Zweifel, Scham, Angst, innerer Widerstand usw. hatten in der journalistischen Darstellung keinen Platz. Unübersehbar ist die immer und immer wiederholte, propagandistisch gelenkte Berichterstattung über den angeblich stets hochbegeisterten Applaus, die grenzenlose Begeisterung und den Dank der Massen an den Führer als den „Retter" des deutschen Volkes.

1.9. WIDERSTAND GEGEN DEN NATIONALSOZIALISMUS?

Die befragten Quellen lassen zumindest erahnen, dass in Leutershausen ein gewisses inneres Widerstehen gegen den Nationalsozialismus in verschiedenen Formen existiert haben mochte, wenn auch oft verdeckt und naturgemäß stets mit Risiken verbunden.

- *Offener Protest und politische Opposition*

Ein bemerkenswerter Ausdruck des offenen Widerstands war die Gründung einer Ortsgruppe des „Reichsbanner Schwarz-Rot-Gold" durch Martin Ansbacher (später „Anson") in Leutershausen. Diese Organisation setzte sich für den Schutz der Weimarer Republik und die Bekämpfung des Nationalsozialismus ein. Ansons Engagement verdeutlicht, dass es zumindest in Teilen der Leutershausener Bevölkerung Widerstand gegen die NSDAP gab.

33. Näheres dazu:

Das **Reichsbanner Schwarz-Rot-Gold** war eine Organisation, die sich dem Schutz der Weimarer Republik und der Demokratie widmete. In Leutershausen trat das Reichsbanner aktiv auf, um den Einfluss der NSDAP einzudämmen. Die befragten Quellen erwähnen Martin Ansbacher (später „Anson"), einen jüdischen Bürger aus Leutershausen und Mitglied des Reichsbanners, der aufgrund seiner politischen Überzeugung und Herkunft von den Nationalsozialisten verfolgt wurde.

→ S. 98, Im Widerstand: Martin Ansons Erfahrungen...

- *Verdeckter Widerstand und individuelle Akte des Widerstands*

Ein Beispiel für individuellen Widerstand ist der Versuch, jüdische Mitbürger gegen die auch in Leutershausen präsente antisemitische Hetze und Gewalt zu beschützen. So gibt es Hinweise darauf, dass sich Juden nach antisemitischen Angriffen in die Häuser anderer jüdischer und christlicher (!) Bürger retten konnten.

34. Näheres dazu:

„Die [jüdischen] Frauen und Kinder flüchteten in den anstoßenden Obstgarten über eine Hecke und hielten sich längere Zeit verborgen, bis sie frierend und zitternd, weil sie nur ganz leicht bekleidet waren, in einem arischen Haus Unterschlupf fanden. Auch die Männer konnten sich trotz höchster Gefahr noch in einem arischen Haus verstecken, sonst wären sie wohl kaum mit dem Leben davongekommen‹, so erinnerte sich ein christlicher Ortsbewohner." (Quelle: B. Eberhardt u. F. Purrmann, Geschichte der Juden in Leutershausen, 2010).

- *Widerstand „Fahnenflucht"*

Die befragten Quellen berichten über zwei Fälle von „Fahnenflucht". Die „Flüchtigen", der 17-jährige Richard Wilhelm Köhler und der 37-jährige Friedrich Döppel, wurden im April 1945 vom SS-Standgericht „Korück" durch Verhängung der Todesstrafe bzw. öffentliches Erschießen an der Leutershausener Friedhofsmauer ermordet.

→ siehe dazu auch Seite 75.

Abb. 4: Hingerichtet: R. W. Köhler (37) und F. Döppel (17)

35. Näheres dazu (Kommentar des Autors):

Die vom NS-Regime als todeswürdiges Verbrechen betrachtete „Fahnenflucht" ist in Wirklichkeit das individuelle und menschenrechtlich gedeckte „Nein" eines Menschen, das es zu respektieren gilt. Die Gründe für ein solches „Nein" können vielfältig sein: Kriegsmüdigkeit, erkannte Sinnlosigkeit des Kampfes, der Versuch dem Tod auf dem „Schlacht"(!)-Feld zu entkommen, u.a.m. In diesem Fall versuchten zwei Männer, sich auf ihre Weise der NS-Staatsmacht zu entziehen. Inakzeptabel bleibt, dass sie dafür mit ihrem Leben bezahlen mussten. Hingerichtete, und so auch diese zwei Männer, verdienen es, nicht vergessen zu werden. Ihre sogenannte „Fahnenflucht" ist kein todeswürdiges Verbrechen, sondern definitiv Ausdruck eines wahrgenommenen Menschenrechts.

Das staatlich verordnete Töten von Menschen als „Strafe" ist im Besonderen mit dem Prinzip der Menschenwürde unvereinbar. Dass ein Drittel aller 195 Staaten der Welt dieses Praxis aktuell nicht aus ihrem Rechtskanon gestrichen haben, ist zutiefst verwerflich.

- *Widerstand „Kapitulation"*

Eine Art kollektiven Widerstands äußerte sich zum Kriegsende darin, dass sich einige Leutershausener Bürger, darunter wohl vor allem Frauen, im April 1945 für eine kampflose Übergabe der Stadt an die amerikanischen Truppen einsetzten, um Zerstörungen und weitere Opfer zu vermeiden. In der Nacht vor dem drohenden Einmarsch der Amerikaner entfernte die Bevölkerung die errichteten Panzersperren. Beherzte Bürger bewegten die in Leutershausen stationierten Soldaten zum Rückzug, um eine kampflose Übergabe zu ermöglichen. Manche stellten sogar ihre Fahrräder zur Verfügung, um den Abtransport von Waffen zu erleichtern. (Quelle: Stadtarchiv, Registratur Akt-Nr. 042/8).

Diese kapitulierenden Manöver standen im direkten Widerspruch zu den geltenden Befehlen der NS-Führung. In diesem Sinn kann die in jenen Tagen geübte Auflehnung als eine Art zivilen Widerstandes gegen das NS-Regime gewertet werden. Man hatte die Hoffnungslosigkeit der militärischen Situation erkannt und setzte sich daher aktiv für den Schutz der Stadt und ihrer Bewohner ein. Tragischerweise führte der kollektive Widerstand nicht zum gewünschten Erfolg. Die Stadt wurde bombardiert.

- *Angst und Konformität*

Das durch allgegenwärtige Propaganda und Medienkontrolle geschaffene Klima der Angst und Konformität erschwerte den Widerstand erheblich. Die Mehrheit der Menschen passte sich aus Furcht vor Repressionen dem Regime an; manche beteiligten sich opportunistisch an der Diskriminierung von Personen, die nicht ins System passten

Es ist nicht auszuschließen, dass einige aus Angst lieber bei der Demütigung oder Verfolgung von Minderheiten mitmachten, als zuzugeben, dass ihnen dies missfiel.

Es ist in diesem Sinn und ohnehin unter Anwendung rechtsstaatlicher Kriterien absolut unangemessen, bestimmten Gruppen pauschal Hauptverantwortungen zuzuschreiben, ohne jeden Einzelfall genau zu betrachten. Dabei spielt es keine Rolle, ob es sich um eine aktive ideologische Positionierung handelt, oder ob jemand aus Angst, Nötigung oder Ohnmacht schweigend mitmacht. Die „Verstrickung" des Einzelnen in ein Gesamtes ist ein wichtiger Aspekt für die nachträgliche Darstellung und Bewertung von Geschichte.

Widerstand fiel sicher umso schwerer, als die öffentliche Meinung massiv manipuliert war und einzelne, abweichende Meinungen darin letztlich keinen Platz hatten. Unübersehbar ist die immer und immer wiederholte, propagandistisch gelenkte Berichterstattung über den angeblich stets hochbegeisterten Applaus, die grenzenlose Begeisterung und den Dank der Massen an den Führer als den „Retter" des deutschen Volkes. Umso mehr steht die Herausforderung im Raum, hinter dem Lärm der Staatspropaganda den Phänomenen des erschrockenen Schweigens, der verunsicherten Verstummung, des angstvollen Ausweichens und des heimlichen, inneren Widerstands nachzuspüren.

▪ *Die schwierige Rekonstruktion des Widerstands*

Bei allem bleibt die Rekonstruktion von Situationen des Widerstands und erst recht von verdeckten Formen des Widerstands schwierig. Die Archivalien – hier: städtische Bekanntmachungen, Presseberichte und Archivdokumente – bieten nur einen begrenzten Einblick in die tatsächliche Stimmung.

1.10. ADOLF HITLER

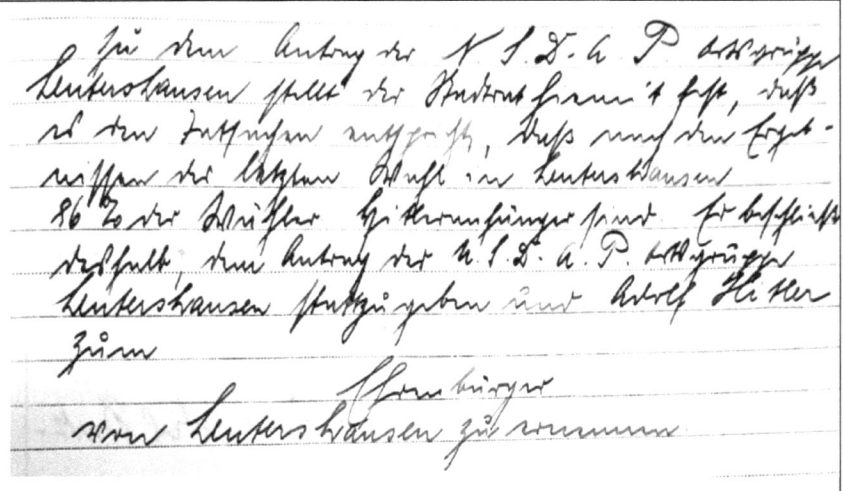

Abb. 5: Hitler wird Ehrenbürger (6.7.1932)

„Zu dem Antrag der N.S.D.A.P. Ortsgruppe Leutershausen stellt der Stadtrat fest, daß es den Tatsachen entspricht, daß nach den Ergebnissen der letzten Wahl in Leutershausen 86 % der Wähler Hitleranhänger sind. Er beschließt deshalb, dem Antrag der N.S.D.A.P. Ortsgruppe Leutershausen stattzugeben und Adolf Hitler zum Ehrenbürger von Leutershausen zu ernennen.“

Hitler wurde in Leutershausen, wie im ganzen Land, durch Propaganda zum Objekt der Bewunderung. Man hörte gemeinsam seine Radio-Reden, feierte seinen Geburtstag und veranstaltete Filmabende. Zeitungsberichte priesen ihn als Retter Deutschlands, und Pfarrer sahen in ihm eine gottgesandte Figur. Selbst nach dem Attentat 1944 betonte die „Fränkische Zeitung" den Glauben des Volkes an Hitler. Bereits 1932 wurde er Ehrenbürger von Leutershausen, 1933 hing sein Porträt im Rathaussaal, und 1934 sollten Schulen Hitlerbilder beschaffen.

Einen Treue-Schwur auf Adolf Hitler leisteten die Stadträte 1935.

36. Näheres zur Hitler-Verehrung:

Am 15. Februar 1933 wurde ein **Filmabend** im Schillersaal mit den Hitler-Filmen „Hitler über Deutschland" und „Das junge Deutschland marschiert" veranstaltet. Laut Pressebericht (FZ) forderte Ortsgruppenführer Bächner in seiner Ansprache Treue zu Hitler und bezeichnete dessen Ernennung zum Reichskanzler als „großen Sieg der Bewegung". Der Film „Hitler über Deutschland" verherrlichte den Kampf Hitlers während der letzten Wahl mit „wundervollen Aufnahmen, gewaltigen Massenkundgebungen und SA-Aufmärschen", die „die ganze Größe der Bewegung" demonstrierten. Im zweiten Teil des Abends wurde der Film „Das junge Deutschland marschiert" gezeigt, eine Doku zum Reichsjugendtag in Potsdam mit Hitler.

Anlässlich der Pflanzung einer „Hitler-Eiche" 1933 in Leutershausen zeichnete Dekan Küspert „ein **Lebensbild** Adolf Hitlers, dieses schwergeprüften Mannes", der „rastlos gekämpft" und „den Mut und den Glauben an sein Volk [nicht] verloren" habe: „Dieser Mann wurde dem deutschen Volke von Gott geschickt." (FZ 24. April 1933).

Ähnlich äußerte sich auch Pfarrer Frank 1933 in Jochsberg bei der Weihe von Fahnen und einer „Hitler-Eiche". Er bezeichnete die „Erhebung unseres deutschen Volkes" als ein Ereignis, „das **vom Herrn geschehen** ist". Bürgermeister Distler „dankte zum Schluß noch allen, besonders Herrn Pfarrer [Frank] für die Ansprache [...]„ (FZ 25. April 1933).

In Frommetsfelden ermahnte Pfarrer Fehler 1934 die Gemeindemitglieder in einem Familienabend „zum **Dank gegen Gott**, der Schlimmes von unserem Volk abgewendet hat". (FZ 7. Mai 1934).

Im Februar 1934 hielt Pfarrer Fries (Leutershausen) die Festansprache in einem **Dankgottesdienst** anlässlich des Jahrestages der Machtübernahme Hitlers. Im März 1934 ermahnte er die evangelische Jugend zu „treuester **Pflichterfüllung** und Hingabe für Volk und Vaterland" (FZ 9. März 1934). Allerdings distanzierte sich Fries ab Herbst 1934 von den „Deutschen Christen" (DC), denen er noch nahegestanden hatte, als ihm die „wahren Absichten der DC" klar wurden (Dekan Blendinger, Erinnerungen an die Jahre 1934-1936).

Am 20. Mai 1948, beschloss der neue Stadtrat einstimmig, Hitlers Ehrenbürgerschaft posthum zurückzunehmen: *„Es wird einstimmig beschlossen, Adolf Hitler die am 6.7.1932 verliehene Ehrenbürgerschaft abzuerkennen."*

2. Symbole der Macht

Darum geht es in diesem Kapitel:

Das Kapitel „Symbole der Macht" beleuchtet, wie die Nationalsozialisten Symbole zur Verbreitung ihrer Ideologie und Festigung ihrer Herrschaft einsetzten. Das Hakenkreuz, zentrales Symbol der NS-Ideologie, verkörperte den Anspruch der NSDAP auf totale Herrschaft und die vermeintliche Überlegenheit der „arischen Rasse". Seine Präsenz im öffentlichen Raum, etwa beim „Tag der nationalen Arbeit", förderte die Verbreitung nationalsozialistischer Gedanken. Auch Uniformen spielten eine entscheidende Rolle in der visuellen Repräsentation der Diktatur, indem sie die Identität der Träger mit der NS-Ideologie verbanden und ein Gefühl von Einheit und Stärke erzeugten. Die Kombination aus Symbolen, Propaganda und Gewaltherrschaft ermöglichte es dem NS-Regime, alle Lebensbereiche zu durchdringen und Konformität zu erzwingen.

2.1. Fahnen

Die befragten Quellen zeigen, welch zentrale Rolle Fahnen bei der Inszenierung von Macht und der Mobilisierung der Bevölkerung spielten.

Im Rahmen der nationalsozialistischen Ideologie wurden die Bürger regelmäßig aufgefordert, ihre Häuser zu beflaggen, insbesondere anlässlich bedeutender politischer Ereignisse wie dem Reichsparteitag 1936, dem Deutschen Jugendfest 1935, der NSDAP-Hesselberg-Tagung 1938 und bei Feierlichkeiten wie dem Treuebekenntnis zum Führer im August 1934.

Mit dem Hissen von Fahnen sollte die Identifikation mit Adolf Hitler und der NSDAP gestärkt werden. Sie dienten der äußeren Darstellung von Loyalität und Zugehörigkeit, der aktiven Teilnahme an der politischen Agenda des Regimes sowie der Herausbildung eines einheitlichen nationalen Gefühls.

Die Anordnungen zur Beflaggung wurden durch die Gauleitung durchgesetzt und verdeutlichen die Bedeutung von Fahnen als Symbole des nationalsozialistischen Regimes.

37. Näheres dazu:

Beispiel für Beflaggungsanordnung:

— **17. November 1938**: „Heute erfolgt die Beisetzung des einer feigen jüdischen Mordtat zum Opfer gefallenen Herrn von Rath. Die Regierung hat aus diesem Anlaß für alle öffentlichen Gebäude Trauerbeflaggung angeordnet und die Bevölkerung ersucht, sich der Trauerbeflaggung anzuschließen."

Weitere Beispiele:

→ siehe Seite 42 („28. Näheres dazu:")

2.2. HAKENKREUZ

Das Hakenkreuz war das zentrale Symbol der nationalsozialistischen Ideologie. Es repräsentierte nicht nur den Anspruch der NSDAP auf totale Herrschaft, sondern auch die vermeintliche Überlegenheit der „arischen Rasse". Die Verbreitung des Hakenkreuzes im öffentlichen Raum diente wesentlich der Verbreitung nationalsozialistischer Gedanken.

38. Näheres dazu:

Beispiele für die Erwähnung des Hakenkreuzes in den befragten Quellen:

– Über den „Tag der nationalen Arbeit" 1933 berichtet die Fränkische Zeitung am 6. Mai 1933 über die Feier in Wiedersbach: „Wohl selten sah man unser Dorf in so reichem Flaggenschmuck und Tannengrün wie am 1. Mai. Das Hakenkreuz beherrschte das Straßenbild." Von der Feier in Höchstetten heißt es: Der „Ort hat zur Feier des nationalen Tages der Arbeit reichen Festschmuck angelegt. Ueber der Durchgangsstraße hing ein riesiges Hakenkreuz aus Tannengrün."

– Über eine Kundgebung der NSDAP in Leutershausen, zu der sich die „vaterländischen Vereine" versammelt hatten, berichtet die Presse am 7. März 1933 (FZ) folgendes: „Am Samstagabend 7 Uhr veranstaltete die hiesige Ortsgruppe der NSDAP mit den hiesigen vaterländischen Vereinen: Veteranen- und Kampfgenossenverein, Turnverein, Krieger- und Militärverein und der ganzen nationalen hiesigen Bevölkerung eine große Kundgebung. Die Aufstellung erfolgte an der Hohen Brücke. Während von den Bergen Freuden- und Freiheitsfeuer zum Himmel emporloderten, leuchtete ein mächtiges Hakenkreuz durch die Nacht, weithin sichtbar, hinab ins Altmühltal, das einen begeisternden, herrlichen Anblick bot. Die sämtlichen Anwesenden sangen zu gleicher Zeit das Horst-Wessel-Lied [...]."

– Das Hakenkreuz wird auch im Zusammenhang mit einer Heldengedenkfeier in Neunkirchen erwähnt, die am 18. Februar 1937 stattfand. In der Ankündigung der Veranstaltung wird darauf hingewiesen, wie die Kriegskameradschaft Neunkirchen aufzutreten habe: „Anzug für Kriegskameradschaft: Mütze, dunkler Anzug, Hakenkreuzarmbinde am linken Arm". (FZ 18. Februar 1937).

2.3. Die Rolle von Uniformen

Die befragten Quellen belegen, dass Uniformen in Leutershausen während der NS-Zeit eine bedeutende Rolle spielten, sowohl als Symbole der Macht und Zugehörigkeit als auch als Mittel zur Durchsetzung der nationalsozialistischen Ideologie.

- *Uniformen: Macht- und Zugehörigkeitssymbole*

Die Präsenz von Uniformen war allgegenwärtig. Parteifunktionäre und Mitglieder von NS-Organisationen wie der SA, der SS, der Hitlerjugend und dem BDM waren verpflichtet, bei öffentlichen Anlässen in Uniform zu erscheinen.

39. Näheres dazu:

- „Heute Abend, Punkt 17 Uhr, findet auf dem Adolf-Hitler-Platz eine große öffentliche Protestkundgebung [...] statt. [...] An der Kundgebung. haben sämtl. Formationen teilzunehmen. [...] Sämtl. Amtsleiter der Partei u. deren Gliederungen haben in **Uniform** zu erscheinen." (Städtische Bekanntmachung 27. März 1935)

- „Die DAF., Ortswaltung, teilt mit: Am Freitag, den 15. Oktober 1937, abends 8 Uhr findet im Schiller'schen Saale in Leutershausen eine Mitgliederversammlung der DAF-Ortswaltungen Leutershausen und Neunkirchen statt [...]. Die Walter und Warte der DAF. erscheinen in **Uniform**." (FZ 12. Oktober 1937)

- „Leutershausen. Frauenkundgebung. In einer großen Frauenkundgebung spricht am Samstag, 1. November [1941], 20 Uhr, im Schillersaale Kreisleiter Pg. Seitz über die Aufgaben und Pflichten, die heute von jedem von uns in der Heimat verlangt werden. [...] Die Politischen Leiter erscheinen in **Uniform**." (FZ 31.Oktober 1941).

Mitglieder von Kriegerkameradschaften trugen ebenfalls Uniformen, um ihre Zugehörigkeit zu dieser Organisation und ihre Verbundenheit mit dem militärischen Gedanken auszudrücken.

▪ *Uniformen als Mittel zur Durchsetzung der NS-Ideologie*

Die Uniformen der NS-Organisationen trugen zur visuellen Einheitlichkeit und Disziplin bei und sollten das Gemeinschaftsgefühl unter den Mitgliedern stärken. Das Auftreten uniformierter NS-Funktionäre bei öffentlichen Veranstaltungen diente nicht nur der Repräsentation der NS-Macht, sondern auch der Einschüchterung von Regimegegnern. Durch die Uniformierung der Jugend in der Hitlerjugend und im BDM sollte der militaristische Geist und die nationalsozialistische Ideologie frühzeitig in die Köpfe der jungen Generation eingepflanzt werden.

2.4. VISUELLE REPRÄSENTATION DER DIKTATUR

Neben der Verwendung von Fahnen mit dem Hakenkreuz, die bei offiziellen Anlässen und Parteiveranstaltungen gehisst wurden, gehörte auch die Umbenennung von Straßen und Plätzen zu den Strategien, mit denen die NSDAP ihre Macht demonstrierte.

40. Näheres dazu:

Im Jahr 1934 wurde das Rathaus umgebaut. Im Zuge dieses Umbaus schuf der Künstler Willi Haselbeck, ein Mitglied der Reichskammer der Bildenden Künste, ein 1,50 x 1,50 Meter großes Hoheitszeichen in Form eines Adlers aus Werkstein. Zusätzlich gestaltete er drei Wappen: das preußische, das bayerische und das Leutershausener Stadtwappen.

→ siehe Abb. 3, Seite 25.

Die fränkische Zeitung feierte den Adler als „Meisterwerk deutscher Bauplastik" und „Symbol des neuen Deutschland". Der Artikel lobt die „feine Naturrichtigkeit" und den „energie-, kraft- und willensstarken Ausdruck" des Adlers. (FZ 29. Dezember 1934)

Abb. 6: Rathaus 1934/35 mit Reichsadler (Foto bei K. Bickert)

3. Zielgruppen der NS -Indoktrination – Beispiele

Darum geht es in diesem Kapitel:

Während der Zeit des Nationalsozialismus in Leutershausen wurden verschiedene Bevölkerungsgruppen gezielt beeinflusst. Kinder erfuhren sowohl in der Schule als auch in ihrer Freizeit eine starke Prägung durch nationalsozialistische Ideologie. „Hitlerjugend" (HJ) und der „Bund Deutscher Mädel" wurden zunächst subtil, dann immer offener auf „Krieg" bzw. „Sieg" eingestimmt. Frauen gerieten, gelenkt durch die „NS-Frauenschaft" (NSF), in eine nationalsozialistisch orientierte Gemeinschaft und übernahmen Aufgaben in der Kriegswirtschaft. Auch der – zunächst „freiwillige" –Arbeitsdienst (FAD) von Männer und Frauen diente äußerlich zwar der praktischen Arbeit, war aber seinerseits auch auf die Vermittlung und Umsetzung nationalsozialistischen Gedankenguts ausgerichtet. Die befragten Quellen offenbaren, wie die NSDAP versuchte, möglichst alle Bevölkerungsgruppen zu erreichen und sie – gegebenenfalls nötigend – für die NS-Ideologie zu vereinnahmen.

3.1. Kinder

Die Zeit des Nationalsozialismus war geprägt von tiefgreifenden Veränderungen in der Gesellschaft, die auch das Leben von Kindern maßgeblich beeinflussten. In Leutershausen zeigt sich dies in verschiedenen Bereichen: Schulpflicht und Bildung, Freizeit und Spiel, Gesundheit und Ernährung sowie im Familienleben.

▪ *Schulbildung und ideologische Indoktrination*

Der Schulbeginn in Leutershausen war klar geregelt. Kinder, die bis zum 31. Juli des Jahres ihr sechstes Lebensjahr vollendeten, konnten eingeschult werden. Bei entsprechender körperlicher und geistiger Entwicklung war sogar eine frühere Einschulung möglich. Die Werktagsschulpflicht stellte sicher, dass alle Kinder regelmäßig zur Schule gingen. Am Ende des Schuljahres fand eine feierliche Schulschlussfeier statt, die mit einem Gottesdienst und einer Feier im Schillersaal begangen wurde.

1934 beschloss der Stadtrat von Leutershausen die Einführung des 8. Schuljahres an der Volkshauptschule und die Ausdehnung der Hauptschulpflicht auf 8 Jahre. (FZ 13. Februar 1934).

Ein wichtiger Bestandteil der schulischen Ausbildung war der Handarbeitsunterricht, der in den hellen Räumen der Kinderschule stattfand. Diese Institution feierte 1933 ihr 25-jähriges Jubiläum und diente nicht nur als Bildungsstätte, sondern auch als Veranstaltungsort für verschiedene Events, wie etwa die Abschlussprüfung eines Samariterinnenkurses.

Darüber hinaus gab es einen NSV-Kindergarten, der von zwei Kindergärtnerinnen geleitet wurde und Mütterberatungsstunden anbot.

41. Näheres dazu:

Kinderschule (1933):

„Das Lutherhaus zeigte am vergangenen Sonntagnachmittag ein feierliches Gepräge. Die **Kinderschule** hatte zu ihrem 25jährigen Jubiläum Einladung ergehen lassen an die Einwohnerschaft. Und der Zustrom war so gewaltig, daß der große Saal nahezu überfüllt war. [...]

Als der Vorhang sich öffnete, standen größere und kleinere Mädchen auf der Bühne; zu gleicher Zeit kamen die kleinsten Hitlerjungen zu beiden Seiten, unter dem schneidigen Kommando ihres Führers anmarschiert und sangen den Choral: ‚Lobe den Herren' [...]. Herr Bürgermeister gedachte auch des Reichspräsidenten v. Hindenburg und unseres Führers Adolf Hitler und schloß mit den Worten: Wenn Gottes Gnade über die Herzen der Kinder waltet und Gottesfurcht im Volke wohnt, dann ist uns die deutsche Jugend gewiß." (FZ 30. November 1933).

NSV-Kindergarten (1941):

– „Kindergarten-Einweihung. Im Rahmen einer kurzen Feierstunde wurde am Dienstagnachmittag der neugerichtete NSV.-Kindergarten seiner Bestimmung übergeben. Vertreter der Partei und des Staates waren zugegen und überzeugten sich von der gediegenen Ausstattung und der Betreuungsarbeit, die hier an den kleinen Kindern Leutershausens geleistet wird." (FZ 12. Juni 1941)

– „Die ersten Lebensjahre des Kindes sind für den ganzen Entwicklungsgang des Menschen von größter Bedeutung. In der Erkenntnis dieser Tatsache richtet heute die Partei ihre Aufmerksamkeit nicht allein auf die Kinder, welche bereits die Schule besuchen, sondern auch auf die Erziehung der Kinder vor dem schulpflichtigen Alter in den NSV-Kindergärten." (FZ 21. Oktober 1941)

- *Gesundheit und Ernährung*

Die Gesundheit der Kinder wurde durch verschiedene Angebote gefördert. Monatlich fand eine kostenlose Mütterberatungsstunde in der Kinderschule statt, um Müttern Informationen zur Pflege ihrer Säuglinge zu geben. Zudem gab es einen Tuberkulose-Sprechtag im städtischen Krankenhaus in Ansbach sowie spezielle Säuglingskurse für Mütter.

- *Krieg und NS-Ideologie*

Die nationalsozialistische Ideologie durchdrang das Leben der Kinder auf vielfältige Weise. Die Hitlerjugend (HJ) und der Bund Deutscher Mädel (BdM) spielten eine zentrale Rolle in der Erziehung junger Menschen und vermittelten ihnen die Ideale des Regimes.

42. Näheres dazu:

1942 (FZ 16. Oktober 1942):

– Aus der Arbeit der Hitlerjugend. FZ-Bericht über die Rede eines „Bannführers": „Er spricht von Kameraden, die einst in den Reihen der Jugendbewegung marschierten und nun draußen an der Front stehen und dort ihre Pflicht erfüllen, ja wenn es sein muß, ihr Leben mit dem Tode besiegeln. Der Bannführer mahnt die Jungen zu restlosem Einsatz und zum pünktlichen Besuch des Dienstes. Daneben soll aber auch in den Landeinheiten der Kriegseinsatz der Hitlerjugend nicht vernachlässigt werden. In verstärktem Umfange muß sich jeder Führer dafür einsetzen, daß die Ergebnisse von Sammlungen jeglicher Art [...] immer mehr gesteigert werden und zu einem großen Erfolg führen.

— Nach diesen Ausführungen streift der Bannführer das Gebiet des HJ.-Wettrüstens für das Kriegswinterhilfswerk 1942/43 [...]. Während das weite Land im Osten von unseren Soldaten mit dem Blute und dem Schwert erkämpft wird, muß es einst vom deutschen Bauern verwaltet und bewirtschaftet, und wenn nötig auch wieder verteidigt werden."

1945 (FZ 26. März 1945):

— „Im Schloßhof waren am vergangenen Sonntag zusammen mit ihren älteren Kameraden und Kameradinnen die Pimpfe und Jungmädel angetreten, die – wie überall im Reich – an diesem Tag feierlich verpflichtet wurden für die Reihen der Hitler-Jugend und des Bundes Deutscher Mädel.

— Nach Fanfarenrufen und einem Lied sprach Kreisleiter Pg. Seitz zu den Jungen und Mädeln.

— Er führte ihnen vor Augen, daß diese Verpflichtung zu einer Stunde erfolge, wo der Krieg in entscheidenden Kämpfen tobe, und zu einer Lage geführt habe, die manche klein und wankelmütig werden lasse, angesichts der scheinbar hemmungslosen Ueberlegenheit an Menschen und Material, mit der der Feind gegen uns zu Feld zieht.

— Gerade in solcher Stunde des bangen Zweifels schwacher Herzen müsse es die Jugend sein, die ihren Glauben und ihre Kraft ungebrochen aufrechterhalte und unerschütterlich bleibe im Vertrauen auf den Führer, der in seiner letzten Proklamation verkündet hat, daß dieses Jahr noch die Entscheidung, die Wendung zum Guten, also den Sieg bringen werde. [...]

— Gerade aus den Reihen der Jugend müßten immer wieder die Menschen kommen, die unerschütterlich glaubensstarken und zuversichtlichen Menschen, die trotz der schweren Zeit noch mit einem frohen Gesicht durch die Welt gehen könnten [...]."

Viele Kinder wurden durch die NSV zur Erholung in andere Gebiete des Reichs geschickt – eine Maßnahme, die als „Kinderlandverschickung" bekannt wurde.

43. Näheres dazu:

1934, Leutershausen (Städt. Bekanntmachung vom 18. September 1934):

- „Tausende von erholungsbedürftigen Kindern wurden durch den Gau verschickt u. auch aus anderen Gauen aufgenommen. Noch warten Tausende von bedürftigen Kindern auf die Verschickung. Das auch von unserem Führer gesteckte Ziel lautet: Heranbildung einer kerngesunden u. kräftigen Jugend, die fähig ist, einst das Reich Adolf Hitlers weiter zu bauen und zu führen. [...] Volksgenossen von Leutershausen! An euch liegt es, diese Aufgabe zu erfüllen. Tut eure Pflicht u. schenkt den erholungsbedürftigen Kindern Licht und Sonne durch Einzeichnung in die Pflegestellenliste. [...]."

1938 Leutershausen (FZ 6. April 1938):

- „Nachrichten aus Leutershausen. Aus der NSV.-Arbeit. Kürzlich wurde eine Werbung für Kinderlandverschickung durchgeführt, der ein recht erfreulicher Erfolg beschieden gewesen ist. Besonders gut war das Ergebnis in den Orten Jochsberg, Enzersdorf, Clonsbach, Sachsen, Erlbach, Atzenhofen und Röttenbach. Gemeldet wurden insgesamt 60 Freistellen für erholungsbedürftige Kinder, acht Hitlerfreiplätze, zwei Verwandtenverschickungen, und zwar eine aus Hamburg und eine aus Oesterreich. Die ersten elf Kinder aus Oesterreich treffen bereits in diesen Tagen hier ein und werden nach nochmaliger Untersuchung durch den NSV.-Arzt den Pflegeeltern übergeben. Mögen sie sich in unserem freundlichen Städtchen und seiner schönen landschaftlichen Umgebung wohlfühlen und sich während ihres Aufenthaltes recht gut erholen."

1938, Lehrberg (FZ 5. Mai 1938):

- Kinderlandverschickung nach Pommern: „Kinderlandverschickung. Von der NSV. wurden 3 Kinder aus kinderreichen Familien von hier zur Erholung nach Pommern geschickt. Mit herzlichen Worten der Ermahnung und den besten Wünschen für die Erholung verabschiedete sie der Amtsleiter der NSV. Am 10. Mai sollen 22 erholungsbedürftige Kinder aus Oesterreich hier eintreffen."

3.2. HITLERJUGEND UND BUND DEUTSCHER MÄDEL

Die befragten Quellen belegen die bedeutende Rolle der Hitlerjugend (HJ) und des Bundes Deutscher Mädel (BDM) in Leutershausen während der Zeit des Nationalsozialismus.

Diese Organisationen fungierten als zentrale Instrumente zur Indoktrinierung der Jugend mit der nationalsozialistischen Ideologie und zur Vorbereitung auf den Krieg. Ihre Aktivitäten waren eng in das gesellschaftliche und politische Leben integriert.

- *Integration in die NS-Gemeinschaft*

Die HJ und der BDM waren nicht nur Jugendorganisationen, sondern auch aktive Akteure im gesellschaftlichen Leben Leutershausens. Sie nahmen an zahlreichen Veranstaltungen teil, darunter

- der Tag der nationalen Solidarität, der 1. Mai,
- Heldengedenkfeiern,
- Kirchweihen
- oder der Reichssportwettkampf.

- *Indoktrination und Propaganda*

Ein zentrales Ziel der HJ und des BDM war die Indoktrinierung der Jugend mit der NS-Ideologie.

Kreisleiter Hänel legte in einem Aufruf zum „Monat des Jungvolkes" Wert auf die Notwendigkeit, die Jugend in „Zucht, Härte und Treue zu Volk, Rasse, Blut und Boden" zu erziehen. (FZ Oktober 1936).

Die Kinder wurden darauf vorbereitet, „treue Hitlerjungen" zu werden, die bereit waren, für Führer, Bewegung, Volk und Reich zu kämpfen.

44. Näheres dazu:

Der „Monat des Jungvolkes" war eine Initiative, um die Bedeutung des Jung-volks, der jüngsten Abteilung der Hitlerjugend, hervorzuheben.

(FZ Oktober 1936)

Aufruf an die Eltern (Kreisleiter und Ober-Bgm. Hänel):

„Dem ‚Monat des Jungvolkes' zum Geleit. In einer Zeit, da Altes und Mor-sches fällt und Neues sich aus dem einstigen Trümmerhaufen emporzurin-gen beginnt, erinnern wir uns an die Zeit, da in Deutschland die ver-schiedensten Parteien sich um die Gunst der Jugend bemühten. Aber nicht mit dem Ziel, diese Jugend für Deutschland einzusetzen, sondern verkalkte Organisationen sollte sie vor der Auflösung bewahren.

Wenn heute aber der Ruf des Führers sich an die deutschen Väter und Müt-ter richtet: ‚Jungvolk heraus!', dann, Ihr deutschen Eltern, muß es Euch eine Genugtuung sein zu wissen, daß Eure Jungen und Mädels nicht eingesetzt werden für irgendwelche Parteiinteressen, sondern daß diese Jugend in der ersten ‚Erziehungsschule der Nation' vorbereitet wird für die großen und schweren Aufgaben, die sie einst zu lösen hat, wenn wir Alten nicht mehr sind. Ist einst unser Deutschland hart am Versinken ins Chaos vorbeigegan-gen, weil Jugendgeneration um Jugendgeneration in schlechter Romantik und Humanitätsduselei aufgewachsen ist, so fordert der Ernst unserer Lage, daß unsere Jugend in Zucht, Härte und Treue zu Volk, Rasse, Blut und Boden erzogen wird.

Darum, deutsche Volksgenossen, der ‚Monat des Jungvolks' ist zugleich auch ein Monat der Besinnlichkeit für die deutschen Eltern

Heil Hitler!

gez. Hänel, Kreisleiter und Oberbürgermeister."

- *Kontrolle und Überwachung*

Die HJ und der BDM dienten auch als Instrumente zur Kontrolle und Überwachung der Jugend. Die strenge Hierarchie innerhalb dieser Organisationen sowie regelmäßige Appelle und Besichtigungen sorgten dafür, dass die Jugendlichen auf Linie gehalten wurden. Abweichungen von den normierten Verhaltensweisen wurden nicht toleriert; stattdessen wurde ein Klima geschaffen, das Opposition unterdrückte. Diese Kontrolle erstreckte sich auch auf das private Umfeld der Jugendlichen, da sie ermutigt wurden, ihren Führern über das Geschehen in ihren Familien zu berichten.

- *Vorbereitung auf den Krieg*

Die Ausbildung in der HJ und dem BDM umfasste auch militärische Elemente wie Geländespiele, Sportwettkämpfe und Schießübungen. Die körperliche Ertüchtigung spielte eine zentrale Rolle in dieser Erziehung; sie sollte die Mitglieder auf den Krieg vorbereiten und ihnen ein Gefühl von Stärke und Disziplin vermitteln.

- *Besondere Ereignisse*

In Leutershausen fanden zahlreiche besondere Ereignisse statt, die die Ideologie des Nationalsozialismus propagierten. Theateraufführungen der HJ und des BDM wie „Stolz weh'n Hitler-Fahnen" (FZ 8. Dezember 1933, HJ-Werbeabend im Schillersaal) dienten nicht nur zur Unterhaltung, sondern auch zur Verstärkung nationalsozialistischer Werte.

Darüber hinaus nahmen Mädchen und Jungen am Reichsberufswettkampf teil, einem Wettbewerb, der darauf abzielte, die Jugend in ihren Berufen zu fördern und sie auf die Anforderungen des Arbeitslebens vorzubereiten (vgl. z.B.: FZ 22. März 1935, 15. Februar 1936 oder 16. Dezember 1936).

3.3. FRAUEN UND FRAUENVERBÄNDE

Die Rolle von Frauen und Frauenverbänden in Leutershausen während der nationalsozialistischen Ära war vielschichtig und stark von der nationalsozialistischen Ideologie sowie den Anforderungen des Regimes geprägt.

- *Die NS-Frauenschaft (NSF)*

Die NS-Frauenschaft wurde 1931 gegründet und war die wichtigste Frauenorganisation im nationalsozialistischen Deutschland. In Leutershausen führte die NSF regelmäßig Versammlungen, Schulungen und andere Veranstaltungen durch. Ein zentraler Aspekt der Arbeit der NSF war die Rollenzuweisung der Frauen als „deutsche Mütter" und „Helferinnen des Führers".

45. Näheres dazu:

1932: NSDAP-Versammlung Leutershausen:

„ Ein Sehnen geht durch das Volk"

— „Reichstagsabgeordneter Schulz [...], ein Redner von Format, schilderte in verständlichen Worten die Ziele der NSDAP. und legte einige Forderungen, die die Nationalsozialisten durchführen werden, den Versammlungsteilnehmern dar. [...] Die deutsche Frau solle wieder der Stolz unseres Volkes werden: die Gattin des erwerbenden Mannes, die treue Mutter der Kinder, die unerschöpfliche Erneuerin des Volkstums. Wer so den Nationalsozialismus erkennt, betonte der Redner, der komme zur Ueberzeugung, daß er der einzige Weg in eine bessere Zukunft sei." (Quelle: FZ 3. Februar 1932)

Die NSF bot Mütterschulungen an, die Kurse in häuslicher Gesundheits- und Krankenpflege, Näh- und Flickkurse und Säuglingskurse umfassten, warb für die Verwendung deutscher Produkte im Haushalt und hielt zum sparsamen Umgang mit Ressourcen im Rahmen des von Hitler 1936 aufgelegten sog. „Vierjahresplanes" an, dessen eigentliches Ziel darin bestand, die deutsche Wirtschaft innerhalb von 4 Jahren kriegsfähig zu machen und eine weitgehende wirtschaftliche Autarkie (Selbstversorgung) Deutschlands zu erreichen.

Während des Krieges wurden die Frauen zusätzlich aufgerufen, die Wehrmacht zu unterstützen, sich an Sammlungen für das Winterhilfswerk zu beteiligen oder bestimmte Arbeiten zu übernehmen. Ein Beispiel dafür ist der Einsatz von NSF-Mitgliedern in der Flachsernte, um die Bauern zu entlasten.

46. Näheres dazu:

1940 (FZ 6. September 1940):

– Neunkirchen [...]. Gegenwärtig wird der Flachs gerupft und zum Trocknen aufgebockt. Er ist in diesem Jahr in hiesiger Gemeinde überall sehr schön und verspricht einen guten Ertrag.

1941 (FZ 1. September 1941):

– Leutershausen. Die deutsche Frau hilft bei der Flachsernte. Wie schon so oft, zeigen auch jetzt wieder die Frauen von Leutershausen, daß sie gerne bereit sind zu helfen, wo Hilfe nötig ist. Freudig besorgen gegenwärtig Mitglieder der NS- Frauenschaft das Flachszupfen und nehmen damit den Bauern, die gemäß den Vorschriften Flachs bauen, diese Arbeit ab. Unter vielen fleißigen Händen schreitet die Aberntung der Flachsfelder rasch vorwärts.

- *Andere Frauenverbände*

Neben der NS-Frauenschaft existierten auch traditionelle Hausfrauenvereine, die jedoch unter dem Einfluss des Regimes standen. Das Deutsche Rote Kreuz (DRK) spielte ebenfalls eine wichtige Rolle, insbesondere bei der Versorgung von Kriegsopfern und der Ausbildung von Sanitätern und Samariterinnen. Diese Organisationen trugen zur Unterstützung des Krieges bei und förderten das Bild der Frau als aktive Unterstützerin des nationalsozialistischen Staates.

- *Frauen im Berufsleben*

Mädchen und Frauen nahmen an Reichsberufswettkämpfen teil, die darauf abzielten, ihre berufliche Ausbildung zu fördern. Die Ausbildung von Hausgehilfinnen wurde vom Regime gefördert, um dem Mangel an Hauspersonal entgegenzuwirken. Während des Krieges übernahmen viele Frauen vermehrt Aufgaben in der Landwirtschaft und Industrie, um die abwesenden Männer zu ersetzen.

47. Näheres dazu:

1935 (FZ 22. März 1935):

– „Wie überall so wurde auch [...] der Reichsberufswettkampf, der von der Reichsjugendführung und von der Deutschen Arbeitsfront vom 18. bis 23. März veranstaltet wird, für unsere weibliche Jugend durchgeführt. Freudig und mit frohem Sang kamen unsere Mädels vor dem Rathause zur Eröffnung des Wettkampfes anmarschiert [...]. Sodann ergriff Kreisbauernführer Soldner - Schwand das Wort. [...] Seine Ansprache schloß er mit dem Treuegelöbnis für unseren Führer und Reichsjugendführer mit einem dreifachen Sieg-Heil."

1936 (FZ 15. Februar 1936):

– Leutershausen: Reichsberufswettkampf (BdM, Hausgehilfinnen): „Am Freitagvormittag und nachmittag gelangte [...] der Reichsberufswettkampf zur Durchführung. Vormittags ½ 9 Uhr hatten sich [...] 19 Mädchen zum friedlichen Wettstreit eingefunden [...]. Die Mädel waren aus verschiedenen Ortschaften: Leutershausen, Jochsberg, Büchelberg, Görgsheim usw. [...] Ortsgruppenführer Rattler [...] wies auf den Zweck und die Ziele des Reichsberufswettkampfes hin. [...] Er schloß mit einem dreifachen Sieg-Heil auf unsern Führer. Sodann gingen die Mädel freudig an ihre Arbeit."

1936 (FZ 16. Dezember 1936):

– „Die Werbung für den Reichsberufswettkampf 1937 hat zu einem überaus befriedigenden Ergebnis geführt. Es haben sich über 60 Jungen und Mädel zur Teilnahme am Reichsberufswettkampf gemeldet, was gegenüber den früheren Jahren einen großen Fortschritt bedeutet."

3.4. ARBEITSMAIDEN UND REICHSARBEITSDIENST (FAD / RAD)

- *Blockhaus*

Im April 1933 wurde der Bau eines Blockhauses für den Freiwilligen Arbeitsdienst (FAD) auf der Ludwigshöhe in der Nähe des Turnplatzes bekannt gegeben. Dafür wurden 70 bis 80 Bäume gefällt.

Abb. 7: Blockhaus 1935, männl. Arbeitsdienst (Foto: Heimatmuseum)

Nach der Auflösung des KLV-Lagers im April 1945 wurde das Gebäude von amerikanischen Truppen besetzt.

Im Stadtarchiv Leutershausen findet sich noch ein undatiertes „Verzeichnis der im Blockhaus vorhandenen Inventare". Die Räume werden beschrieben mit „Küche rechts, Küche links, vorderer Raum, mittlerer Raum, hinterer Raum mit Aborten, Veranda".

48. Näheres dazu:

In einem Schreiben vom 22. November 1945 zum Betreff „Einrichtungsge-
genstände des KLV-Lagers Blockhaus Leutershausen" erläuterte Bürgermeister Schultheiß...

– „[...] dass kurz nach der Auflösung des KLV-Lagers im April 1945 Leutershausen durch amerikanische Truppen besetzt worden ist. Unter anderen war auch das Blockhaus durch Besatzungstruppen belegt. Folglich
war es nicht sofort möglich, eine entsprechende Bestandsaufnahme
vorzunehmen. Nach dem Abzug der Besatzung musste festgestellt werden, dass ein grosser Teil der Einrichtung entweder zerstört oder gestoh-
len war. Es lässt sich deshalb zur Zeit schwer bestimmen, was von dem
Restbestand der Gegenstände Eigentum der Stadt Leutershausen war [...]."
(Stadtarchiv Az 134-5, 22. November 1945)

- *Ein Lager der ideologischen Indoktrination*

Der FAD wurde in Leutershausen zunächst von der Stadt getragen
und später in den staatlichen Reichsarbeitsdienst (RAD) überführt.
1937 wurde ein RADwJ-Lager (Reichsarbeitsdienstlager für weibliche Jugendliche) im ehemaligen Landgerichtsgebäude eingerichtet,
das dafür eigens renoviert wurde.

Die feierliche Einweihung fand im November 1937 statt und wurde
von Vertretern verschiedener NS-Organisationen begleitet, darunter
Repräsentanten der Kreisleitung, des BDM (Bund Deutscher Mädel)
und der NS-Frauenschaft.

Die Festrede der Kreisfrauenschaftsleiterin betonte die ideologische
Ausrichtung des Arbeitsdienstes und die Erziehung junger deutscher
Frauen zu „tüchtigen Hausfrauen" und „gesunden Müttern", die in
der Lage seien, „gesunde Kinder zur Welt zu bringen".

49. Näheres dazu:

1937 (FZ 19. November 1937):

„Ein frisch gesungenes Lied der Arbeitsmaiden leitete die Feierstunde ein. [...]

In seinen Begrüßungsworten schilderte Bürgermeister Schiller die Vorge-schichte des Lagers und zeigte, wie die Arbeitsmaiden sich bereits in der kurzen Zeit ihres Leutershausener Aufenthaltes überall Anerkennung errun-gen haben. Sie werden immer da eingesetzt, wo die Frau krank oder über-lastet ist, in kinderreichen Familien oder wo Not herrscht. Viel Gutes ist auf diese Weise schon gewirkt worden.

In verhältnismäßig kurzer Zeit konnte der Umbau [...] vollendet werden. [...] Mit dem Wunsche, daß das Lager feststehen möge in alle Zukunft und stets der Idee des Führers diene, schloß Pg. Schiller seine Ausführungen."

- *Ziele und Aufgaben*

Die „Arbeitsmaiden", junge Frauen im RADwJ, wurden vor allem in der Landwirtschaft eingesetzt und spielten eine entscheidende Rolle bei der Aufrechterhaltung der Nahrungsmittelproduktion wäh-rend des Krieges. Die Arbeitsmaiden genossen oft große Wertschät-zung innerhalb der Familien, bei denen sie arbeiteten.

Der Alltag im Arbeitsdienstlager war streng geregelt und umfasste neben Arbeit auch Schulungen und Freizeitaktivitäten im Geist des Nationalsozialismus. Die Arbeitsmaiden trugen eine einheitliche Uniform und lebten in einer Gemeinschaft, in der die nationalsozia-listische Ideologie allgegenwärtig war.

Die tägliche Arbeitszeit betrug sieben Stunden, einschließlich des Weges zur Arbeitsstelle. Die Art der Arbeitseinsätze wurde vom Reichsarbeitsführer bestimmt, wobei die Lagerführerin sicher-stellte, dass die Arbeitsmaiden nur Tätigkeiten verrichteten, die ih-ren Kräften entsprachen und keine gesundheitlichen Schäden verur-sachten.

4. RECHTSPRECHUNG

Darum geht es in diesem Kapitel:

Die Rechtsprechung in der NS-Zeit war von einer unmittelbaren Verflechtung von „Recht" und Politik geprägt. Die Justiz wurde zur Durchsetzung der NS-Ideologie instrumentalisiert. Willkürliche Urteile waren an der Tagesordnung, Rechtsmittel wie Einsprüche u.ä.m. wirkungslos oder ausgeschlossen. Die Gleichschaltung der Justiz führte zur Unterdrückung oder gar Vernichtung politischer Gegner. Rechtsstaatliche Prinzipien wurden systematisch untergraben.

4.1. RECHTSPRECHUNG BZW. -BEUGUNG

Die befragten Quellen zeigen eine enge Verflechtung von „Recht" und Politik bzw. die Instrumentalisierung des Rechts für die Ziele der Nationalsozialisten.

- *Institutionen und Verfahren:*

- **Sondergerichte**: Sondergerichte wurden in der NS-Zeit für die schnelle und unnachgiebige Verurteilung von sogenannten „Volksschädlingen" eingesetzt. Die Urteile der Sondergerichte waren nicht anfechtbar.
- **Volksgerichtshof**: Der Volksgerichtshof war ein politisches Gericht, das für die Verfolgung von Hochverrat und anderen politischen Delikten zuständig war.
- **Standgerichte**: Standgerichte wurden im Krieg eingesetzt und konnten schnelle Urteile fällen, oft ohne ein ordentliches Verfahren.

- **Gerichtsverfahren mit politischer Dimension**

- *Fall Enslein gegen Holz (1930)*: Der jüdische Viehhändler Sigmund Enslein versuchte, juristisch gegen den Nationalsozialisten Karl Holz vorzugehen, der ihm eine Vergewaltigung unterstellt hatte. Die Klage hatte nur minimalen Erfolg.

- *Verhandlung Bächner (1931)*: Der NSDSP-Mann Wilhelm Bächner wurde wegen des Anbringens politischer Plakate ohne vorherige Genehmigung der Polizei verurteilt. Das Urteil wurde später reduziert.

50. Näheres dazu:

— Im Februar 1930 veröffentlichte **Karl Holz**, der „Schüler" von Julius Streicher und stellvertretender Gauleiter von Nürnberg, einen Artikel mit dem Titel „Die Kipperjuden" auf der Titelseite des „Stürmers". In diesem Hetzartikel beschuldigte Holz jüdische Händler aus Leutershausen, Bauern zu betrügen und christliche Frauen zu vergewaltigen. Holz bezichtigte insbesondere **Sigmund Enslein** aus Leutershausen. Die jüdische Gemeinde in Leutershausen erhob Anklage gegen Karl Holz wegen Verleumdung. Das Amtsgericht Ansbach gab der Anklage statt und verurteilte Holz zunächst zu 14 Tagen Gefängnis, nach Berufung dagegen zu 14 Tagen Gefängnis *oder* einer Geldstrafe von 600 Mark. (FZ 30. Oktober 1930)

— **Wilhelm Bächner**, Ortsgruppenführer der NSDAP in Leutershausen, wurde im Jahr 1931 wegen des Anbringens politischer Plakate ohne vorherige Genehmigung der Polizei verurteilt. Die Verhandlung fand vor dem Hintergrund der Notverordnung des Reichspräsidenten vom 28. März 1931 zur Bekämpfung politischer Ausschreitungen statt. Diese Verordnung sollte die öffentliche Ordnung und Sicherheit gewährleisten und politische Extremisten, sowohl von links als auch von rechts, in Schach halten. Unter anderem hatte Bächner Plakate mit antisemitischen Parolen an seinem Auto angebracht, wie zum Beispiel: „Deutsche, kauft nicht beim Juden! Wer beim Juden kauft, ist ein Volksverräter!" Das Amtsgericht Ansbach verurteilte Bächner zunächst zu einer Geldstrafe von 50 Mark oder 5 Tagen Gefängnis. Nach eingelegter Berufung reduzierte die Strafkammer die Strafe schließlich auf 30 Mark Geldstrafe oder 3 Tage Gefängnis. (FZ 7. Dezember 1931)

4.2. BEDROHTE „VOLKSGEMEINSCHAFT"

Die befragten Quellen, soweit sie sich auf städtische Bekanntmachungen und Presseberichte während der NS-Zeit und der Nachkriegszeit beziehen, verwenden die Begriffe „Volksschädlinge", „Ver-
brecher" und „Kriminelle" kaum je explizit. Wo sie aber verwendet
wurden, gab es keinen Zweifel darüber, was damit gemeint war.

51. Näheres dazu:

— Die NS-Justiz verfolgte und verurteilte Personen, die gegen die Gesetze
des NS-Regimes verstießen. Zu den „Verbrechern" und „Kriminellen"
zählten in diesem Kontext politische Gegner, Regimekritiker, Deserteure
und Personen, die gegen die Rassengesetze verstießen.
— Mit der Verwendung von Begriffen wie „Volksschädlinge", „rassisch min-
derwertige" Elementen und „Volksfeinde" propagierten die Nationalsozialisten ein Weltbild, das auf Rassismus, Antisemitismus und Sozial-
darwinismus basierte. Sie definierten die „Volksgemeinschaft" als eine
homogene Einheit, die von ihnen bedroht sei.

Manche Verhandlungen, etwa im Fall von „Unzucht" oder Abtreibun-
gen, wurden unter Ausschluss der Öffentlichkeit geführt.

52. Näheres dazu:

Dass dies Tradition hatte, zeigt ein Beispiel aus dem Jahr 1930. Ein Schöf-
fengericht trat in Ansbach wegen eines Abtreibungsversuchs in Tiefenthal
zusammen. Die FZ meldete dazu am 1. November 1930:

— „ Die Verhandlung gegen das 21 Jahre alte ledige Dienstmädchen Mar-
garete W. von Tiefenthal, zurzeit in Nürnberg, wegen versuchter Abtrei-
bung wurde unter Ausschluß der Oeffentlichkeit durchgeführt. Es wurden vier Zeugen und als ärztlicher Sachverständiger Landgerichtsarzt
Obermedizinalrat Doktor Heel dahier vernommen. Die Beschuldigte
wurde zu zehn Tagen Gefängnis verurteilt."

4.3. TODESSTRAFE

- *Die Todesstrafe als Instrument der NS-Herrschaft*

Die Todesstrafe diente vor allem dazu, politische Gegner auszuschalten, die Bevölkerung einzuschüchtern und die Kontrolle über die Gesellschaft zu festigen. Die befragten Quellen erwähnen die Hinrichtung von zwei Männern wegen „Fahnenflucht" am 18. April 1945 in Leutershausen (tatsächliches Datum: 14. April 1945). Die „Flüchtigen", Richard Wilhelm Köhler (17) und Friedrich Döppel (37), wurden vom SS-Standgericht „Korück" öffentlich erschossen – u.a. vor den Augen der Hitlerjungen, die man zur Teilnahme genötigt hatte. → *siehe dazu mehr auf Seite 47.*

- *Gründe für die Verhängung der Todesstrafe:*

- **Politische Gegner**: Nach dem Attentat auf Hitler am 20. Juli 1944 verhängte der Volksgerichtshof Todesstrafen gegen die Attentäter und ihre Mitverschwörer. Die Urteilsbegründung zeigt die Propagandasprache der NS-Zeit, die die Angeklagten als „ehrlose Ehrgeizlinge" und „Verräter" brandmarkte und ihre Tat als „schimpflichste" in der deutschen Geschichte darstellte.

- **„Volksschädlinge"**: Die sogenannte „Volksschädlingsverordnung" von 1939 ermöglichte es, die Todesstrafe für eine Vielzahl von Delikten zu verhängen, die als schädlich für die „Volksgemeinschaft" angesehen wurden. Ein Beispiel aus den Quellen ist das Todesurteil wegen eines versuchten Sexualdelikts.

53. Näheres dazu:

Am 5. September 1939, also kurz nach Kriegsbeginn, wurde die „**Volks-schädlingsverordnung**" (VVO) erlassen. Dieses Instrument der national-sozialistischen Justiz zielte darauf ab, vermeintliche innere Feinde zu ver-folgen und die „innere Front" zu schützen. Besonders brisant war § 4 der VVO, der eine Strafschärfung für Straftaten erlaubte, die unter den Bedin-gungen des Krieges begangen wurden. Diese Regelung ermöglichte es, na-hezu jede Tat mit dem **Tod** zu bestrafen, wenn sie als besonders verwerflich galt:

– § 4: „Wer vorsätzlich unter Ausnutzung der durch den Kriegszustand ver-ursachten außergewöhnlichen Verhältnisse eine Straftat begeht, wird mit Zuchthaus bis zu 15 Jahren, mit lebenslangem Zuchthaus oder **mit dem Tode bestraft**, wenn dies das **gesunde Volksempfinden** wegen der besonderen Verwerflichkeit der Straftat erfordert."

Die vagen Begriffe wie „**gesundes Volksempfinden**" gaben den Richtern einen weitreichenden Ermessensspielraum und führten häufig zu willkürli-chen Urteilen. Die Sondergerichte, die diese Fälle behandelten, arbeiteten unter extrem verkürzten Verfahren und missachteten grundlegende rechts-staatliche Prinzipien.

Beispiel (Zusammenfassung einer FZ-Meldung vom 8. Oktober 1941):

Laut Pressebericht (FZ) wurden in der Nacht zum 29. April 1941 zwei Frauen auf dem Nachhauseweg vom Ansbacher Bahnhof von einem Unbekannten verfolgt. Trotz ihrer Bitten ließ der Mann nicht von ihnen ab und überfiel schließlich eine Frau in der Schloßstraße. Nach heftiger Gegenwehr konnte sich die Überfallene befreien, doch der Täter holte sie erneut ein und warf sie zu Boden. Er wurde durch die Hilferufe der Frauen gestört und floh. Die Polizei nahm den 31-jährigen Täter aus Leutershausen fest, der bereits we-gen eines Notzuchtverbrechens vorbestraft war. Das Gericht verhängte nach einer mehrstündigen Verhandlung die Todesstrafe und den dauerhaf-ten Verlust der bürgerlichen Ehrenrechte. Denn:

– „Für einen **Volksschädling** und Gewaltverbrecher seines Ausmaßes ist, wie das Gericht feststellte, in der **Volksgemeinschaft** kein Platz mehr."

5. JUDEN

Darum geht es in diesem Kapitel:

*Die seit Jahrhunderten in Leutershausen bestehende jüdische Ge-
meinde wurde während der NS-Zeit systematisch verfolgt und entrechtet. Antisemitische Hetzkampagnen in der Presse und gewalt-
same Übergriffe durch NSDAP-Mitglieder schufen ein Klima der
Angst. Während der Pogromnacht im Oktober (!) 1938 wurde die Synagoge demoliert und jüdische Bürger wurden misshandelt. Die
Rolle des Stadtrats und des Bürgermeisters Georg Schiller war zwie-
spältig: Einerseits versuchte er, die Ausschreitungen während der
Pogromnacht zu stoppen, andererseits hatte die Stadtverwaltung
Druck auf die jüdischen Bewohner ausgeübt, ihre Immobilien zu verkaufen. Die jüdischen Einwohner flohen aus Leutershausen, etliche
wurden dann jedoch andernorts deportiert und in Konzentrationslagern ermordet.*

5.1. KURZER HISTORISCHER RÜCKBLICK

Die jüdische Geschichte in Leutershausen ist geprägt von einer lan-
gen und wechselvollen Präsenz, die bis ins 15. Jahrhundert zurück-
reicht. Bereits 1444 wird im Stadtbuch von Leutershausen die Existenz jüdischer Bürger mit Bürgerrecht dokumentiert, und um 1470
sind steuerpflichtige jüdische Familien erwähnt.

Im 17. Jahrhundert gewährte Markgraf Joachim Ernst einigen jüdischen Familien gegen Schutzgeldzahlungen das Recht auf dauer-
hafte Ansässigkeit. Allerdings schwankte die Zahl der jüdischen Familien in der Stadt im Lauf der Jahrhunderte. Die Hauptwirtschafts-
zweige umfassten Viehhandel, Geldgeschäfte sowie später den

Handel mit Schnittwaren. Die wirtschaftlichen Bedingungen und gesellschaftlichen Umstände führten im Laufe des 19. Jahrhunderts zu Abwanderungen.

Die Beziehung zwischen der jüdischen und der christlichen Bevölkerung war lange von einer schiedlich-friedlichen Koexistenz geprägt, durchmischt mit Spannungen und antisemitischen Vorurteilen. Ein eigener Judeneid (15. Jahrhundert) für Gerichtsverhandlungen spiegelte das Misstrauen der Christen wider. Diese Art von Sonderschwur mit teilweise ausschweifenden Fluchformeln war das Resultat eines tiefen Misstrauens von Christen gegenüber Juden, die man häufig grundsätzlich für lügnerisch und bereit zum Meineid hielt.

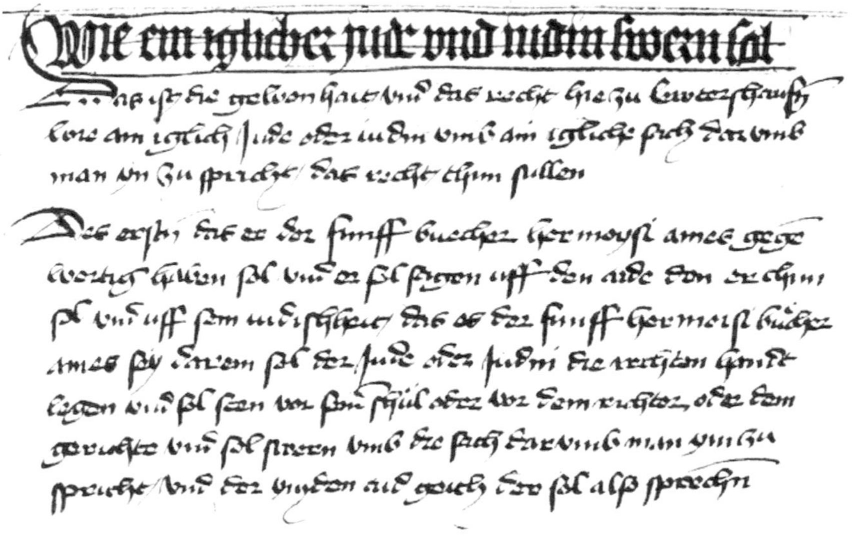
Wie ein yglicher jude und judin sweren sol

Abb. 8: Judeneid, Ausschnitt (Stadtarchiv Leutershausen)

54.   Näheres dazu:

Transkription des Juden-Eids in heutiges Deutsch (Rainer Schulz 2024):

„Wie Juden und Jüdinnen schwören sollen.

Nach hier in Leutershausen üblichem und geltendem Recht haben alle Juden oder Jüdinnen bei sie betreffenden Rechtssachen folgendes zu tun: Zum ersten soll er [= der Jude] die 5 Bücher Mose vor sich liegen haben. Den zu schwörenden Eid soll er auf die 5 Bücher Mose und seinen jüdischen Glauben ablegen.

Auf dieses [Buch] sollen Jude oder Jüdin die rechte Hand legen und in der Rechtssache, um die es geht, vor ihrer ‚Schul' oder dem Richter oder dem Gericht den jeweiligen Schwur leisten. Der ihnen den Eid [im Wortlaut] vorgibt, soll folgendes sagen: Da [dies] Buch das Recht lehrt und achtet [?] und du in der Sache, um die es geht, ohne Schuld bist und du nichts [Unrechtes] getan hast, so bitte Gott, dir zu helfen, und [ebenso helfe dir] das Gesetz, das er Mose gab auf dem Berg Sinai in 2 steinernen Tafeln. Wenn aber dein Reden in der Angelegenheit falsch ist, dann soll dir der Gott, der Laub und Gras und alle Dinge aus dem Nichts erschaffen hat, niemals mehr zu Hilfe kommen noch deiner Seele Trost verschaffen, wenn du ihn anrufst. Wenn dein Reden falsch ist, dann sollen alle in der Thora beschriebenen Flüche auf dich übergehen. Wenn dein Schwur falsch ist, dann soll dich all das Übel treffen, das einst auf Sodom und Gomorra herniederging. Wenn du aber recht hast, dann helfe dir die wahre Gottheit Adonai, und kein anderer sonst."

Auch in den umliegenden Dörfern wie Wiedersbach und Jochsberg gab es jüdische Einwohner:

In **Wiedersbach** sind jüdische Familien seit dem Ende des 18. Jahrhunderts nachweisbar, während die offenbar letzte jüdische Familie dort spätestens 1875 nicht mehr nachweisbar erscheint.

In **Jochsberg** ist eine jüdische Präsenz seit dem 14. Jahrhundert belegt; dort wurde 1800/1801 eine eigene Synagoge errichtet.

55. Näheres dazu:

Pfarrer Karl-Friedrich Dobel, Jochsberg, notiert in einer Pfarrbeschreibung aus dem Jahr **1866** folgendes:

- „Die [Jochsberger] Judenkinder besuchten bis Ende des vorigen Jahrhunderts [= 18. Jhdt.] ihre israelitische Schule, dann die Christenschule, saßen aber auf besonderen Bänken, die man die ‚Judenbänklein' nannte. Auch diese Scheidung hat längst aufgehört. [...] „Juden waren, was hier bemerkt sei, in Jochsberg schon unter Kaiser Ludwig dem Bayern. [...] Im Jahre 1748 waren nur 3 Judenfamilien hier. Ihre Zahl mehrte sich, als das Vogtamt aufgelöst und das Schloß an Juden verkauft war. Seit dem Jahre 1800 ungefähr besitzen sie hier eine Synagoge. Früher hatten sie nur ein kleines Betstüblein oben in Haus Nr 22. [...].“

Offen bekannte Pfarrer Dobel seine **Abneigung gegen die Juden im Dorf**. Sie seien „durchweg von der rohesten Sorte“ mit „ansteckender Wirkung“ auf die Christen:

- „Sehr nachtheilig ist auch die Einwirkung der hier ziemlich zahlreichen Juden. Da dieselben fast durchweg von der rohesten Sorte, nämlich Viehjuden, sind, so nimmt auch unter der christlichen Jugend ein gewisses rohes Wesen überhand, und von den Erwachsenen lassen sich die Christen zu Sonntagentheiligung und zu Betrügereien aller Art verleiten. Auch scheint der tothe judische Ceremoniendienst auf die christliche Bevölkerung eine ansteckende Wirkung zu haben.“

Das „Bayerische Judenedikt“ von 1813 regelte die rechtlichen Verhältnisse der jüdischen Bewohner in Bayern neu.

56. Näheres dazu:

Das Judenedikt von 1813 „erlaubte Juden nun unter anderem, Grundbesitz zu erwerben. Die Einschreibung in Matrikel (Listen) diente der Erfassung wohnberechtigter Juden. [...] Das Edikt war ein Meilenstein in der Geschichte der Assimilation der jüdischen Bewohner Bayerns. Die [jedenfalls formal gesehen] vollständige rechtliche Gleichstellung der Juden in Bayern folgte jedoch erst mit der Annahme der Verfassung des 1871 gegründeten Deutschen Reiches.“

(Quelle: wikipdia.de „Bayerisches Judenedikt von 1813“).

5.2. Antisemitische Kontrolle und Unterdrückung

Die befragten Quellen belegen eine Reihe von Maßnahmen, die in Leutershausen zur Kontrolle und Unterdrückung der jüdischen Bevölkerung ergriffen wurden. Diese Maßnahmen umfassten Einschüchterung, Gewalt, Hetzkampagnen, Zwangsverkäufe von Immobilien sowie die systematische Verfolgung der jüdischen Bürger.

- *Jüdische Kriegsteilnehmer (1. Weltkrieg)*

Die befragten Quellen widerlegen die antisemitische Propaganda, die Juden als illoyal gegenüber Deutschland darstellte. Sie belegen, dass jüdische Männer aus Leutershausen im 1. Weltkrieg für Deutschland kämpften und ihr Leben opferten.

57. Näheres dazu:

Zu nennen sind hier:

- **Selmar Ansbacher**, ein jüdischer Leutnant aus Leutershausen, der bereits am 9. September 1914 im Alter von 25 Jahren bei Bezange la Grande in Frankreich fiel. Ansbacher diente als Leutnant im 14. bayerischen Infanterie-Regiment.
- **Benno Friedmann**, am 9. November 1916 im Alter von 21 Jahren in Rumänien durch einen Kopfschuss gefallen. Friedmann diente als Unteroffizier in der dritten Kompanie des bayerischen Reserve-Infanterie-Regiments Nr. 13.

Ein 1933 vom Reichsbund Jüdischer Frontsoldaten herausgegebenes Buch dokumentiert die Namen und Schicksale jüdischer Soldaten, die im 1. Weltkrieg für Deutschland kämpften und fielen.

Weitere Informationen über jüdische Kriegsteilnehmer aus Leutershausen im 1. Weltkrieg sind in den Kriegsstammrollen des Bayerischen Hauptstaatsarchivs München zu finden.

Die Nationalsozialisten versuchten jedoch, die Leistungen jüdischer Soldaten im 1. Weltkrieg zu verschweigen und ihre Namen aus der Erinnerungskultur zu tilgen. Dies war Teil ihrer rassistischen Ideologie, die Juden als minderwertig und unwürdig ansah, für Deutschland zu kämpfen.

- *Frühe Einschüchterungen, Gewalt und Hetzkampagnen*

Die antisemitische Wochenzeitung „Der Stürmer" unter der Leitung von Julius Streicher spielte eine zentrale Rolle bei der Hetze gegen die jüdische Bevölkerung. Sie verbreitete Verleumdungen und Lügen, die zur Dämonisierung auch von Juden in Leutershausen beitrugen und ein Klima der Feindseligkeit und des Misstrauens schufen.

Abb. 9: „Der Stürmer" Okt. 1936 (bunkerbooks.weebly.com)

58. Näheres dazu:

Bericht eines Betroffenen in der Jüdischen Wochenzeitung für Kassel, Kurhessen und Waldeck vom 18. Dezember **1931**:

– „Am Sonntag wurde in Leutershausen ein 22-jähriger jüdischer Viehhändler dort von dem nationalsozialistischen SA-Mann K. aus Wiedersbach bei Leutershausen ohne jeden Grund mit einer Stahlrute mit vielen Schlägen über Kopf und Gesicht geschlagen, vollkommen blutüberströmt suchte er, weil er ganz unbewaffnet war, sich durch Flucht zu retten. Er wurde aber von dem Nazi-Rowdy wieder eingeholt und nochmals mit der Stahlrute misshandelt und konnte sich mit Mühe und Not in das Haus eines anderen jüdischen Bürgers retten und so vielleicht der Gefahr entgehen, ganz erschlagen zu werden. [...] Einen 13-jährigen Realschüler haben vor etwa drei Wochen etwa zehn Nazis überfallen und schwer misshandelt. Da aber keine weiteren Zeugen in der Nähe waren, konnte Anzeige nicht erstattet werden. Auch ich wurde im Juli dieses Jahres, nachts, als ich dort allein auf der Straße ging, ohne jeden Grund von zwei Nazis überfallen und mit Faustschlägen und Fußtritten misshandelt. Wegen dieser Sache schwebt zur Zeit ein Verfahren, da ich die Sache angezeigt habe und auch Zeugen benennen konnte. Diverse Vorstellungen beim zuständigen Stadtmagistrat wegen der andauernden Belästigungen der jüdischen Bürger waren ohne Erfolg; da der allergrößte Teil des ganzen Ortes (mindestens 80 Prozent) selbst lauter Nazis sind, können und wollen sie nichts dagegen unternehmen. Selbst alte jüdische Frauen von mehr als 70 Jahren werden auf der Straße angepöbelt, und zwar von 15-20-jährigen Lausejungen. Ja, man schämt sich nicht, vor ihnen [= vor den alten Frauen] auf der Straße auszuspucken.“

Aus der Zeitschrift ›Der Israelit‹ vom 5. Febr. **1931**:

– „Nürnberg. Der in Nürnberg erscheinende ‚Stürmer‘ sah es besonders auf die Juden im fränkischen Städtchen Leutershausen ab. Die gegen sie losgelassenen schweren Beschimpfungen und Verleumdungen wurden in Massenauflagen in der Gegend verbreitet und in jedes Haus bis zum letzten Dorfe getragen, so daß sich die Juden der Ortschaft kaum noch hinaustrauten. Die Juden erhoben Anklage, und der Redakteur Holz wurde vom Amtsgericht zu 14 Tagen Gefängnis verurteilt.“

- *Verdrängung jüdischer Händler*

Jüdische Händler wurden zunehmend aus dem Handel verdrängt. Die befragten Quellen erwähnen den Boykott jüdischer Geschäfte und die Übernahme jüdischer Anwesen durch nichtjüdische Geschäftsleute.

59. Näheres dazu:

Ein Beispiel für antisemitische Ausgrenzungs-Propaganda lieferte die Fränkische Zeitung vom 16. August 1937:

– „Seit 400 Jahren Juden in Windsbach! Die Jahrzahl 1937 erinnert uns Windsbacher an die Tatsache, daß im Jahre 1537, also vor 400 Jahren, der erste Jude in unsere Stadt kam. Ihm folgten bald weitere Rassegenossen mit ihrem Anhang. Auch Elpersdorf und Retzendorf beherbergten zeitweise einen Juden. Die Bevölkerung sah die Fremden sehr ungern, zumal man bald merkte, daß sie sich ‚nicht mit Arbeit, sondern mit hochverbotenem Wucher und der armen Leute Schweiß und Blut ernähren' [...]. Sie handelten mit Vieh, Pferden, Tuch und Kramwaren. Dabei schlossen sie mit vielen Untertanen [...] wucherische Verträge, wodurch die Untertanen nach und nach in das äußerste Verderben gerieten. Die Bewucherung wurde ‚meist recht im Verborgenen mit allen Finessen geübt'. Um 1687 lebte ein besonders typischer Vertreter seiner Rasse hier: Mauschele Welsch. Von ihm wird berichtet, ‚er sei schon fünfmal getauft, aber immer noch Jude!' Wir Heutigen sind uns über all diese Dinge restlos im Klaren und wissen uns entsprechend zu verhalten."

Aufruf zum „Judenboykott" in Leutershausen (FZ 18. Dezember 1937)

– „Unser Städtchen steht seit gestern im Zeichen des Judenboykotts. Jeder anständige Volksgenosse von Leutershausen hilft dabei mit, den Boykott gegen die jüdischen Geschäfte so wirksam wie möglich zu gestalten, indem er den Judenladen meidet und nur beim deutschen Geschäftsmann kauft."

- *Zwangsverkauf von Immobilien*

Im Herbst 1938 wurden die jüdischen Bewohner Leutershausens gezwungen, ihre Immobilien, einschließlich der Synagoge, zu Schleuderpreisen zu verkaufen. Dies geschah unter dem Druck der nationalsozialistischen Behörden und der SA, die darauf abzielten, die jüdische Bevölkerung aus dem Wirtschaftsleben zu verdrängen.

60. Näheres dazu:

„Die ‚frühen **Arisierungen**‘ jüdischen Eigentums zogen sich über den Sommer 1938 hinweg fort und erreichten im Spätsommer 1938 einen letzten Höhepunkt. Die wirtschaftliche Ausplünderung der jüdischen Bevölkerung entfaltete erst im Zusammenspiel mit dem radikalen Vorgehen lokaler Entscheidungsträger ihre grausame Wirkung.

Einen Auftakt dafür stellte die Anordnung von ‚Frankenführer‘ Julius Streicher im August 1938 dar, die Nürnberger Hauptsynagoge abtragen zu lassen.

Diese Aktion fand bald darauf in mehreren ländlichen Gemeinden eifrige Nachahmer. In Ellingen und Leutershausen wurden die jüdischen Bewohner während der jüdischen Hauptfeiertage im Herbst 1938 gezwungen, ihre Häuser sowie die Synagoge für ein paar Mark zu verkaufen.“

(Quelle: Stefanie Fischer, Ökonomisches Vertrauen und antisemitische Gewalt. Jüdische Viehhändler in Mittelfranken 1919-1939. Göttingen 2014, 277).

Stefanie Fischer (ebd. 276) beschreibt außerdem den Fall des Viehhändlers **Falk Stern** aus Leutershausen, der „bereits im April 1938 sein Anwesen, bestehend aus Wohnhaus, Scheune, Stall, Schweineställen, Holzremise und Hofraum, einschließlich des gesamten Gemeinde-, Vieh-, Herbst- und Schafweiderechts weit unter dem tatsächlichen Wert verkaufen“ musste.

- ▪ *Pogrom im Oktober 1938*

Vom 14. bis 16. Oktober 1938 kam es in Leutershausen zu massiven antisemitischen Ausschreitungen, bei denen schließlich die Synagoge geschändet und demoliert wurde. Jüdische Wohnungen und Geschäfte wurden geplündert, was die Terrorisierung und Vertreibung der jüdischen Bevölkerung zur Folge hatte. Die Ereignisse während dieser Zeit verdeutlichen den Höhepunkt der Gewalt gegen Juden in Leutershausen. In den städtischen Bekanntmachungen findet sich augenscheinlich keinerlei Hinweis oder Kommentar zum Leutershausener Oktober-Pogrom 1938.

61. Näheres dazu:

Zur Zerstörung der Synagoge in Leutershausen:

Augenzeugenbericht (in: Ernst Stimpfig 2000, 96–97):

– Ernst Engelhardt erinnerte 1989 an die Ereignisse vom 16. Oktober 1938: „Damals wohnte ich mit Familie Stern in einem Haus. Falk Stern hatte es an meinen Vater verkauft und sich darin ein Wohnrecht verbriefen lassen. Am 16. Oktober wurde hier von Fanatikern die Synagoge zusammengeschlagen, vorher aber schon in den jüdischen Wohnungen die Fenster eingeworfen."

Plünderungen und Misshandlungen (in: Stefanie Fischer 2014, 277):

– „In Leutershausen [...] kam es im Oktober 1938 vermehrt zu Ausschreitungen gegen die jüdische Bevölkerung, an denen sich auch Ortsbewohner beteiligten. Dabei wurde in die jüdischen Häuser eingedrungen, der Hausrat zerschlagen und die jüdischen Bewohner misshandelt."

Verhalten der Behörden (Stadtarchiv Az 333-7, 26. Juli 1945):

– Der damalige Bürgermeister Georg Schiller berichtete im Juli 1945, dass er nach Ansbach zum Bezirksamt gefahren sei, um „Bericht zu machen und Abstellung dieser Ausschreitungen zu verlangen". Obwohl der Rädelsführer Johann P. in Haft genommen wurde, kam es zu dem Zeitpunkt zu keiner Verurteilung.

Zwangsverkauf der Synagoge (Stadtrat-Sitzung vom 15.12.1938):

– Nach dem Pogrom wurde die Synagoge für einen Schleuderpreis von 500 Reichsmark an die Stadt Leutershausen „verkauft".

Flucht (in: B. Kolb u.a., Die Juden in Nürnberg, 1946):

– „Am frühen Morgen des 18. Oktober wurde ich [...] von dem Pogrom verständigt. Ich fuhr sofort mit mehreren Möbelwagen nach Leutershausen [...]. Unser Erscheinen wirkte etwas beruhigend auf die seelisch vollkommen zusammengebrochenen Juden. [...] Was noch irgendwie an Mobiliar zu retten war, wurde eingeladen und sämtliche Einwohner mit nach Nürnberg genommen und dort bei den Verwandten untergebracht."

Abb. 10: Ehemalige Synagoge Leutershausen, Foto: Rainer Schulz 2022

- *Holocaust namentlich: Flucht, Deportation, Tod*

Nach dem Pogrom flohen die jüdischen Einwohner Leutershausens aus der Stadt, wurden aber an ihren Zufluchtsorten bedrängt, erneut in die Flucht geschlagen oder verhaftet und deportiert. Die befragten Quellen dokumentieren, dass einige von ihnen in Konzentrationslagern den Tod fanden. Wichtig ist, neben den Deportationen und Ermordungen immer auch an die große Zahl jüdischer Fluchtschicksale zu denken. Denn selbst wenn das nackte Leben gerettet werden konnte, so mussten doch auch sie erhebliches Leid und Unrecht erdulden. Dafür stehen u. a. die Repressalien der Rassegesetze, die gefährliche Flucht, die völlige Entwurzelung, plötzliche Staatenlosigkeit, der Neuanfang fern der Heimat, der Kampf um Wiedergutmachung, das lebenslange Trauma. Nicht wenige Überlebende waren vom Erlebten so gezeichnet und seelisch so zerstört, dass sie die Shoah nur wenige Jahre überlebten. Andere verübten Suizid, wie Nathan Fritz und Selma Ansbacher, um den Qualen der Verfolgung zu entkommen.

Die folgenden, überaus bedrückenden biographischen Noten nennen namentlich Opfer der nationalsozialistischen Verfolgung, die für längere oder kürzere Zeit in Jochsberg oder Leutershausen gelebt hatten, hier geboren worden waren oder hierher geheiratet hatten. Ihre Namen und Leiden sind vor allem dem „Bundesarchiv Gedenkbuch" entnommen und zeigen die unterschiedlichsten Schicksale: den noch jungen Erwachsenen wie Max Ansbacher oder die schon ältere Frau wie Regina Schloss. Jeder einzelne Name, jeder Tod, jedes genannte „Konzentrationslager" – Piaski, Riga, Auschwitz... – erzählt immer neu die grausame Geschichte von erfahrenem, grenzenlosem Unrecht. Diese Liste, für die es keinen Anspruch auf Vollständigkeit gibt, fordert dazu auf, sich mit dem Unsagbaren dennoch auseinanderzusetzen, die Schicksale der Opfer zu würdigen und sich umso mehr für Toleranz und Gerechtigkeit einzusetzen.

✿ **Ansbacher, Else** (Elsa, Elise, Sofie), geboren am 08. Dezember 1914 in Leutershausen, wohnhaft in Leutershausen und in Landshut. TODESDATUM 01. April 1942, TODESORT Landshut, Freitod.

✿ **Ansbacher, Max**, geboren am 07. Juni 1921 in Leutershausen, wohnhaft in Landshut. INTERNIERUNG / INHAFTIERUNG 12. November 1938 – 02. Dezember 1938, Dachau, Konzentrationslager. DEPORTATION ab München 04. April 1942, Piaski, Ghetto. TODESDATUM 15. April 1942. TODESORT Lublin.

✿ **Ansbacher, Nathan** Fritz geboren am 10. März 1889 in Leutershausen, wohnhaft in Landshut. INTERNIERUNG/INHAFTIERUNG 12. November 1938 – 08. Dezember 1938, Dachau, Konzentrationslager. TODESDATUM 01. April 1942. TODESORT Landshut. Freitod.

✿ **Ansbacher, Selma geb. Enslein** geboren am 04. November 1889 in Leutershausen, wohnhaft in Landshut. TODESDATUM 01. April 1942, TODESORT Landshut Freitod

✿ **Einstein, Gerta** (Gretel, Gerda), geb. Enslein, geboren am 13. April 1890 in Leutershausen, wohnhaft in Memmingen und in München. DEPORTATION ab München 04. April 1942, Piaski, Ghetto.

✿ **Ellinger, Babette**, geboren am 19. April 1884, in Jochsberg, wohnhaft in Frankfurt a. Main. DEPORTATION 1942, Osttransport.

✿ **Ellinger, Frieda**, geboren am 23. März 1878 in Jochsberg, wohnhaft in Nürnberg. DEPORTATION ab Nürnberg 10. September 1942, Theresienstadt, Ghetto. 18. Mai 1944, Auschwitz, Konzentrations- und Vernichtungslager.

✿ **Ellinger, Max**, geboren am 24. Juli 1881 in Jochsberg, wohnhaft in Nürnberg. DEPORTATION ab Nürnberg 10. September 1942, Theresienstadt, Ghetto. TODESDATUM 26. Januar 1943. TODESORT Theresienstadt.

✿ **Fleischmann, Mina** (Minna)**, geb. Stern**, geboren am 04. Januar 1881 in Jochsberg, wohnhaft in Fürth. DEPORTATION ab Nürnberg 10. September 1942, Theresienstadt, Ghetto. TODESDATUM 12. Mai 1943. Todesort Theresienstadt, Ghetto.

✿ **Frenkel, Jeanette** (Jean)**, geb. Gutmann**, geboren am 11. Oktober 1874 in Jochsberg, wohnhaft in Rhaunen und in Trier. DEPORTATION ab Luxemburg – Trier 16. Oktober 1941, Litzmannstadt (Lodz), Ghetto, für tot erklärt.

✿ **Gutmann Benno**, geboren am 21. April 1885 in Jochsberg, wohnhaft in Nürnberg und in Fürth. DEPORTATION ab Nürnberg – Würzburg. TODESDATUM 17. Juni 1943, Auschwitz, Konzentrations- und Vernichtungslager.

✿ **Gutmann, Gabriel**, geboren am 25. September 1881 in Jochsberg, wohnhaft in Frankfurt a. Main. TODESDATUM 20. Dezember 1937. Todesort Frankfurt a. Main. Freitod

✿ **Gutmann, Hedwig, geb. Ellinger**, geboren am 06. Mai 1891 in Jochsberg, wohnhaft in Nürnberg und in Fürth. DEPORTATION ab Nürnberg – Würzburg. 17. Juni 1943, Auschwitz, Konzentrations- und Vernichtungslager.

✿ **Gutmann, Thea**, geboren am 26. Februar 1888 in Jochsberg, wohnhaft in Nürnberg. DEPORTATION ab Nürnberg 24. März 1942, Izbica, Ghetto.

✿ **Hecht, Ricka, geb. Jochsberger**, geboren am 18. September 1866 in Jochsberg, wohnhaft in Frankfurt a. Main. DEPORTATION ab Frankfurt a. Main 16. September 1942, Theresienstadt, Ghetto. TODESDATUM 06. Januar 1943. Todesort Theresienstadt, Ghetto

✿ **Jochsberger, David** geboren am 14. November 1886 in Leutershausen, wohnhaft in Nürnberg und in Reutlingen und in Treuchtlingen DEPORTATION ab Nürnberg 29. November 1941, Riga-Jungfernhof, Außenlager Ghetto Riga

✿ **Jochsberger, Hannchen** / Hannelore, geb. Meinstein, geboren am 5. August 1882 in Zirndorf, [Heirat nach Leutershausen, wo sie bis zum 31.10.1938 lebte], wohnhaft in Fürth. DEPORTATION ab Nürnberg 1942, Izbica, Ghetto. FÜR TOT ERKLÄRT.

✿ **Jochsberger, Heinrich** geboren am 28. Juni 1909 in Leutershausen, wohnhaft in Göppingen und in Stuttgart und in Haigerloch DEPORTATION ab Stuttgart 26. April 1942, Izbica, Ghetto für tot erklärt.

✿ **Jochsberger, Ignaz** geboren am 10. Februar 1887 in Leutershausen, wohnhaft in Nürnberg. DEPORTATION ab Nürnberg 29. November 1941, Riga-Jungfernhof, Außenlager Ghetto Riga TODESDATUM 18. Juli 1943 TODESORT Riga-Jungfernhof, Außenlager Ghetto Riga.

✿ **Jochsberger, Karl**, geboren am 24. September 1874 in Jochsberg, wohnhaft in Nürnberg und in Markelsheim . DEPORTATION ab Nürnberg, 10. September 1942, Theresienstadt, Ghetto. TODESDATUM 31. März 1943. Todesort Theresienstadt, Ghetto.

✿ **Jochsberger, Nathan** geboren am 16. Dezember 1889 in Leutershausen, wohnhaft in Nürnberg DEPORTATION ab Nürnberg 10. September 1942, Theresienstadt, Ghetto 28. September 1944, Auschwitz, Konzentrations- und Vernichtungslager.

✿ **Jochsberger, Otto** geboren am 08. November 1926 in Leutershausen, wohnhaft in Nürnberg. DEPORTATION ab Nürnberg 29. November 1941, Riga-Jungfernhof, Außenlager Ghetto Riga.

✿ **Jochsberger, Paula, geb. Lauchheimer**, geboren am 08. Dezember 1892 in Schopfloch / Dinkelsbühl, wohnhaft in Nürnberg. DEPORTATION ab Nürnberg 29. November 1941, Riga-Jungfernhof, Außenlager Ghetto Riga; für tot erklärt

✿ **Jochsberger, Sigmund**, geboren am 29. Juli 1885 in Leutershausen, wohnhaft in München DEPORTATION ab München 20. November 1941, Kowno (Kauen), Fort IX TODESDATUM 25. November 1941 TODESORT Kowno (Kauen), Fort IX.

✿ **Jochsberger, Sofie** (Sophie), **geb. Enslein**, geboren am 29. September 1894 in Leutershausen, wohnhaft in Treuchtlingen und in Leutershausen und in Nürnberg. DEPORTATION ab Nürnberg 10. September 1942, Theresienstadt, Ghetto 04. Oktober 1944, Auschwitz, Konzentrations- und Vernichtungslager.

✿ **Kaufmann, Betty, geb. Jochsberger**, geboren am 19. Mai 1889 in Leutershausen, wohnhaft in München. DEPORTATION ab München 20. November 1941, Kowno (Kauen), Fort IX. TODESDATUM 25. November 1941 TODESORT Kowno (Kauen), Fort IX.

✿ **Löwenbaum, Jeanette, geb. Weil**, geboren am 20. Februar 1866 in Leutershausen, wohnhaft in Mainz und in Bodenheim. DEPORTATION ab Darmstadt 27. September 1942, Theresienstadt, Ghetto. TODESDATUM 05. Oktober 1942. Todesort Theresienstadt, Ghetto.

✿ **Meyer, Franziska** (Fanny / Fanni)**, geb. Morgenthau** geboren am 02. Juni 1870 in Leutershausen, wohnhaft in Nürnberg DEPORTATION ab Nürnberg 10. September 1942, Theresienstadt, Ghetto TODESDATUM 23. April 1943 TODESORT Theresienstadt, Ghetto.

✿ **Rosenfeld, Josef** (Joseph), geboren am 16. Dezember 1878 in Leutershausen, wohnhaft in München. INTERNIERUNG/INHAFTIERUNG 10. November 1938 – 29. November 1938, Dachau, Konzentrationslager DEPORTATION ab München 04. April 1942, Piaski, Ghetto.

✿ **Schloss, Regina** (Regine), **geb. Jochsberger**, geboren am 05. Oktober 1864 in Jochsberg, wohnhaft in Sugenheim und in Schweinfurt und in Nürnberg. DEPORTATION ab Nürnberg 10. September 1942, Theresienstadt, Ghetto. TODESDATUM 28. September 1942. Todesort Theresienstadt, Ghetto.

✿ **Sollender, Klara geb. Jochsberger**, geboren am 12. Oktober 1894 in Leutershausen, wohnhaft in Nürnberg. DEPORTATION ab Nürnberg 29. November 1941, Riga-Jungfernhof, Außenlager Ghetto Riga.

✿ **Sondhelm, Rosele / Rosalie geb. Rosenfeld**, geboren am 25. August 1868 in Leutershausen, wohnhaft in München DEPORTATION ab München 17. Juli 1942, Theresienstadt, Ghetto TODESDATUM 23. Juni 1944 TODESORT Theresienstadt, Ghetto.

✿ **Uhlfelder, Jetta** (Jette, Ida), **geb. Gutmann**, geboren am 26. Februar 1877 in Leutershausen, wohnhaft in Regensburg. DEPORTATION ab München 04. April 1942, Piaski, Ghetto.

✿ **Weil, Fanny**, geboren am 14. April 1872 in Leutershausen, wohnhaft in Erfurt und in Nürnberg. DEPORTATION ab Nürnberg 10. September 1942, Theresienstadt, Ghetto 18. Mai 1944, Auschwitz, Konzentrations- und Vernichtungslager; für tot erklärt.

✿ **Weil, Hugo**, geboren am 22. Mai 1863 [lebte lt. Münchner Gedenkbuch in München seit 1915]. DEPORTATION ab München 11. Juni 1942, Theresienstadt, Ghetto 19. Sept. 1942, Treblinka, Vernichtungslager.

✿ **Weil, Simon**, geboren am 28. Juni 1874 in Leutershausen, wohnhaft in Poppenlauer, Bad Kissingen und Würzburg. DEPORTATION ab Nürnberg – Würzburg – Regensburg 23. September 1942, Theresienstadt, Ghetto TODESDATUM 17. Februar 1944 TODESORT Theresienstadt, Ghetto.

✿ **Wittelshöfer, Rudolf** geboren am 14. Juli 1872 in Leutershausen, wohnhaft in München. DEPORTATION ab München 15. Juli 1942, Theresienstadt, Ghetto TODESDATUM 31. März 1943 TODESORT Theresienstadt, Ghetto.

**„Darüber zu sprechen, ist unmöglich,
darüber zu schweigen, verboten"**

Elie Wiesel (1928–2016), Friedensnobelpreisträger
und Überlebender von Auschwitz und Buchenwald.

- *Die Orte des Grauens*

Auch die Deportationsorte der in der Liste genannten jüdischen Opfer stehen auf erschütternde Weise für die Geschichte des Holocaust. Sie liegen heute in Polen, Lettland, Litauen und der Tschechischen Republik – Länder, die im Zweiten Weltkrieg unter deutscher Besatzung standen und zu Zentren der nationalsozialistischen Vernichtungsmaschinerie wurden.

62. Näheres dazu:

Theresienstadt, heute Terezín in der Tschechischen Republik, etwa 60 Kilometer nördlich von Prag, war ein Ort des Leidens und Sterbens, wurde aber als „Vorzeigeghetto" propagiert.

Auschwitz, heute Oświęcim in Polen, wurde zum Synonym für die industrielle Vernichtung von Menschenleben

Unvorstellbares Leid geschah auch im litauischen **Kaunas**, früher bekannt als Kowno oder Kauen, und dessen ehemalige Festung Fort IX, sowie in **Izbica** und **Piaski** in Polen, beide in der heutigen Woiwodschaft Lublin gelegen, die als Transit- und Vernichtungsghettos dienten.

Die Deportationen führten auch nach **Riga**, heute die Hauptstadt Lettlands, und das dortige Lager Jungfernhof verdeutlichen, wie weit das NS-Regime das Netzwerk von Lagern ausdehnte.

Auch kleinere Orte wie **Treblinka** in der polnischen Woiwodschaft Masowien, nordöstlich von Warschau, und das zentralpolnische **Łódź** – damals „Litzmannstadt" – waren Teil dieses tödlichen Systems. In Treblinka, einem reinen Vernichtungslager, starben hunderttausende Menschen, während sich in Łódź eines der größten und am längsten existierenden Ghettos befand.

5.3. DIE ROLLE DES STADTRATS IM UMGANG MIT JUDEN

Die befragten Quellen zeichnen ein komplexes und widersprüchliches Bild der Rolle des Leutershausener Stadtrats im Umgang mit den jüdischen Gemeindemitgliedern während der NS-Zeit.

- Einerseits finden sich ausreichend Belege für die Umsetzung antijüdischer Maßnahmen. Beispiel: Eine Beschwerde der Israelitischen Kultusgemeinde aus dem Jahr 1930 gegen judenfeindliche Auftritte der nationalsozialistischen Bewegung in Leutershausen wurde vom Stadtrat mit dem Hinweis auf das Recht auf Meinungs- und Versammlungsfreiheit zurückgewiesen.
- Andererseits gibt es den Versuch, berechtigte Interessen jüdischer Bürger zumindest zu bedenken und ihre willkürliche Verfolgung wenigstens punktuell abzuschwächen. Als der Stadtrat im Jahr 1935 dem Bezirksamt Ansbach bestätigen sollte, dass den in Leutershausen wohnenden jüdischen Viehhändlern die erforderliche Zuverlässigkeit im Viehhandel fehlte und ihnen also die Gewerbelegitimationskarte zu entziehen wäre, appellierte der Stadtrat an das Bezirksamt, den jüdischen Viehhändlern die Gewerbelegitimationskarten nicht zu entziehen, da sie zuverlässig seien.

63. Näheres dazu:

Zum Thema „Zuverlässigkeit" jüdischer Viehhändler (1935):

Im Januar 1935 sollten alle jüdischen Viehhändler im Bezirk Ansbach ihre Gewerbelegitimationskarten verlieren. Der Stadtrat von Leutershausen stellte jedoch fest, dass den dort ansässigen jüdischen Viehhändlern die notwendige „Zuverlässigkeit" im Viehhandel nicht abzusprechen sei und appellierte an das Bezirksamt, ihnen diese zuzusprechen, da keine Verweigerungsgründe vorlagen. Mögliche Gründe für das Engagement des Stadtrats könnten wirtschaftliche Interessen gewesen sein, da jüdische Viehhändler eine bedeutende Rolle in der lokalen Wirtschaft spielten, oder auch persönliche Beziehungen zwischen Stadtratsmitgliedern und jüdischen Viehhändlern eine Rolle gespielt haben.

Im Juni 1935 gab das Bezirksamt Ansbach ein Drohschreiben heraus:

– „Nr. 5049. Ansbach, den 1. Juni 1935. Bezirksamt Ansbach. – An sämtl. Herren Bürgermeister des Bezirks! [...] Nach Mitteilung der Kreisleitung sind Fälle vorgekommen, in denen Gemeinderäte mit Juden Geschäfte abgeschlossen haben. Dies muss schärfstens missbilligt werden. Die Berufung zum Gemeinderat setzt nach § 51 DGO [= Deutsche Gemeindeordnung vom 30. Januar 1935] nationale Zuverlässigkeit voraus. Zum Begriff der nationalen Zuverlässigkeit gehört die bewusste Betonung der Zugehörigkeit zum deutschen Volke als einer durch Blut und Boden verbundenen Lebens- und Schicksalsgemeinschaft. Diese schliesst den Abschluss von Geschäften mit artfremden Personen (Juden) aus. Dies ist sämtlichen Gemeinderäten gegen Unterschrift zu eröffnen, mit dem Beifügen, dass sie ihre Abberufung als Gemeinderäte zu gewärtigen haben, wenn sie gegen diese Grundsätze zuwiderhandeln (§ 54 DGO.) – I.A." (Fundort: Stadtarchiv Fotokopie in Akten Bickert, 1935-06-01)

Die Rolle von Bürgermeister Georg Schiller, der von 1937 bis 1945 im Amt war, und des Stadtrates als Ganzem erscheint ambivalent:

- Einerseits, so die befragten Quellen, habe Schiller während der Leutershausener Pogromnacht im Oktober 1938 dem „Unfug" ein Ende zu bereiten versucht. Er habe sich zu den Schauplätzen der Ausschreitungen begeben, habe dem betroffenen Ignatz Jochsberger Schutz versprochen, habe sowohl die Staatsanwaltschaft als auch die Kreisleitung Ansbach über die Vorkommnisse informiert und sogar die Verhaftung des Rädelsführers Johann P. erwirkt.

- Gleichzeitig wird berichtet, dass die Stadtverwaltung unter Schiller zwischen dem 26. September und dem 5. Oktober 1938 (zunächst vergeblich) versuchte, die jüdischen Bewohner zum Verkauf ihrer Immobilien und zur Abwanderung zu zwingen. (Vgl. *P. Charell, Haus der Bayerischen Geschichte Online, Jüdisches Leben in Bayern: Leutershausen*)

64. Näheres dazu:

Nachkriegsschreiben Bürgermeister Schiller an den Landrat in Ansbach, 26. Juli **1945**:

- „Der am meisten betroffene, **Ignatz Jochsberger** kam am Morgen zu mir und bat mich um Schutz. Ich versprach ihm mein Möglichstes zu tun, mußte ihn aber darauf aufmerksam machen, daß ich selbst ziemlich machtlos sei, wenn nicht die Kreispolizeibehörde durch die Gendarmerie eingreifen lasse. Da ich die Täter nicht kannte, sondern nur Vermutungen hatte, versuchte ich bei jeder Gelegenheit durch energische Stellungnahme gegen diese Exzesse indirekt auf die Täter einzuwirken. Dies schien zuerst auch Erfolg zu haben, denn in den folgenden Nächten war Ruhe und Jochsberger dankte mir für die Hilfe." (Quelle: Stadtarchiv Leutershausen Az 333-7)

Nachkriegsbericht von Bürgermeister Schultheiß an Landrat Ansbach:

- „Der seinerzeitige Bürgermeister, Herr Georg Schiller, der auf den Lärm aufmerksam wurde und dem **Unfug** ein Ende bereiten wollte, [...] hat auch seinerzeit die Staatsanwaltschaft und die Kreisleitung Ansbach von diesen Vorkommnissen in Kenntnis gesetzt." (Quelle: Stadtarchiv Leutershausen, Az 333-7)

Der „Kauf" der Synagoge durch die Stadt im Jahr 1938 und der anschließende Verkauf eines Teils des Synagogengartens an ein Stadtratsmitglied im Jahr 1941 werfen schwer belastende Fragen nach der Rolle des Stadtrats und des Bürgermeisters bei der sogenannten „Arisierung" jüdischen Eigentums auf.

5.4. Im Widerstand: Martin Ansons Erfahrungen

Abb. 11:
Martin Ansbacher
(Foto: gatheringthevoices)

Martin Ansbacher, der sich später in Martin Anson umbenannte, wurde am 16. Juli 1909 als einziger Sohn seiner jüdischen Eltern in Leutershausen geboren. Nach dem Abschluss des Gymnasiums begann er eine Kaufmannslehre.

Schon früh engagierte sich Ansbacher gegen den aufkommenden Nationalsozialismus. Im Jahr 1928, im Alter von nur 19 Jahren, gründete er in seiner Heimatstadt eine Ortsgruppe des Reichsbanners Schwarz-Rot-Gold und übernahm die Führung.

Dieses Engagement hatte jedoch seinen Preis. Ansbacher und seine Familie wurden Opfer von antisemitischen Angriffen, wurden mit Steinen beworfen und sahen sich mit Prügelattacken konfrontiert.

65. Näheres dazu:

Anson erinnert sich: „Ich hatte viele junge, nichtjüdische Freunde, [...] aber später, nach und nach, als sich der Antisemitismus erhob, blieben wir, die jüdischen Freunde, mehr und mehr unter uns."

Das **Reichsbanner** Schwarz-Rot-Gold war eine deutsche, überparteiliche Organisation, die 1924 zum Schutz der Weimarer Republik und zur Verteidigung der Demokratie gegen extremistische Kräfte gegründet wurde. Ihre Bewegung setzte sich u. a. aus Sozialdemokraten, Liberalen und Mitgliedern der Zentrumspartei zusammen. 1933 wurde das Reichsbanner verboten. Seine Mitglieder wurden verfolgt, verhaftet, in Konzentrationslager deportiert oder mussten ins Exil fliehen.

Um seine Eltern zu schützen, zog Martin 1930/31 vorübergehend nach **Berlin**, trat dort erneut dem Reichsbanner bei und setzte seinen politischen Aktivismus fort.

Im Jahr 1932 zog die Familie nach **Landshut**, denn in Leutershausen hatten schon 1928/29 die verschiedensten Repressionen gegen die jüdischen Einwohner begonnen. In Landshut eröffneten Martin und sein Cousin Wilhelm ein Textilgeschäft.

Die dortige **Pogromnacht** vom 9. auf den 10. November 1938 markierte einen Wendepunkt. SA-Männer stürmten das Haus, schlugen die Bewohner zusammen und verwüsteten die Wohnungen. Ansbacher wurde verhaftet und in das Konzentrationslager **Dachau** deportiert. Nach acht Wochen Haft wurde er überraschend entlassen. Die Gründe dafür bleiben unklar, könnten aber mit dem Verkauf des Hauses der Familie an einen NS-Treuhänder zusammenhängen.

Im April 1939 emigrierte Ansbacher nach **Schottland**, wo er seinen Namen zu Martin Anson änderte. Seine Eltern folgten ihm im Juni desselben Jahres.

In Schottland baute er sich ein neues Leben auf. Im Jahr 1946 heiratete er Beate Einstein, und 1948 erhielten beide die britische Staatsbürgerschaft.

Martin Anson starb am 8. April 2003.

Bis zu seinem Tod engagierte er sich dafür, die Erinnerung an die Schrecken des Nationalsozialismus wachzuhalten. In Interviews und Artikeln berichtete er von seinen Erlebnissen und den Repressalien, die er und seine Familie erleiden mussten.

6. KIRCHE

Darum geht es in diesem Kapitel:

Die evangelisch-lutherische Kirche und ihre Vertreter in Leutershausen und Umgebung zeigten während der NS-Zeit ein ambivalentes Verhalten. Einige Pfarrer unterstützten das Regime mit nationalistischer Rhetorik in ihren Predigten und arbeiteten eng mit NS-Organisationen wie der Hitlerjugend zusammen, wobei auch antisemitische Äußerungen nicht ausblieben. Gleichzeitig gab es, wenn schon nicht echten „Widerstand", so doch gewisse Einsprüche und programmatische Vorbehalte, z.B. in der Frage von „Deutschen" Christen oder „Bekenntniskirche". Obwohl der Einfluss der Kirche auf die politische Entwicklung begrenzt war, bot sie den Menschen in Gottesdiensten und anderen geistlichen Veranstaltungen einen besonderen Raum für Zusammenhalt, Trost und Hoffnung.

6.1. ANPASSUNG UND UNTERSTÜTZUNG DES NS-REGIMES

- *Nationalistische Rhetorik und NS- Zusammenarbeit*

Einige Pfarrer griffen in ihren Predigten nationalistische Themen auf. Eine Predigt vom Juli 1934 dankt Gott dafür, dass er „Schlimmes von unserem Volk abgewendet" habe. Diese Rhetorik spiegelt die allgemeine Stimmung vieler Kirchenvertreter wider, die die Machtergreifung Hitlers begrüßten.

Die Kirche kooperierte aktiv mit NS-Organisationen wie der Hitlerjugend und dem Bund Deutscher Mädel (BDM). Theateraufführungen der evangelischen Jugendverbände fanden statt, und die Jugend wurde in einer Predigt vom März 1934 zu „treuester Pflichterfüllung und Hingabe für Volk und Vaterland" ermahnt.

▪ *„Das deutsche Volk wählt Adolf Hitler"*

Es gab auch den pastoralen Beitritt zu den „Deutschen Christen" (DC), jener Bewegung innerhalb der evangelischen Kirche, die versuchte, die nationalsozialistische Ideologie mit dem christlichen Glauben zu verbinden. Diese Bewegung fand innerhalb der Kirchengemeinde Leutershausen jedoch nur begrenzten Einfluss.

In einem Vortrag vom März 1932 in Binzwangen zum Thema „Das deutsche Volk wählt Adolf Hitler„ verdeutlicht sich die von manchen kirchlichen Amtsträgern befürwortete Verbindung zwischen Kirche und nationalsozialistischer Ideologie, ebenso in der Ermahnung eines Pfarrers bei einem NS-Abend in Frommetsfelden, Adolf Hitler zum Reichspräsidenten zu wählen.

66. Näheres dazu:

Binzwangen: Pg. Pfarrer Sauerteig: „Das deutsche Volk wählt Adolf Hitler."

— „Binzwangen, 4. März [1932]. „Gestern Abend referierte Pg. Pfarrer Sauerteig aus Ansbach über das Thema: ‚Das deutsche Volk wählt Adolf Hitler.' Der Saal im Hellerschen Gasthause war voll besetzt. Die zweistündigen Ausführungen des Redners wurden mit allgemeinem Beifall aufgenommen. Die gestellten Anfragen wurden zur Zufriedenheit beantwortet. Der Ortsgruppenführer dankte im Namen der Anwesenden für die Ausführungen, die hoffentlich auf fruchtbaren Boden gefallen sind." (FZ 7.März 1932)

Frommetsfelden: NSDAP-Versammlung mit Pfarrer Tilling

— Frommetsfelden, 5. März [1932] – Die Versammlung der hiesigen Ortsgruppe der NSDAP im Gasthaus Kilian war sehr gut besucht. Als Redner war Pfarrer Tilling gewonnen, der die innen- und außenpolitische Lage Deutschlands in längeren Ausführungen erörterte. Auch über die am 13. März stattfindende Reichspräsidentenwahl gab [der] Redner Aufklärungen. Er ermahnte die Anwesenden, ihre Stimme nur dem Kandidaten zu geben, der als der wirklich geeignete Mann anzusprechen ist, nämlich dem obersten Führer Adolf Hitler. Reicher Beifall lohnte die Ausführungen; die Versammlung wurde mit dem Absingen des Horst-Wesselliedes und einem dreifachen Hoch auf Adolf Hitler beendet." (FZ 7. März 1932)

Tiefenthal: Pflanzung einer Hitlerlinde mit Pfarrer Stählin

– Tiefenthal, 1. Mai 1933 – „[...] ergriff Pfarrer Stählin das Wort. In ergreifenden Worten zeichnete er den Weg Adolf Hitlers, der unter dem Zeichen des Hakenkreuzes Deutschland dem Wiederaufstieg entgegenführt. Unter dem Gesang des Horst-Wesselliedes wurde hierauf die Fahne am Mast emporgezogen. [...]" (FZ 5. Mai 1933).

6.2. WIDERSTAND UND KRITIK

- *Bekenntniskirche und Kritik an der DC-Bewegung*

Dekan Küspert hielt Predigten, die zwar den „deutschen Frühling" begrüßten, aber gleichzeitig auf die Notwendigkeit einer „geistigen Umwandlung" auf Grundlage des Christentums hinwiesen.

67. Näheres dazu:

Gefallenen-Gedächtnistag Leutershausen (FZ 15. März 1933):

„In festlichem Zug mit Musik und wehenden Fahnen zogen die beiden hiesigen Militär- und Kriegervereine zur Kirche [...].

Die Predigt hielt Dekan Küspert [...]. Er ging von dem deutschen Frühling aus, der über unserem Volke angebrochen ist und uns alle in seinen Bann zieht. Aber erst ist der Anfang gemacht. Die schwerere und wichtigere Arbeit, die geistige Umwandlung, ist noch zu tun. Sie kann nur aus den Zielen und Kräften des Christentums versucht werden. Ja, sie ist ein göttliches Geschenk, das erwartet und erbeten werden muss. [...]

Darum Kampf gegen die schlimmsten Feinde: Unsittlichkeit, Unredlichkeit, Undeutlichkeit! Seid rein im Wandel! Übt Redlichkeit im Handel! Zieht an der Liebe Mantel! National ist nicht zu nennen, wer bloß große Reden führt oder in überschäumender Begeisterung sich zeigt, sondern wer tat- und opferbereit an dem schwierigen Werk des inneren Aufbaus mithilft, vor allem in seinem eigenen Leben."

Küspert und die Mehrheit der Gemeinde unterstützten das „bayerische Kirchenregiment", das sich gegen die Einmischung des NS-Staates in kirchliche Angelegenheiten wehrte. Die Bewegung der „Deutschen Christen" (DC) wurde von vielen Gemeindemitgliedern und Pfarrern kritisiert. Dekan Blendinger bezeichnete sie in seinen „Erinnerungen" und in klarer Ablehnung dieser Ideologie als „Schatten" auf der Gemeinde. Auch der Kirchenvorstand trat geschlossen gegen die Eingliederung der bayerischen Landeskirche in die bekenntnislose Reichskirche auf, lehnte allerdings die Gründung einer örtlichen „Bekenntnisgemeinde" ab, um den Frieden in der Gemeinde zu erhalten. 1936 verstärkte eine „Volksmissionswoche" die Gemeinde im Widerstand gegen die „Deutschen Christen".

68. Näheres dazu:

Dekan Blendinger notierte in Erinnerung „an den Kirchenkampf":

„Eine grosse Stärkung für die Gemeinde bedeutete die Volksmissionswoche, die vom 10. bis 17.5.1936 in der Kirche durch Pfr. Eichner - Feuchtwangen durchgeführt wurde und mit einem Gottesdienst durch Herrn Landesbischof D. Meiser am 17.5.1936 nachm. ½3 Uhr abschloss. Eine solche Menschenmenge wie an diesem Gottesdienst versammelt war, sah unsere Kirche noch niemals. Sämtliche Gänge waren besetzt und an den Türen stand die Menschenmenge noch weit auf den Kirchenplatz hinaus."

- *Begrenzter Einfluss*

Der Einfluss der Kirche auf die politische Entwicklung war insgesamt begrenzt. Die nationalsozialistische Ideologie dominierte das öffentliche Leben, was den Handlungsspielraum der Kirche einschränkte.

- *Kirchliche Veranstaltungen*

Trotz dieser Einschränkungen organisierte die Kirche weiterhin Gottesdienste, Bibelstunden und Jugendtreffen. Diese Veranstaltungen boten den Menschen einen Raum der Begegnung und des Trostes in schwierigen Zeiten.

- *Seelsorge und soziale Arbeit*

Pfarrer und Diakonissen leisteten wichtige Seelsorge und soziale Arbeit. Sie unterstützten Menschen in Notlagen und kümmerten sich um Kranke und Bedürftige.

Dekan Schreiber berichtete später über die besondere Unterstützung von Flüchtlingen und Heimatvertriebenen durch die Kirchengemeinde während der Nachkriegszeit.

69. Näheres dazu:

Dekan Schreiber berichtet 1975 im Rückblick auf die Kriegs- und Nachkriegsjahre über eine „große Bevölkerungsbewegung", entstanden durch

- „...die Flüchtlinge und Heimatvertriebenen der unmittelbaren Nachkriegszeit aus Sudetenland, Schlesien, Ungarn, Siebenbürgen, Ost- und Westpreußen und Thüringen.
- Wieviel Unruhe, Not und auch Aufgaben zugleich waren darin für die Stadt und die Dörfer und deren Bewohner eingeschlossen, und das in einer Zeit der jahrelangen Rationierung der Lebensmittel und des notwendigsten Bedarfes auf Bezugsscheine, aber auch der fortschreitenden Geldentwertung.
- Ende 1944 lebten etwa 500 Nicht-Einheimische in der Stadt, etwa 800 fremde Mitbürger im Bereich der ganzen Pfarrgemeinde."

(H. Schreiber, Heimatbuch 1975, Seite 269).

6.3. CVJM

- *1931: Jugendwerbeabend im Lutherhaus*

Die befragten Quellen erwähnen den CVJM (Christlicher Verein Junger Männer) im Zusammenhang mit einem christlichen Mädchenverein, der in Leutershausen aktiv war.

Im Jahr 1931 organisierten die beiden Vereine einen Jugendwerbeabend im Lutherhaus.

70. Näheres dazu:

Leutershausen, 9. Dez. 1931.

„Am vergangenen Sonntag bereiteten die beiden christlichen Jugendvereine der hiesigen Kirchengemeinde frohe und anregende Stunden. Und unser Lutherhaus erwies sich wieder als ein Freuden- und Segensbrunnen. Eine große Zahl Erwachsener und Jugendlicher füllte seinen schönen Saal, der hell erleuchtet und gut durchwärmt sich gastlich Ihnen auftat. Der christliche Verein junger Männer trug durch seinen gutgeschulten Posaunenchor und durch das aus ihm gebildete Waldhornquartett das Seine zur Ausstattung des Jugendwerbeabends bei. [...]

Der Mädchenverein gab dem Jugendabend den lieblichen Ton durch Aufführung eines Deklamatoriums, das mit seinen farbenreichen Bildern und anmutigen Reigen die dankbarste Aufnahme fand, und durch einen adventlichen Schlußakt: „Die fünf klugen Jungfrauen", der erhebend wirkte. [...]"

(Quelle: CVJM-Archiv Manfred Mohr – Leutershausen).

- *1933: Evangelischer Jugendtag: Hitler, gottgeschenkter Führer*

„Jugendtage" spielten offenbar eine nicht unwesentliche Rolle. Am Jugendtag im September 1933 nahmen auch „Brudervereine" aus Ansbach, Nürnberg und Rothenburg daran teil. Nach einem Gottesdienst fand auf dem Marktplatz eine Kundgebung statt. Man lobte die Bereitschaft der evangelischen Vereine zur nationalen Erneuerung, was von der Versammlung mit viel Beifall aufgenommen worden sein soll. Die evangelische Jungmannschaft, so die Botschaft jenes Tages, sehe in ihrem Volk und Vaterland eine göttliche Gabe und betrachte Adolf Hitler als den „gottgeschenkten Führer und Retter aus großer Not". Seit der Begründung christlicher Jugendvereine habe man die „nationale Gesinnung aufs eifrigste gepflanzt und gepflegt" und sei jetzt erst recht bereit, sich aus religiösem und darum stärkstem Motiv heraus wie der Kirche „so auch dem Volk ganz zu weihen". Ein Slogan lautete „Evangelisch bis zum Sterben, deutsch bis in den Tod hinein". (*Quelle: CVJM-Archiv Manfred Mohr – Leutershausen*).

- *1934: NS-"Eingliederung"*

Am 9. März 1934 vollzog sich die „Eingliederung" der evangelischen Jugend in die NS-Jugendarbeit.

71. Näheres dazu:

3. September **1934**: – Eingliederung evang. Jugend mit Pfr Pries.

„Leutershausen. Am Sonntag zogen die **Hitlerjugend und evangelische Jugend** unter Vorantritt der hiesigen Sturmkapelle zur Kirche, wo die Eingliederung der evangelischen Jugend ihre Weihe fand. Pfarrer Fries wies in seiner Predigt auf die große Bedeutung der Eingliederung hin und ermahnte die Jugend zu treuester Pflichterfüllung und Hingabe für Volk und Vaterland. Der Posaunenchor wirkte bei der erhebenden Feier mit. Anschließend an den Gottesdienst durchzogen die gesammten Jugendverbände unter klingendem Spiel die Straßen unserer Stadt."

(Quelle: CVJM-Archiv Manfred Mohr – Leutershausen)

- *1993: Vortragsreihe „Die Juden und wir"*

Im Jahr 1993 startete der CVJM eine vierteilige Vortragsreihe mit dem Titel „Die Juden und wir", um das Bewusstsein für die jüdische Geschichte zu fördern. Namhafte Referenten trugen zu den Veranstaltungen bei, die jedoch nur mäßige Resonanz fanden.

- *1994: Sammlung und Antrag für eine Gedenktafel*

Nach den Vorträgen wurde eine Sammlung für eine Gedenktafel an die ehemaligen jüdischen Mitbürger durchgeführt (Ergebnis: 500 DM) und Gespräche mit dem Bürgermeister und Stadträten zur Erforschung der jüdischen Geschichte in Leutershausen angestoßen, doch viele Zeitzeugen blieben schweigsam. Am 22. Juni 1994 stellte der CVJM einen Antrag zur Errichtung eines Denkmals zwischen dem Gustav-Weißkopf-Denkmal und dem Kirchweihplatz. Der CVJM bot eine finanzielle Beteiligung von bis zu 15.000 DM und den Entwurf eines Künstlers an. Der Antrag wurde am 4. Dezember vom Stadtrat abgelehnt, da der Platz als ungeeignet erachtet wurde.

72. Näheres dazu:

22. Juni 1994 – An den Stadtrat der Stadt Leutershausen.

„Sehr geehrte Damen und Herren, hiermit beantragen wir die Errichtung eines Denkmals auf der Grünfläche zwischen Gustav-Weißkopf-Denkmal und Kirchweihplatz zum Gedenken an unsere jüdischen Mitbürger. Begründung: In einer 4-teiligen Vortragsreihe zum Thema „Die Juden und wir" im Lutherhaus mit namhaften Referenten wurde die Idee geboren, in Leutershausen eine Gedenkstätte für die Leutershausener Juden zu errichten. Die Besucher ermutigten uns dazu mit einer Kollekte für diesen Zweck in Höhe von 500,-DM.

Was wir mit dieser Gedenkstätte ausdrücken möchten, könnte in drei Stichworten zusammengefaßt werden: BEKANNTMACHEN (bekennen), BEDAUERN (bereuen), HOFFEN (auf Vergebung und daß so etwas nicht mehr geschieht) [...]

Wir möchten dazu ermutigen und helfen, daß dieses dunkle Kapitel unserer Stadtgeschichte hell und dadurch Gottes Vergebung erfahrbar wird. [...]

Angesichts zunehmender Antisemitismus-Erscheinungen in unserem Land ist es erforderlich, daß auch unsere Stadt offiziell und im Namen der Bürgerschaft diese dunklen Seiten der Geschichte Leutershausens eingesteht, eine Geste des Bedauerns ausdrückt und damit deutlich macht, daß solche Vorgänge sich hier nicht wiederholen dürfen. [...]

Wir haben begonnen danach zu fragen, was mit den jüdischen Bürgern in Leutershausen geschehen ist und mußten feststellen, daß dies verdrängt wird. Vieles ist in Vergessenheit geraten, weil viele schon gestorben sind und andere ungern darüber sprechen. Wir bitten Sie deshalb, uns das Stadtarchiv zu öffnen, damit wir die Tatsachen erforschen können."

(Quelle: CVJM-Archiv Manfred Mohr – Leutershausen)

- *Stadträte fordern „professionelle Erforschung"*

Einige Stadtratsmitglieder forderten nun eine professionelle Erforschung der jüdischen Geschichte, bevor weitere Schritte unternommen werden könnten. Der Bürgermeister kündigte an, dass die Stadt diese Erforschung selbst übernehmen würde. Dafür wurden vorbereitend 3.000 DM im Haushaltsentwurf eingeplant.

73. Näheres dazu:

FLZ Nr. 283, 8. Dezember 1994

LEUTERSHAUSEN (wg) – „Ein Mahnmal für die unter dem NS-Regime verfolgten Juden der Stadt Leutershausen wird es vorerst nicht geben. Der Stadtrat hat den Antrag des CVJM, eine Gedenkstätte am Kirchweihplatz einzurichten, einstimmig abgelehnt. Allerdings hat das Gremium den Vorschlag des Vereins nicht gänzlich verworfen: Ebenso einhellig wurde beschlossen, sich nun intensiv und professionell mit der Stadt-Geschichte in der Nazi-Zeit auseinanderzusetzen. Erst danach will man sich erneut Gedanken über ein Denkmal machen. CVJM-Vertreter äußerten sich zufrieden mit diesem Ergebnis. [...]

,Wir müssen dem CVJM dankbar sein für seinen Anstoß', befand SPD- Stadtrat Rolf Nusser. Auch in Leutershausen habe es im ,Dritten Reich' Unrecht gegeben – nur seien Art und Umfang unbekannt. Man müsse sich ausführlich mit der Geschichte auseinandersetzen, um zu einem Ergebnis zu kommen, ,das alle tragen können'. Ziel sei es nicht, Bürger an den Pranger zu stellen:

,Es geht nicht um Schuld oder Unschuld. Es geht darum, zu verhindern, daß das, was passiert ist, sich wiederholt.'„

(Quelle: CVJM-Archiv Manfred Mohr – Leutershausen)

7. Wohnen, Ernährung. Gesundheit

Darum geht es in diesem Kapitel:

Der Wohnungsbau wurde während der NS-Zeit als Ausdruck der „Volksgemeinschaft" gefördert; die Idee des „Eigenheims" spielte dabei eine nicht unbedeutende Rolle.

Die Gesundheitspolitik konzentrierte sich neben der Bekämpfung von Infektionskrankheiten und anderen Gefährdungen im Besonderen auf einen vom Gedanken des „gesunden Volksempfindens" bestimmten Umgang mit Kranken und physisch oder geistig eingeschränkten Menschen. Besonders grausam war die sogenannte „Aktion T4", bei der diese Menschen systematisch ermordet wurden.

7.1. Wohnungsbau während der NS-Zeit

Die befragten Quellen zeigen, dass der Wohnungsbau in Leutershausen während der NS-Zeit von verschiedenen Faktoren beeinflusst wurde, darunter die Ideologie des Regimes, die wirtschaftliche Situation und die Kriegsereignisse.

▪ *Siedlungsbau und „Volksgemeinschaft"*

Im Jahr 1936 wurde an der Hindenburgstraße in Leutershausen eine Siedlung mit acht Einfamilienhäusern errichtet. Die Auswahl der Siedler erfolgte nach Kriterien der „nationalen Zuverlässigkeit" und der „Erbgesundheit". Dieses Projekt spiegelt die nationalsozialistische Ideologie wider, die das Eigenheim als Ausdruck der „Volksgemeinschaft" propagierte und gleichzeitig die „rassische Reinheit" der deutschen Bevölkerung fördern wollte.

- *Wohnraumlenkung und Kontrolle*

Die Stadtverwaltung hatte umfassende Kontrolle über den Wohnraum und regelte die Vermietung sowie den Wohnungstausch. Anträge auf Bereitstellung von Baustoffen durch das Deutsche Wohnungshilfswerk wurden bearbeitet, und es fanden Wohnungsbeschlagnahmungen zur Einquartierung von Menschen aus „luftgefährdeten Gebieten" statt.

- *Behelfsheime und Kriegsfolgen*

Während des Krieges wurden Behelfsheime für Ausgebombte und Flüchtlinge errichtet, so in Leutershausen 1944 zwei Behelfsheime des Deutschen Wohnungshilfswerkes. Die befragten Quellen erwähnen auch die Beschlagnahmung von Baustoffen für den Bau dieser Heime.

74. Näheres dazu:

Landrat Conrath aus Ansbach wandte sich im Dezember 1943 mit der folgenden Beschlagnahme-Ankündigung an die Bürgermeister des Landkreises:

„In vielen Ortschaften und Gehöften liegen alte Bruchsteine einzeln oder in mehr oder weniger unordentlichen Haufen teils an Straßenrändern teils an anderen Stellen umher, ohne daß sie für irgendeinen Zweck Verwendung finden. [...] Nunmehr können diese Steine zur Errichtung der Behelfshäuser des Deutschen Wohnungshilfswerks nutzbringend verwertet werden. Diese Steine sind daher von den Bürgermeistern auf Grund des Reichsleistungsgesetzes je nach Bedarf den Trägern der Behelfsbauten gegen Vergütung zur Verfügung zu stellen. Um diese Steinvorräte sicherzustellen, werden sie hiemit gem. § 25 des Reichsleistungsgesetzes beschlagnahmt. Die Besitzer sind zu verständigen mit dem Hinweis, daß es sich um eine Notstandsmaßnahme handelt und erwartet wird, daß sie die Steine freiwillig ohne Zwangsmaßnahme herausgeben."

(Stadtarchiv Leutershausen Az 682-4, 2. Dezember 1943)

- *Nutzung von Gebäuden für NS-Organisationen*

Das ehemalige Landgerichtsgebäude wurde als Unterkunft für den weiblichen Arbeitsdienst genutzt. Im Jahr 1940 wurde das Gebäude ausgebaut, um Platz für vier Kameradschaften zu schaffen. Die Nutzung öffentlicher Gebäude für NS-Organisationen zeigt, wie das Regime den öffentlichen Raum für seine Zwecke instrumentalisierte.

- *Wohnungsnot nach Kriegsende*

Die Bombardierung Leutershausens im April 1945 führte zu erheblichen Zerstörungen und verschärfte die bereits bestehende Wohnungsnot einmal mehr. Die Ankunft von Flüchtlingen und Aussiedlern erhöhte den Druck auf den Wohnungsmarkt zusätzlich.

- *Sonstige Bautätigkeiten*

In den 1930er Jahren herrschte in Leutershausen eine rege Bautätigkeit. Unter den neuerrichteten Gebäuden waren eine Maschinenhalle, eine Autohalle, ein Hausneubau, ein Geschäftshaus, Ladenvergrößerungen u.a.m. Auch Renovierungen von Häusern und die Verbesserung der Straßenverhältnisse werden in den befragten Quellen erwähnt. *„Alle diese Erneuerungen und Verbesserungen tragen dazu bei, daß beim Heimatfest aus Anlaß des 750jährigen Stadtjubiläums (6.-8. September 1930) Leutershausen seinen Ruf als Schmuckkästchen des oberen Altmühltal den Besuchern gegenüber weiterhin wahren und festigen kann."* (FZ 27. August 1930).

7.2. GESUNDHEIT UND ERNÄHRUNG

- *Nahrungsmittelknappheit und Rationierung*

Ein zentrales Thema in den befragten Quellen ist die Nahrungsmittelknappheit während des Krieges. Lebensmittelkarten und Grundrationen wurden eingeführt, um die Verteilung von Lebensmitteln wie Brot, Fett, Fleisch, Käse, Zucker, Marmelade, Kaffee-Ersatz, Milch, Eier und Kartoffeln zu regeln.

Trotz dieser Rationierung spielte die Selbstversorgung eine wichtige Rolle. Viele Haushalte waren als „Teilselbstversorger" oder „Vollselbstversorger" aktiv und bauten Lebensmittel selbst an oder produzierten sie. Besonders nach dem Krieg war der Anbau von Zuckerrüben weit verbreitet, um den Mangel an Süßstoffen auszugleichen. Hausfrauen kochten Sirup aus Zuckerrüben, um Brotaufstrich und Süßspeisen herzustellen.

- *Alkoholische Getränke*

Unter den alkoholischen Getränken spielte Wein eine gewisse Rolle. Veranstaltungen wie die „Weinwerbewoche" mit dem „Fest der deutschen Traube" sollten den Konsum von deutschem Wein fördern. Zudem bot man in verschiedenen Gaststätten einen sogenannten „Patenwein" an. Verbilligter Schaumwein wurde zu besonderen Anlässen wie dem Weltspartag serviert. Zwetschgenschnaps aus städtischen Anlagen wurde produziert und verkauft.

- *Gastronomie und Veranstaltungen*

Die Gasthäuser in Leutershausen waren zentrale Orte des gesellschaftlichen Lebens. Feste und Feiern zu Anlässen wie Kirchweih, Weihnachten oder Fasching boten Gelegenheiten zum Essen und Trinken. Ein Beispiel hierfür ist das „Eintopfessen" am „Tag der Wehrmacht", das portionsweise gegen Abgabe von Essmarken ausgegeben wurde.

- *Kontrolle und Propaganda*

Die NS-Propaganda versuchte aktiv, die Ess- und Trinkgewohnheiten der Bevölkerung zu beeinflussen. So wurde beispielsweise für den Konsum von Lindenblütentee geworben, um die Abhängigkeit von Importwaren zu reduzieren. Beispiel-Slogan: „Trinkt deutschen Tee!"

- *Nachkriegslage: Lebensmittel-Rationierungen*

Eine Ansbacher Bekanntmachung über Lebensmittelrationierungen aus dem Jahr 1946 (93. Zuteilungsperiode Sept./Okt.) zeigt die strenge Reglementierung der Lebensmittelversorgung zu dieser Zeit.

75. Näheres dazu:

Unterschieden wurde zwischen I. Normalverbrauchern, II. Teilselbstversorgern in Butter, III. Teilselbstversorgern in Fleisch und Schlachtfl., sowie IV. Vollselbstversorgern (ohne Säuglinge).

Die jeweils zugeteilten „Grundrationen" beziehen sich auf: Brot (Brot, R-Brot und W-Brot), Fett (Margarine und Butter), Fleisch, Nährmittel (Teigwaren oder andere Nährmittel wie Graupen, Maccaroni, Spaghetti, Maisgrieß, Grießerzeugnisse, Haferflocken, Buchweizenmehl, Grießpudding; Buttermilch, Tomaten, Sellerie, konzentrierte Tomatensuppe, Spinat, weißes Bohnengemüse, Pickelsteiner, Gemüse, Dosengemüse, Erbsen, Trockengemüse, Reis), Puddingpulver oder Amerikanisches Dessertpulver, Käse (Vollfettkäse, Sauermilchkäse, Quark), Zucker, Marmelade, Kaffee-Ersatz, Milch (Vollmilch, entrahmte Frischmilch), Trockenei (u. a. „aus amerikanischen Beständen"), Speisekartoffeln, Frischfisch (auch: Fischfilet, Fischsalat, Fischpaste, marinierte oder geräucherte Fische, Salzfische), Maisgries oder (in Bayern) Hülsenfrüchte (Karottenpüree, Rübenpüree, Erbsenpüree, Stangenbohnenpüree, grüne Bohnenkonserven), Trockengemüse, Kindergetreidenährmittel und Kinderzwieback.

Zusätzlich zu den Grundrationen erhalten weitere Mengen an bestimmten Lebensmitteln: Werdende und stillende Mütter, Teilschwerarbeiter, Schwerarbeiter und Schwerstarbeiter.

(Quelle: OB Stadt Ansbach, Bekanntmachung, in: Mitteilungsblatt 1, 1946-09-14, 52, 1–2. Hier nicht durchgehend wörtlich zitiert).

7.3. NS-Volkswohlfahrt (NSV)

- *Aktivitäten für Familien, Mütter, Kinder, Flüchtlinge...*

Die NS-Volkswohlfahrt (NSV), gegründet 1933, ersetzte die bis dahin bestehenden Wohlfahrtsverbände und gestaltete die soziale Fürsorge im Sinne der NS-Ideologie neu. Sie war verantwortlich für die Versorgung der Menschen, insbesondere während des Krieges, und nutzte ihre Aktivitäten auch für propagandistische Zwecke zur Förderung des NS-Regimes.

In Leutershausen umfassten die Aktivitäten der NSV eine Vielzahl sozialer Maßnahmen. Das Winterhilfswerk (WHW) war eine zentrale Initiative, die darauf abzielte, bedürftige Familien im Winter mit Lebensmitteln, Kleidung und Brennmaterial zu unterstützen. Diese Spendenaktionen wurden mit erheblichem propagandistischem Aufwand durchgeführt, um das Gefühl der Gemeinschaft zu stärken und die Bevölkerung zur Teilnahme zu bewegen.

Die NSV bot darüber hinaus Mütterberatungsstunden an, um Frauen in Fragen der Schwangerschaft, Geburt und Säuglingspflege zu unterstützen.

Bei der sogenannten „Kinderlandverschickung" wurden Kinder aus städtischen Gebieten in ländliche Regionen geschickt, um sie vor den Gefahren des Krieges zu schützen und ihnen Erholung zu ermöglichen.

Die Organisation war zudem an der Betreuung von Flüchtlingen beteiligt, die aus den von Deutschland besetzten Gebieten nach Leutershausen kamen, und sie organisierte Weihnachtsfeiern für bedürftige Familien und Kinder.

- *Ideologische Ausrichtung*

Die NSV wurde von einer Ortsgruppenleitung geführt, die für die Organisation und Durchführung ihrer Aktivitäten verantwortlich war. Die Finanzierung erfolgte durch Spenden, Mitgliedsbeiträge und staatliche Zuschüsse. Die Leitung wurde von Zellen- und Blockwaltern unterstützt, die sich um die Betreuung der Familien in ihren jeweiligen Wohnbezirken kümmerten. Die NSV arbeitete eng mit anderen nationalsozialistischen Organisationen wie der NSDAP, der SA und der NS-Frauenschaft zusammen.

76. Näheres dazu:

FZ-Meldung vom 4. Mai 1937: „Die NSV ruft!"

„Die nationalsozialistische Volkswohlfahrt als die Förderin und Hüterin alles Gesunden und Lebensstarken gehört im Dritten Reiche mit zu den wichtigsten Einrichtungen.

Durch eine wahrhaft sozialistische Wohlfahrtsarbeit für die hilfsbedürftige, erbgesunde Mutter und ihr Kind gestaltet sie mit am kostbarsten Gut unseres Volkes, das seine Unsterblichkeit garantieren wird. Sie gibt durch ihre Tätigkeit, die keine Bettelei einerseits und kein Almosengeben andererseits darstellt, dem Müttertum den hohen ethischen Wert vom Standpunkt des germanischen Sittlichkeitsgefühls. So wird jeder Beitrag zu unserem Hilfswerk ein kleiner Baustein am ewigen Bestand unseres Volkes.

Keiner darf und soll sich hier von diesem Gemeinschaftswerk ausschließen."

7.4. Umgang mit Krankheit und Behinderung

Die befragten Quellen bieten einen aufschlussreichen Einblick in die Gesundheitsmaßnahmen, die Verbreitung von Krankheiten sowie den Umgang mit Kranken und Behinderten in Leutershausen während der NS-Zeit. Das Bild ist geprägt von staatlichen Vorgaben, ideologischen Einflüssen und den Herausforderungen des Krieges.

- *Staatliche Gesundheitsmaßnahmen*

Ein zentrales Anliegen der nationalsozialistischen Gesundheitspolitik war die Bekämpfung von Infektionskrankheiten wie Scharlach und Diphtherie. Die befragten Quellen berichten von Isolationsmaßnahmen für Erkrankte, durchgeführten Desinfektionsmaßnahmen und Schulungen für die Bevölkerung. Nach dem Krieg wurden Schutzimpfungen gegen Diphtherie und Scharlach für Kinder eingeführt.

Zusätzlich organisierte das staatliche Gesundheitsamt Mütterberatungsstunden und Säuglingskurse, um die Gesundheit von Müttern und Kindern zu fördern.

Die NS-Frauenschaft bot Schulungen in häuslicher Gesundheits- und Krankenpflege an, um Frauen auf die Versorgung von Kranken vorzubereiten. Themen wie Hygiene, Krankenpflege, Krankenkost sowie die Anwendung von Wickeln und Verbänden waren Teil dieser Schulungen. In der lokalen Presse gab es eine „Gesundheitsecke", die über Gesundheitsthemen, Ernährung und die Zubereitung von Gemüse berichtete.

Die Kneippbewegung war in Leutershausen aktiv und bot Vorträge sowie Kurse an, um die Gesundheit durch natürliche Heilmethoden zu fördern.

- *Krankheiten und ihre Behandlung*

Die befragten Quellen erwähnen häufige Infektionskrankheiten wie **Scharlach**, **Diphtherie**, **Typhus** oder **Tuberkulose**. Die Angst vor der Ausbreitung dieser Krankheiten war groß. Es wurden detaillierte Anweisungen zur Isolierung von Erkrankten und zur Desinfektion von Wohnungen herausgegeben. 1935 erkrankten laut einer Pressemeldung (FZ 6. Februar 1935) viele Schulkinder an **Grippe**, „so daß ab und zu, besonders in der 1. Schulklasse, an verschiedenen Tagen der Unterricht ausfallen mußte." Schulpflichtige Kinder durften die Schule erst nach ärztlichem Attest wieder besuchen.

Kreislaufstörungen wurden als häufiges Gesundheitsproblem thematisiert, und es wurden Vorträge über deren Ursachen und Behandlung angeboten.

Die Angst vor **Krebs** war weit verbreitet; es gab sogar den Irrglauben, dass sogenannte „Erdstrahlen" Krebs verursachen könnten.

Wiederholt meldete die Presse **Unfälle** oder **Erkrankungen** von Kindern **mit Todesfolge**.

77. Näheres dazu:

Beispiele:

- 1939 starb ein 12-jähriges Mädchen in Leutershausen an einer „Blutvergiftung" (FZ 24. März 1939).
- 1940 starb ein 13-jähriges Mädchen in Leutershausen „nach kurzem, schwerem Leiden" an einer „Lungenentzündung". (FZ 18. März 1940)
- 1941 ertrank ein dreijähriger Junge aus Kiel während eines Erholungsurlaubs in Hinterholz in einem Wassergraben. Sein Vater war in Frankreich gefallen. (FZ August 1941).
- 1943 starb in Leutershausen ein fünfjähriges Mädchen an einer „heimtückischen Krankheit" (FZ 29. April 1942).

In Leutershausen existierte ein „Krankenhaus", das jedoch eher als einfache Krankenstation zu betrachten ist. Die befragten Quellen kritisieren die hygienischen Bedingungen und die unzureichende Ausstattung dieser Einrichtung. Der kriegsbedingte Ärztemangel tat das Seine hinzu. Eine mögliche Schließung des Krankenhauses während des Krieges war ausgeschlossen, die Entscheidung darüber wurde vertagt. Nach dem Krieg wurde das Krankenhaus zunächst unter die Verwaltung der Kirche gestellt.

78. Näheres dazu:

- 1937 richtete die NS-Volkswohlfahrt (NSV) eine Gemeindepflegestation ein, die von einer examinierten Krankenschwester geleitet wurde. Die Station betreute neben Leutershausen auch die umliegenden Dörfer. Die Finanzierung erfolgte durch Zuschüsse der Gemeinden.
- Die Bettenstatistiken des Leutershausener „Krankenhauses" verzeichnen für 1943 nur 14 Krankenbetten, die aber ausdrücklich nicht für Tuberkulosekranke zur Verfügung standen. 1939 waren es noch 30 Betten gewesen (Quelle: Az 500-2, 15.7.1943).
- Das Staatliche Gesundheitsamt Ansbach kritisierte 1941 die hygienischen Bedingungen und die unzureichende Ausstattung des Krankenhauses. Die Einrichtung und das Instrumentarium entsprachen nicht den grundlegendsten Anforderungen der Hygiene. (Quelle: Az 541-4, 5. November 1941).
- Die ärztliche Versorgung in Leutershausen war prekär. Es gab Zeiten, in denen nur ein Arzt für die gesamte Bevölkerung zuständig war. Die Situation verschlimmerte sich durch Einberufungen von Ärzten zum Kriegsdienst. 1943 appellierte der Bürgermeister an die Bevölkerung, die Ärzte nur in dringenden Fällen in Anspruch zu nehmen und statt Hausbesuche zu erwarten nach Möglichkeit die Sprechstunden zu besuchen.
- Am 1. November 1945 wurde der Betrieb des städtischen Krankenhauses vorübergehend an die Kirchengemeinde Leutershausen übertragen. Vier Tage zuvor hatte Dekan Blendinger, die „Uebernahme des Kindergartens und des Krankenhauses in die Verwaltung der Kirche" beantragt. Am 5. November wurde das Haus neu eröffnet. (Quelle: Stadtarchiv Az 541-4, 15. Juni 1945)

- *Verbrecherischer Umgang mit Kranken und Behinderten*

Ein besonders düsteres Kapitel stellt die „**Aktion T4**" dar – ein nationalsozialistisches Euthanasie-Programm zur Ermordung von Menschen mit Behinderungen und psychischen Erkrankungen. Die Heil- und Pflegeanstalt Ansbach, in die auch Patienten aus Leutershausen eingewiesen wurden, war an dieser grausamen Praxis beteiligt. Der Umgang mit Behinderten war vom Gedanken des „gesunden Volksempfindens" bestimmt. Eugenik und Rassenpflege waren zentrale Themen in Schulungen und Vorträgen.

79. Näheres dazu:

Zu „**T4**":

- Die NS-Ideologie propagierte die sogenannte „Erbgesundheitspflege" und die „Rassenpflege". Sie betrachteten Menschen mit Behinderungen und psychischen Erkrankungen als Belastung für die „Volksgemeinschaft". Sie behaupteten, dass die Tötung dieser Menschen die „Rassenhygiene" verbessern und die „Volksgesundheit" stärken würde. Die „Euthanasie"-Aktion T4 leitete ihren Namen von der Adresse der Organisationszentrale in der Berliner Tiergartenstraße 4 ab.
- Ein Beispiel für die Orte, an denen die Morde der „Aktion T4" stattfanden, ist Schloss Hartheim in Österreich. Von 1940 bis 1944 diente Schloss Hartheim als Tötungsanstalt, in der etwa 30.000 Menschen ermordet wurden. Die Opfer wurden in der Regel mit Kohlenmonoxid vergast. Unter den Ermordeten waren auch viele Patienten aus psychiatrischen Anstalten.
- Die befragten Quellen belegen, dass auch die Heil- und Pflegeanstalt Ansbach, in die auch Patienten aus Leutershausen eingewiesen wurden, an der „Aktion T4" beteiligt war. Fast 900 Patienten wurden von dort in Tötungsanstalten gebracht und ermordet. (vgl. K. Kasparek, Online: Forschungsprojekt NS-Euthanasie)
- Die befragten Quellen nennen die Namen von fünf Personen auch aus Leutershausen, die Opfer der „Aktion T4" wurden. Sie starben 1940 und 1941 in der Tötungsanstalt Hartheim. (Vgl. u.a. Stadtarchiv Az 534-1, 1. November 1936, Nr. 1140).

Zur sogenannten „**Rassenpflege**" (FZ 7. Juli 1936):

1936 referierte Hauptlehrer Fröhlich in einem Schulungsnachmittag der NSDAP-Ortsgruppe Leutershausen über das Thema „Rassenpflege oder Eugenik?" und betonte dabei die Notwendigkeit, Erbkrankheiten zu bekämpfen:

- „Infolge seiner zentralen Lage kämpft Deutschland seit Jahrhunderten gegen die Vermischung seiner Rassen, hält treue Wacht an den Grenzen, um ein Hereinbrechen fremdrassiger Völker zu verhindern."
- „Aufnordung unseres Volkes ist das Ziel des Dritten Reiches. Aufnordung bedeutet Aufstieg."

8. BROTERWERB

Darum geht es in diesem Kapitel:

Dieses Kapitel beschreibt die wirtschaftlichen Verhältnisse in Leutershausen während der NS-Zeit. Eine zentrale Rolle spielte zum einen die Landwirtschaft (die NS-Ideologie hob den Stellenwert des Bauernstandes für die deutsche Wirtschaft in höchste Höhen), zum anderen Leutershausen als Handelsplatz für landwirtschaftliche Produkte, mit regelmäßigen Märkten für Vieh, Schafe (der Schafmarkt war offenbar der zweitgrößte in Bayern) oder Jungschweine. Die befragten Quellen liefern umfangreich Marktdaten wie Auftriebs- und Verkaufszahlen, geben Auskunft über Preise und vermitteln einen bemerkenswerten Einblick in die landwirtschaftliche Produktion und den Handel dieser Zeit.

8.1. DAS LANDWIRTSCHAFTLICHE LEBEN

- *Landwirtschaftliche Märkte: Ein Zentrum des Handels*

Leutershausen war ein wichtiger Handelsplatz für landwirtschaftliche Produkte. Regelmäßig fanden Vieh-, Schaf- und Jungschweinemärkte statt, die Händler aus dem ganzen Reich anzogen. Der Schafmarkt in Leutershausen war offenbar der zweitgrößte in Bayern, mit einem durchschnittlichen Auftrieb von 10.000 Tieren jährlich. Diese Märkte dienten nicht nur dem Handel, sondern auch dem Austausch von Informationen und der Preisbildung. Die befragten Quellen dokumentieren detailliert die Auftriebszahlen, Verkaufszahlen und Preise der verschiedenen Tiere. Die nationalsozialistische

Ideologie prägte auch das Marktwesen, indem die Bedeutung des Bauernstandes für die deutsche Wirtschaft betont wurde.

- *Landwirtschaftliche Betriebe: Struktur und Herausforderungen*

Die befragten Quellen bieten Einblicke in die Struktur landwirtschaftlicher Betriebe in Leutershausen, die sowohl kleinere Höfe als auch größere Anwesen umfassten. Die Größe der Höfe spielte eine Rolle bei der Frage, ob sie als Erbhöfe anerkannt werden konnten. Die landwirtschaftliche Produktion war vielfältig und umfasste den Anbau von Getreide, Kartoffeln, Flachs, Obst und Gemüse sowie die Viehzucht. Der Spar- und Darlehenskassenverein bot seinen Mitgliedern verschiedene Dienstleistungen an, wie z.B. gemeinsamen Warenbezug, Getreideabsatz, Bezug von Futtermitteln und Sommerbriketts. Die nationalsozialistische Politik zielte darauf ab, die landwirtschaftliche Produktion zu steigern und Deutschland unabhängiger von Lebensmittelimporten zu machen.

- *Herausforderungen für die Landwirtschaft*

- Wetter und Klima: Extreme Wetterereignisse wie Hagel und strenge Winter führten zu Ernteausfällen.
- Schädlinge und Krankheiten: Landwirte hatten mit Schädlingen wie dem Kartoffelkäfer und Pflanzenkrankheiten zu kämpfen.
- Kriegseinwirkungen: Der Zweite Weltkrieg stellte die Landwirtschaft vor große Herausforderungen, darunter Arbeitskräftemangel sowie Engpässe bei Düngemitteln und anderen Betriebsmitteln.

- *Maßnahmen zur Steigerung der Produktion*

Um den Herausforderungen in der Landwirtschaft zu begegnen, wurden verschiedene Maßnahmen ergriffen.

- Die Kreisbauernschaft Ansbach organisierte Schulungen für Landwirte über neue Anbaumethoden und Schädlingsbekämpfung.
- Landwirtschaftsberater führten Felderbegehungen durch, um praktische Ratschläge zu erteilen.
- Gleichzeitig wurde auf die Entwicklung neuer Sorten gesetzt, wie beispielsweise krebsfeste Kartoffelsorten.
- Landwirtschaftliche Genossenschaften, wie die Molkereigenossenschaft Leutershausen, spielten eine wichtige Rolle bei der Vermarktung von Produkten und der Versorgung mit Betriebsmitteln.

Diese vielfältigen Ansätze zielten darauf ab, die Landwirte bei der Bewältigung ihrer Aufgaben zu unterstützen und die Produktivität zu steigern.

- *Ideologische Prägung der Landwirtschaft*

Die nationalsozialistische Ideologie hatte einen starken Einfluss auf die Landwirtschaft in Deutschland. Ein zentrales Element dieser Ideologie war die „Blut-und-Boden"-Idee, die den Bauernstand idealisierte und den Bauern als „Lebensquell des Volkes" propagierte.

Dem gesellte sich das Konzept der sogenannten „Erzeugungsschlacht" hinzu. Durch Maximierung der landwirtschaftlichen Produktion sollte Deutschland von Lebensmittelimporten unabhängig werden und seine Kriegsfähigkeit sichern. Dies sollte erreicht werden durch die Förderung des Einsatzes von Düngemitteln, die Verbesserung der Anbaumethoden, die Züchtung ertragreicherer Sorten, den vermehrten Anbau von Faserpflanzen, Öl- und Hülsenfrüchten, die Intensivierung der Tierhaltung sowie durch Versammlungen und Experten-Vorträge über landwirtschaftlichen Produktionstechniken und Anbaumethoden.

Das Erbhofgesetz zielte auf eine „gesunde und leistungsfähige Bauernschaft" ab, Bauernhöfe vor Verschuldung zu schützen und sicherzustellen, dass Höfe in Familienbesitz blieben und nicht durch wirtschaftliche Schwierigkeiten verloren gingen.

80. Näheres zum Erbhofgesetz:

Im April 1935 wurde im Rathaus von Leutershausen das vom „Anerbengericht" Ansbach erstellte Verzeichnis der vorhandenen Erbhöfe öffentlich ausgelegt. Wer der Meinung war, dass sein Hof zu Unrecht nicht in die Erbhofrolle eingetragen wurde, konnte innerhalb einer bestimmten Frist beim Anerbengericht Einspruch einlegen. (Städtische Bekanntmachungen vom 18. und 23. April 1935).

Der Hof musste eine bestimmte Größe haben, um eine Familie mit drei Kindern ernähren zu können. In der Gegend um Leutershausen entsprach dies Höfen zwischen 7 und 125 Hektar. Außerdem: „Wer darf Erbhofbauer sein? Wer deutscher Abstammung und ehrbar ist." (FZ 7. Februar 1934 zu einem Vortrag von Kreisbauernführer Soldner in Leutershausen).

- *Vereine: Landwirtschaft, Gartenbau, Viehversicherung*

Der Obstbauverein Leutershausen hielt regelmäßig Versammlungen ab, um seine Mitglieder über Baumbezug, Schädlingsbekämpfung und neue Obstsorten zu informieren. Der Verein strebte an, die Obstproduktion zu steigern und damit zur nationalsozialistischen „Erzeugungsschlacht" beizutragen. Gleichzeitig organisierte der Gartenbauverein Leutershausen Blumenschmuckwettbewerbe und gab wertvolle Ratschläge zur Gartenpflege. Der Viehversicherungsverein Leutershausen hielt regelmäßige Versammlungen ab, um über Schadensfälle und interne Angelegenheiten zu informieren. Diese Vereine trugen wesentlich zur Gemeinschaft und zur Entwicklung der Region bei.

8.2. MÄRKTE

Die befragten Quellen beleuchten die Bedeutung von Märkten in Leutershausen sowohl für den lokalen Handel als auch für die überregionale Wirtschaft.

81. Näheres dazu:

FZ 7. September 1935: „Leutershausen, vorbildliche Frankenkleinstadt"

- „Von nicht geringer wirtschaftlicher Bedeutung für Leutershausen sind die in den Monaten August bis April stattfindenden sechs großen Schafmärkte, zu denen Händler aus dem ganzen Reich kommen.
- Mit einem durchschnittlichen Auftrieb von 10 000 Stück jährlich ist der Schafmarkt in Leutershausen der zweitbeste in ganz Bayern.
- Man geht wohl nicht fehl in der Erwartung, daß die Förderung, die die Schafzucht durch die Maßnahmen des Reichsnährstandes erfährt, zu einer erhöhten Bedeutung dieser Märkte führen wird.
- Neben diesen Schafmärkten finden im Jahre auch noch 12 Vieh- und Jungschweinemärkte statt, die zwar einen flotten Handel bringen, aber nur auf die Gegend des Altmühlgrundes beschränkt bleiben.
- Zu wünschen wäre nur, daß recht viele Bauern von dieser segensreichen Einrichtung Gebrauch machen."

- *Maul- und Klauenseuche*

Die befragten Quellen erwähnen mehrfach die Auswirkungen der Maul- und Klauenseuche in den Jahren 1938 und 1939, die zur Einstellung der Viehmärkte führte und große wirtschaftliche Schäden verursachte.

82. Näheres dazu:

Im Jahr **1938** wurde die Maul- und Klauenseuche in Leutershausen bekämpft, indem Hausschlachtungen verboten und der Viehtransport aus der Stadt untersagt wurde. Außerdem musste sämtliches Klauenvieh in den Ställen gehalten werden. Hühner, Hunde und Katzen wurden eingesperrt.

1941 brach die Maul- und Klauenseuche in Neuhöflein (Gemeinde Höfstetten) aus. Die Behörden stellten fest, dass die Krankheit in letzter Zeit häufig durch Personenverkehr verschleppt wurde. Landwirte wurden daher aufgefordert, Händler, Schlächter, Viehkastrierer und andere Personen, die mit Vieh in Kontakt kommen, von Ställen und Standorten von Klauentieren fernzuhalten.

– „Den Viehbesitzern wird als Vorbeugungsmaßnahme empfohlen, vor den Eingängen ihrer Anwesen Fußabtreter aus Sägemehl oder Torfmull anzubringen, die täglich mindestens 2-mal tüchtig mit hochprozentigen Ätznatronlauge zu tränken sind. Die gleiche Maßnahme wird auch den übrigen Hausbesitzern, insbesondere aber den Wirten und Geschäftsleuten empfohlen. Für die Sonnenstraße wurde durch die Regierung eine Schutzimpfung polizeilich angeordnet. Geimpft wird sämtliches Klauenvieh kostenlos. Weigerung macht strafbar, auch gehen in diesem Falle sämtliche Ersatzansprüche verlustig."

(Quellen:
Städtische Bekanntmachung vom 3. März 1938 und FZ 18. Februar 1941)

- *Märkte als Spiegelbild des Alltags*

Meldungen der Fränkischen Zeitung dokumentierten regelmäßig die Anzahl der angebotenen und verkauften Tiere sowie die Preisentwicklung auf den Märkten. In den Kriegsjahren spiegelten die Marktberichte die Auswirkungen der Kriegswirtschaft wider, besonders die Verknappung von Gütern und die Preiskontrollen.

8.3. HANDEL UND LADENGESCHÄFTE

- *Vielfältiges Angebot und lokale Geschäfte*

In Leutershausen existierte ein breites Spektrum an Geschäften, darunter: Maschinenfabrik, Autohalle, Café, Zigarren- und Farbwarenhandlung, Baugeschäft, Schuhfabrik, Herdfabrik. Das Handwerk spielte eine wichtige Rolle. Handwerksbetriebe schmückten ihre Häuser und Werkstätten während der „Handwerkerwoche", um ihre Verbundenheit mit dem deutschen Handwerk zu demonstrieren. Sogenannte „Kriegsberufswettkämpfe" zielten darauf ab, Schüler und Schülerinnen auf die Anforderungen des Krieges vorzubereiten.

- *Märkte als Dreh- und Angelpunkt des Handels*

Neben den oben beschriebenen Viehmärkten gab es spezielle Märkte wie den Walpurgimarkt und den Lichtmeßmarkt. An diesen Markttagen, die sich als Dreh- und Angelpunkte des sonstigen Handels erwiesen, waren die Geschäfte bis zum Abend geöffnet, und auch die Gaststätten profitierten vom regen Besucherandrang.

- *Handel in Kriegs- und Nachkriegszeit*

Der Krieg führte zu Handelsbeschränkungen durch Preisvorschriften, Meldepflichten für Viehverkauf und Bestandsaufnahmen bezugsscheinpflichtiger Waren. Läden schlossen früh wegen Verdunkelung. Versorgungsschwierigkeiten nahmen zu, Lebensmittelkarten wurden ausgegeben und notgeschlachtetes Vieh verkauft.

Nach dem Krieg begann der Wiederaufbau mit der Wiedereröffnung von Geschäften und erneuter Ausgabe von Lebensmittelkarten. Kontrollen und Regulierungen, wie Preisüberwachung, blieben bestehen.

9. KULTUR, BILDUNG, ERZIEHUNG

Darum geht es in diesem Kapitel:

Theater- und Musikveranstaltungen dienten während der NS-Zeit nicht nur der Unterhaltung, sondern wurden auch gezielt eingesetzt, um nationalsozialistische Werte zu verbreiten. Traditionelle Volkslieder und Chorgesänge erhielten eine neue Bedeutung im Kontext der Propaganda. Im Sport wurde der „Volkskörper" gefördert und der „Kampfgeist" beschworen, während die NS-Gemeinschaft „Kraft durch Freude" Fahrten und Ausflüge organisierte. Das Schulsystem erfuhr eine ideologische Umgestaltung, mit Schulfeiern im nationalsozialistischen Geist und der Integration von Fächern wie „Rassenkunde" und „Eugenik" in den Lehrplan. Außerschulische Aktivitäten der Hitlerjugend und des Bundes Deutscher Mädel verstärkten die ideologische Erziehung, während Lehrer eng in die Strukturen der NSDAP eingebunden waren. Jüdische Schüler wurden systematisch aus dem Schulleben ausgeschlossen.

9.1. THEATER- UND MUSIKVERANSTALTUNGEN

Die Akteure der Theater- und Musikveranstaltungen in Leutershausen reichten von lokalen Vereinen über Einzelpersonen bis hin zu professionellen Künstlern. Die Rolle der NSDAP war besonders prägnant in den Jahren vor dem Krieg, als sie viele dieser Veranstaltungen organisierte und kontrollierte. Sie dienten schon bald nicht mehr nur der reinen Unterhaltung, sondern wurden zunehmend als ein Instrument zur Stärkung der nationalsozialistischen Ideologie missbraucht.

- *Theaterveranstaltungen*

Theateraufführungen wurden in Leutershausen von verschiedensten Organisationen und Gruppen durchgeführt. Zu den wohl wichtigsten Akteuren jener Zeit gehörten die Hitlerjugend (HJ) und die NS-Gemeinschaft „Kraft durch Freude" (KdF).

---

83. Näheres dazu:

- **Hitlerjugend (HJ)**: Die HJ führte patriotische Stücke auf, darunter 1932 das „vaterländische" Festspiel „Vater Rhein" (Presse: *„Ein ganz besonderes Lob und volle Anerkennung gebührt aber dem Führer der Hitler-Jugend, Wilhelm D., der es verstand, diese Veranstaltung so wunderbar zu arrangieren und die Jugend in einer so stattlichen Anzahl unter das Banner unseres Führers Adolf Hitler gebracht hat."* FZ 20. Januar 1932).
- Zum im Dezember 1933 aufgeführten Einakter „Stolz weh'n Hitler-Fahnen" antwortete die Presse: *„Die Veranstaltung hat so recht den Geist der Jugend gezeigt und Leutershausen kann stolz sein auf die junge treue Hitlerschar".* (FZ 8. Dezember 1933).
- **Weiblicher Arbeitsdienst**: Diese Gruppe präsentierte 1937 im Rahmen eines HJ.-Abends im Schillersaal, bei dem auch die HJ-Marscheinheit Ruhr-/ Niederrhein zu Gast war, das Märchen „König Drosselbart". Pressemeldung: *„Der Saal war von den Formationen der Partei und den Einwohnern bis auf den letzten Platz gefüllt."* (FZ 2. September 1937).
- **Evangelische Jugendverbände**: Sie führten 1933 im Lutherhaus ein Stück über Martin Luther auf („Der Reformator"). Die Presse meldete pathetisch: *„Die ganze Veranstaltung hat wiederum gezeigt, welch herrlicher Geist unsere evangelische Jugend beseelt."* (FZ 13. Dezember 1933).
- **Kraft durch Freude (KdF)**: KdF bot auch mitten im Krieg Theateraufführungen an wie 1940 die Bauernkomödie „Der G'wissenswurm" (KdF.-Laienspielgruppe Nürnberg) oder 1941 das Lustspiel „Das Bankerl unterm Birnbaum".

- *Musikgruppen und -veranstaltungen*

Die enge Verknüpfung von Musik und nationaler Identität während der NS-Zeit zeigt, wie kulturelle Veranstaltungen, Lieder und Gedichte genutzt wurden, um patriotische Gefühle zu fördern und die Ideologie des Nationalsozialismus zu propagieren. Das durch die

Organisation von Konzerten und Feiern angestrebte „Gemeinschaftsgefühl" verband sich mit militaristischen und nationalistischen Elementen.

84. Näheres dazu:

– **Gesangvereine:** Der Gesangverein „Harmonie" und der „Gesangverein 1836" schlossen sich im Juli 1933 zum „Gesangsverein Leutershausen" zusammen. Der Zusammenschluss sei „auf Anordnung des Deutschen Sängerbundes" in „voller Einmütigkeit" und „getragen von echtem Hitlergeist" erfolgt. (FZ 26. Juli 1933)
– **Schuljugend:** Anläßlich einer Schulschlussfeier in Neunkirchen meldete die Presse (FZ 26. März 1940), dass die Kinder „von tiefer Vaterlandsliebe durchpulste Lieder und Gedichte" vortrugen. Mit wahrer innerer Begeisterung sei zum Schluss das „Engellandlied" von den Kindern vorgetragen und von den Eltern mit Beifall bedankt" worden.
– **Kraft durch Freude:** Hier wurden Weinfeste mit Tanz und musikalischer Unterhaltung organisiert. So spielte noch mitten im Krieg am 19. November 1944 im Schillersaal das KdF.-Handharmonikaorchester aus Nürnberg auf. (FZ 17. November 1944)
– **Musikkapellen:** „Der erste Weihnachtsfeiertag brachte für die Bewohner unseres Städtchens einen seltenen musikalischen Genuß. Die Kapelle des SA-Sturmbannes II/19 veranstaltete in den Schiller'schen Sälen am Abend [...] ein Konzert. [...] Echte weihnachtliche Stimmung brachte das große Tongemälde: Fröhliche Weihnachten. [...] Besonderen Anklang fanden die schneidig vorgetragenen Märsche und das Tongemälde: ‚Erinnerung an mein Militärleben'. Erinnerungen an vergangene stolze Zeiten, an Militärdienstzeit und Krieg wurden da bei vielen wachgerufen, Erinnerungen, die die Herzen wieder höherschlagen ließen. Die ganze Vortragsfolge spiegelte so recht den Geist der Gegenwart wider: Begeisterung für Volk und Vaterland. [...] Mit einem Vers des Deutschland- und Horst-Wessel-Liedes fand das [...] Konzert seinen Abschluß." (FZ 27. Januar 1934)

9.2. Lieder

Eine Vielzahl von Liedern, die sowohl nationalsozialistische Propaganda als auch traditionelle Volksmusik umfassten, dienten nicht nur der Unterhaltung, sondern auch der ideologischen Unterwanderung der Menschen.

- *Lieder im Kontext des Nationalsozialismus*

Eine Reihe von Liedern spielte eine zentrale Rolle in den Feierlichkeiten und Veranstaltungen, die im Rahmen des Nationalsozialismus stattfanden.

85. Näheres dazu:

Beispiele für solche Lieder:

Horst-Wessel-Lied: Als Parteihymne der NSDAP wurde dieses Lied bei offiziellen Veranstaltungen äußerst häufig gesungen. Allein die Dokumentation „Die Partei ruft" führt über 80 (!) Veranstaltungen auf, bei denen dieses Lied erklang. Beispiele:

A) Das Lied wurde 1933 bei einer Fahnenweihe in Frommetsfelden gesungen. Pressemeldung vom 4. Mai 1933 (FZ): „Ein erhebender Akt war es, als Pfarrer Fries [Leutershausen] unter feierlicher Stille die Fahnen weihte, die dann unter dem Gesang des Horst-Wessel-Liedes in die Höhe gezogen wurden. Nun flattern sie im Wind, die deutschen Reichsfarben neben dem Hakenkreuzbanner."

B) Die Bestattung von Dr. Theodor Küspert, dem Sohn des früheren Leutershausener Dekans. Pressemeldung vom 16. April 1936 (FZ): „Sämtliche Gliederungen der NSDAP mit der SA-Kapelle, Krieger- und Militärkameradschaft sowie der Kirchen- und Posaunenchor gaben ihm das ehrende Geleite. Unter dem Präsentiermarsch wurde der Sarg aus der Halle getragen, an dem sich zu beiden Seiten die Träger aus der SA und SA-Männer mit Fackeln gruppierten. [...] Die Fahnen senkten sich, die Kapelle spielte das Lied vom guten Kameraden und das Horst-Wessel-Lied. Es folgten drei Schuß als Ehrensalut."

Saarlied: Bei den Feierlichkeiten zur „Rückgliederung" des Saargebiets an Deutschland im Jahr 1935 wurde das „Saarlied" gesungen. Pressemeldung vom 3. Mai 1935: „Sämtliche Formationen unter Vorantritt der SA-Kapelle marschierten durch die Straßen des Städtchens zum Adolf-Hitler-Platz. Nach Formierung vor dem Rathaus erklang das Saarlied. Anschließend hielt Ortsgruppenführer Oberforstverwalter Rattler eine Ansprache. Ausgehend von dem gewaltigen Sieg des Abstimmungsergebnisses hob er besonders die unverbrüchliche Treue und die mustergültige Disziplin unserer Saarländer hervor. Mit einem freudigst aufgenommenen Sieg-Heil auf Deutschland, Saarland und Führer schloß er seine Ansprache."

Deutschlandlied:

Insbesondere die erste Strophe („Deutschland, Deutschland über alles") wurde bei verschiedenen Anlässen, einschließlich NSDAP-Kundgebungen, gesungen. Beispiel: 25jähr. Jubiläum des Gesang-Vereins Wiedersbach, Gausingen. Laut Pressemeldung vom 31. Mai 1933 (FZ) erklärte dabei der Festredner, „daß nun unter Hitlers Führung endlich die Zeit angebrochen ist, für die der Fränkische Sängerbund schon lange gekämpft hat. Er erinnerte an das Zitat eines großen Deutschen, der sagt: ‚Es ist etwas Herrliches um einen Deutschen Sänger; wenn er ernst gestimmt ist, singt er Vaterlandslieder'. Mächtig brauste das Deutschlandlied durch die große Halle."

- *Volkslieder und Chorgesang im Kontext von NS-Umdeutungen*

Neben den propagandistischen Liedern gab es auch eine Vielzahl von traditionellen Volksliedern und Chorgesängen, die im Kontext der NS-Propaganda eine neue, andere Funktion erhielten.

86. Näheres dazu:

- **„Schneeflöckchen vom Himmel"**: Dieses Kinderlied wurde 1942 während eines Elternnachmittags der NS-Frauenschaft von deren Kindergruppe vorgetragen. Pressemeldung vom 3. Dezember 1942 (FZ): „Soldaten marschierten, Mädchen führten einen Reigen auf, sportliche Vorführungen wurden gezeigt. Dann erklang das Lied ‚Schneeflöckchen vom Himmel'."
- **„Mir hat amal vom Himmel tramt"**: Dieses Wiener Lied wurde 1935 von einer Kindergruppe bei einer Feier des Reichsbundes der Kinderreichen im Luthersaal Leutershausen vorgesungen. Pressemeldung vom 3. September 1935 (FZ): „Nach dem schneidigen Schweizer Schützenmarsch [...] begrüßte stellv. Ortsgruppenwart Wagner-Ansbach sämtliche Anwesende mit dem deutschen Gruß [...] und hielt eine Ansprache, in der er besonders des Kindes und der Eltern gedachte. Nun folgten zwei

Gedichte ‚Mutter' und ‚Mutter sein' und eine Sängergruppe von 9 Mädel und Buben brachte das Lied ‚Mir hat amal vom Himmel tramt' zum Vortrag [...]. Auch der Vortrag eines kleinen Jungen, der am Schluß endete: ‚Denn Männer braucht das Vaterland, die stark sind, fest wie Eisen' hat alle ergriffen."

- **„Hab' Sonne im Herzen"**: Über eine „Deutsche Weihnacht" der NSDAP-Ortsgruppe Leutershausen mit „Pg. Pfarrer Fries„ berichtete die Fränkische Zeitung am 29. Dezember 1934: Nach einigen Gesangseinlagen „entbot Ortsgruppenführer, Oberforstverwalter Rattler den zahlreich erschienenen Mitgliedern, sowie der SA und den Freunden der Sache herzlichen Willkommgruß mit ‚Heil Hitler'. [...] In seiner Ansprache erläuterte er die deutsche Weihnacht. Wie einst die Engel sangen: ‚Friede auf Erden', so hat auch unser Führer Adolf Hitler deutlich erklärt: ‚Ich will Frieden halten mit allen Völkern!' Nach dem Gesang: ‚Hab Sonne im Herzen' sprach Pg. Pfarrer Fries zu den Anwesenden. Er dankte vor allem Gott, daß er uns unsern Führer Adolf Hitler geschenkt hat."

- **„Liebes Mädchen, hör' mir zu"**: Pressemeldung vom 20. April 1932 über einen Abend des Gesangvereins 1836 zu Ehren von „zwei großen Deutschen" (gemeint waren Goethe und Haydn, letzterer allerdings ein Österreicher): „Der Männerchor begann mit dem reizenden Ständchen ‚Liebes Mädchen, hör mir zu' und endete mit dem schönsten aller Vaterlandslieder, der deutsch-österreichischen Nationalhymne, die wir Haydn verdanken."

9.3. SPORT

In der Zeit des Nationalsozialismus wurde Sport in Leutershausen als ein wichtiges Instrument zur Förderung der nationalsozialistischen Ideologie genutzt. Die Nationalsozialisten sahen im Sport eine Möglichkeit, den „Volkskörper" zu stärken und den „Kampfgeist" sowie die „Willenskraft" der Deutschen zu fördern. Dies zeigt sich deutlich in den verschiedenen sportlichen Aktivitäten und Veranstaltungen, die eng mit der NSDAP verbunden waren.

- *Vielfältige Sportarten und Vereine*

Leutershausen verfügte über eine Vielzahl von Sportarten und Vereinen, die während dieser Zeit aktiv waren. Sie trugen zur Verbreitung nationalsozialistischer Werte bei, indem sie den neuen politischen Gegebenheiten angepasst wurden.

- Der **Turnverein 1862** Leutershausen war einer der größten Vereine, aktiv in regionalen und nationalen Wettkämpfen.
- Der **Militär- und Kriegerverein** bot Schießsport (Kleinkaliberschießen) an, ebenso der Nationalsozialistische Kampfbund der Offizierskameradschaft (NSKOV).
- Der **Rad- und Kraftfahrerklub** organisierte „Fuchsjagden" und Radrennen. Er gehörte dem Deutschen Radfahrerverband an, dieser wiederum dem Reichsbund für Leibesübungen.
- Der **Kneippverein** förderte Gesundheit durch naturgemäße Lebensweise.

- *Turnverein 1862 Leutershausen*

Der Turnverein war eine etablierte Institution in Leutershausen und feierte im Jahr 1937 sein 75-jähriges Bestehen. Das Jubiläum wurde mit Wettkämpfen, Festzügen und einem Festkommers begangen. Der Verein nahm auch an überregionalen Sportveranstaltungen teil, wie dem Deutschen Turn- und Sportfest in Breslau im Jahr 1938. Der

Turnverein war in das nationalsozialistische System eingebunden und musste sich den Vorgaben des Reichsbundes für Leibesübungen (RfL) anpassen. So wurden beispielsweise „Dietabende" abgehalten, um die Mitglieder im nationalsozialistischen Sinne zu schulen („Diet" stammt in seinem ältesten Ursprung aus dem Althochdeutschen, dessen latinisierte Form „theodiske = Volk" lautet.)

- *SA-Sporttag und Wehrsport*

Ein zentrales Ereignis war der jährliche SA-Sporttag, der als Höhepunkt der sportlichen Aktivitäten für die örtlichen SA-Stürme galt. Diese Veranstaltungen dienten auch der Mobilisierung und Indoktrination der Teilnehmer. Die Wehrsportübungen der SA mit Exerzierdienst, Handgranatenzielwurf, Handgranatenweitwurf und Schießen auf „Kopffallscheiben" [= Zielscheibe in Kopfform oder mit Kopf-Symbol; klappt bei einem Treffer um] sollten die Männer auf den Krieg vorbereiten. Standartenführer Scheuber hob hervor, dass „keiner zu alt" für diese Übungen sei.

87. Näheres dazu:

> 1939: Leutershausen, **SA**. **Wehrsport**: „,Keiner ist zu alt!' Davon überzeugte Standartenführer Scheuber-Ansbach die Männer des SA.- Sturms 25/19 Leutershausen, als er am verg. Sonntag einige Stunden dem Ausbildungsdienst dieser SA.-Einheit anwohnte. Im Handumdrehen entwickelte sich unter seiner Leitung ein scharfer Wettkampf unter den Scharen, der aus folgenden Uebungen bestand: Exerzierdienst, Handgranatenzielwurf und -weitwurf und schließlich Schießen auf Kopffallscheiben. Besonders dem letzteren, im Sturm das erstemal geübt, gaben sich die SA.-Männer mit großem Eifer hin." (FZ 6. April 1939)

- *Reichssportwettkampf und lokale Wettkämpfe*

Die Hitlerjugend (HJ) und der Bund Deutscher Mädel (BDM) organisierten Reichssportwettkämpfe, bei denen Jugendliche in Disziplinen wie Weitsprung, Keulenwerfen und Laufen gegeneinander antraten. Zudem fanden sportliche Heimatwettkämpfe statt, die vom

Bezirksamt Ansbach organisiert wurden und verschiedene Gemeinden, darunter Leutershausen, einbezogen.

88. Näheres dazu:

1936, Ansbach:

„Der große Ansbacher Sport-Werbetag.

Im Zeichen des geeinten deutschen Turn- und Sportleben.

Es war, nachdem vor kurzem erst in Berlin durch eine große Veranstaltung
in der Deutschlandhalle die Einheit aller deutschen Turner und Sportler,
verkörpert im Reichsbund für Leibesübungen, dokumentiert worden war,
ein glücklicher Gedanke, auch hier in Ansbach dem krönenden Werk, das
die gesamten, Leibesübung treibenden Verbände zusammen dem einen
großen Ziele, dem Volk und damit Deutschland zu dienen, nutzbar macht,
nach außen einen sinnfälligen Ausdruck zu geben." (FZ 27. April 1936)

- *Sportler und ihre Erfolge*

Einige Sportler aus Leutershausen erlangten während dieser Zeit Erfolge. Diese Erfolge wurden gern genutzt, um die Ideale des Nationalsozialismus zu propagieren.

89. Näheres dazu:

„**Turn- und Sportfest Breslau**, erfolgreiche Sieger kehren heim..."

- „Erfolgreiche Turner. Am Donnerstag kehrte die siegreiche Mannschaft
  des Turnvereins 1862 Leutershausen vom Deutschen Turn- und Sportfest in Breslau zurück. ... Vereinsführer Karl Huber errang sich im Zehn-
  kampf mit 159 Punkten den 27. Preis." (FZ 9. August 1938).

„Siege der Turnerschaft beim **Gaufest in Schweinfurt**..."

- „Auch unsere Leutershäuser Turnerschaft hatte beim Gaufest in
  Schweinfurt drei Siege zu verzeichnen, und zwar: im Zwölf-Kampf Kl. 2
  Huber Karl den 65. mit 177,5 Punkten, im Achtkampf der älteren Kl. 2
  Eschenbacher Hans den 52. mit 115,5 Punkten, und im volkstümlichen
  Dreikampf Kl. 1 Wagner Georg den 32. mit 45,5 Punkten. Trotzdem Hu-
  ber schon bei der zweiten Uebung eine Handverletzung erlitt, hatte er
  sich durchgesetzt und seine zwölf Uebungen mit schmerzender Hand
  beendet." (FZ 22. Juli 1939)

MOTORSPORT

- „**Fuchsjagd** des Sturmes 23/M 78 Leutershausen. – Wer am Sonntag (10.12.) früh am Startplatz in Schönbronn frühzeitig zur Stelle war, der konnte sehen, mit welch frisch-fröhlichen Gesichtern Motorradfahrer von allen Seiten herangebraust kamen, um das wahrhaft sportliche Ereignis mitzumachen. Nach kurzer kameradschaftlicher Begrüßung wurde der Fuchs Punkt 9 Uhr abgelassen. [...] Dann ging es hinaus in die herrlichen Fluren, über Hügel und Täler, über Wiesen in die Wälder, um die Spuren des Fuchses zu finden, bald auf richtiger und bald auf falscher Fährte über oft schwieriges Gelände hinweg. [...] Im Walde bei Wachsenberg hatte der Fuchs seinen Bau bezogen, den er so gut wählte, daß die ‚Jäger‘ ihn bis zur festgesetzten Zeit um 12 Uhr nicht fanden. So konnte Paul Vogel – Hartershofen seine Trophäe behalten. (FZ 12. Oktober 1934)

- *Ausschluss von Juden aus dem Sport ab 1931*

Jüdische Sportler wurden aus Sportverein und -veranstaltungen Schritt für Schritt ausgeschlossen. Karlheinz Seyerlein (Leutershausen) hat dies im Jahr 2018 mit einem eigenen Aufsatz über den Turnverein Leutershausen von 1862 bis in die 1930er Jahre belegt. Anhand von Mitgliedslisten und Protokollen konnte er zeigen, dass jüdische Mitglieder in bedeutender Zahl vertreten gewesen waren, bis ab 1931 systematisch das Ende ihrer Mitgliedschaft im Verein betrieben wurde: Lange war „wenig bekannt, welch nennenswerte Rolle jüdische Mitbürger aus Leutershausen, Colmberg und Jochsberg im Turnverein Leutershausen von der Gründungszeit bis Anfang der 1930er Jahre spielten – als aktive Turner, als passive Mitglieder, als Inhaber von Ehrenämtern."

(Quelle: Seyerlein, Karlheinz, 4.6.2018, Jüdische Vereinsmitglieder im Turnverein 1862. Online: alemannia-judaica.de, sowie Stadtarchiv Leutershausen)

9.4. Fahrten und Ausflüge

Die verschiedenen Fahrten und Ausflüge, die in Leutershausen und Umgebung organisiert wurden, spiegeln die gesellschaftlichen und politischen Verhältnisse der Zeit wider und lassen sich in mehrere Kategorien unterteilen.

- *Fahrten im Rahmen der NS-Organisationen*

Sowohl die NS-Gemeinschaft „Kraft durch Freude" (KdF) als auch die NSDAP selbst und das Deutsche Jungvolk (DJ) nutzten organisierte Fahrten und Ausflüge für ihre Zwecke.

- KdF spielte eine zentrale Rolle bei der Organisation von Freizeitaktivitäten für die Bevölkerung und bot eine Vielzahl von Fahrten an, von Tagesausflügen bis hin zu Mehrtagesfahrten.
- Das Ziel der NSDAP bei der Organisation von Fahrten, wie beispielsweise zur Hesselbergkundgebung, war die Mobilisierung von Parteigängern und die Verbreitung der Ideologie.
- Fahrten und Zeltlager des Deutschen Jungvolks dienten sowohl der körperlichen Ertüchtigung als auch der ideologischen Schulung der Mitglieder.

- *Verkehrsverbindungen*

Die Mobilität der Bewohner Leutershausens wurde in den 1930er Jahren durch verschiedene Verkehrsverbindungen gefördert.

Eine wichtige Neuerung war die 1930 eingerichtete Postmotorwagenverbindung nach Wiedersbach. Zusätzlich bot die Reichspost zu besonderen Anlässen wie der Kirchweih Sonderfahrten zum Bahnhof Leutershausen-Wiedersbach an.

- *Betriebsausflüge und Privatfahrten*

Die befragten Quellen berichten über Betriebsausflüge verschiedener Firmen und Organisationen, die oft Sehenswürdigkeiten in der

Region besuchten. Ein Beispiel ist der Ausflug der Molkereigenossenschaft Leutershausen im Jahr 1939 nach Windsheim, Langenfeld und Kitzingen zur Besichtigung von Molkereibetrieben. Auch die Stadt- und Bezirkssparkasse Ansbach organisierte im Jahr 1938 einen Betriebsausflug nach Heilbronn am Neckar.

Neben den organisierten Fahrten gab es zahlreiche private Ausflüge, insbesondere während der Sommermonate. Die Menschen in der Region unternahmen Fahrten in die umliegenden Dörfer und Städte, um ihre Freizeit zu genießen.

- *Fahrten in der Nachkriegszeit*

In der Nachkriegszeit waren die Reisemöglichkeiten aufgrund der wirtschaftlichen Situation und politischen Lage stark eingeschränkt. Reisegenehmigungen wurden nur in dringenden Fällen erteilt, was zu einer deutlichen Reduzierung des Reiseverkehrs führte.

9.5. DER EINFLUSS DER NS-IDEOLOGIE AUF DEN SCHULALLTAG

Die befragten Quellen bieten einen detaillierten Einblick in das Schulleben in Leutershausen während der nationalsozialistischen Herrschaft.

Sie zeigen, wie das Bildungssystem als Instrument zur Verbreitung der nationalsozialistischen Ideologie genutzt wurde und welche Auswirkungen dies auf die Schüler hatte.

- *Ideologische Umgestaltung des Schulbetriebs*
- Schulschlussfeiern wurden im nationalsozialistischen Geist umgestaltet, um die Ideologie des Regimes zu vermitteln. So wurde 1940 in Neunkirchen eine Schulfeier abgehalten, bei der die Kinder „dem nat.-soz. Erziehungsprinzip eingestellte, von

tiefer Vaterlandsliebe durchpulste Lieder und Gedichte" vortrugen (FZ 26. März 1940)

- Schulbücher: Bei Schulschlussfeiern, z. B. in Neunkirchen 1941, erhielten Schüler Bücher mit Titeln wie „Gedenke, dass du ein Deutscher bist!" (FZ 1. April 1941).
- Lehr-Inhalte: Lehrer erhielten Schulungen oder besuchten Vorträge zu Themen wie „Rassenkunde" und „Eugenik", die darauf abzielten, die nationalsozialistische Rassenlehre zu verbreiten. Diese Inhalte waren zentral für die Erziehung der Jugend und sollten ein Gefühl der Überlegenheit und der Zugehörigkeit zur „arischen Rasse" fördern. (FZ 7. Juli 1936)
- 1935 schulte der Nationalsozialistische Lehrerbund (NSLB) die Lehrerschaft in Leutershausen zum Thema „Vererbung und Rasse". Der Referent, Studienrat Rieger, betonte die Bedeutung der Vererbungsgesetze und der „Rassenpflege" für die „Gesundung des Volkes". (FZ 5. November 1935).

- *Außerschulische Aktivitäten*

Die Hitlerjugend (HJ) und der Bund Deutscher Mädel (BDM) spielten eine bedeutende Rolle im Leben der Schüler. Die befragten Quellen berichten von Theateraufführungen der HJ und Veranstaltungen des BDM, die auf die Ausbildung von „tüchtigen Hausfrauen" abzielten.

Diese Organisationen ergänzten den Schulunterricht und förderten die ideologische Erziehung außerhalb des Klassenzimmers.

- *Lehrer als Funktionäre*

Die Lehrer waren eng in die Strukturen der NSDAP eingebunden. Ein Beispiel ist ein Lehrer, der als Schulungsleiter der NSDAP in Frommetsfelden fungierte.

- *Konflikte im Schulsystem*

Die befragten Quellen deuten auch auf Konflikte zwischen der nationalsozialistischen Ideologie und den traditionellen Werten der Schule hin. Es wird erwähnt, dass es „Spannungen" gegeben habe, was darauf hindeutet, dass nicht alle Lehrer oder Schüler mit den neuen Idealen übereinstimmten.

- *Die Schule im Krieg*

Im Kontext des Krieges wurden spezielle Maßnahmen ergriffen:

- *Kriegsberufswettkampf*: 1944 nahmen Mädchen und Jungen aus Leutershausen und Neunkirchen am „Kriegsberufswettkampf" der ländlichen Jugend teil. Dieser Wettbewerb zielte darauf ab, die Schüler auf die Anforderungen des Krieges vorzubereiten.
- *Pfundsammlungen*: Schüler wurden aktiv in Sammlungen für das Winterhilfswerk und andere NS-Organisationen eingebunden.
- *Kinderlandverschickung*: Im Rahmen dieser Maßnahme wurden Kinder aus anderen Gebieten in Leutershausen untergebracht, um sie vor den Kriegseinwirkungen zu schützen.

90. Näheres zum Kriegsberufswettkampf

„Am Dienstag, 7. März, fand im Schillersaale der Kriegsberufswettkampf unserer ländlichen Jugend statt.

Dem Rufe des Führers waren aus den beiden Ortsgruppen Leutershausen und Neunkirchen 54 Mädchen und 22 Jungen gefolgt. Mehrere freiwillige Helfer und Helferinnen hatten sich [...] zur Verfügung gestellt. [...]

Vormittags stellten die schriftlichen Aufgaben aus deutscher Sprache, Rechnen und weltanschaulicher Schulung manche Anforderung an die Teilnehmer, während es nachmittags galt, sich praktisch in Haus und Küche, Hof und Stall zu betätigen. [...]

Den Abschluß des Tages bildete ein kameradschaftliches Beisammensein, bei dem Lieder der HJ, Reigen des BdM. und humoristische Vorträge den Abend verschönten."

(FZ 14. März 1944)

■ *Ausgrenzung und Gewalt gegen jüdische Schüler*

Ein besonders dunkles Kapitel war die Ausgrenzung und Diskriminierung jüdischer Schüler. Die damalige Schülerin Ilse Unger berichtete von erlebter systematischer Isolation:

- "Meine Kindheit im Anfang war wunderbar so wie in Leutershausen [*für*] alle Kinder. Bis eben der Nationalsozialismus kam... der hat in Leutershausen vor 1933 angefangen. In der 1. und 2. Klasse war es noch gut. Da hab ich Freundinnen gehabt bis in die 3. und 4. Klasse. 1930 bin ich glaube ich in die Schule gekommen. Die waren schon Nazis, aber die Kinder waren in den ersten Jahren noch normal. Und dann hat's angefangen. Die Jungen haben mich geschlagen, kein Mensch hat mit mir geredet. Und das

  war schlimm. Ich bin immer schnell nach Hause gelaufen. Die Mädchen waren eine Zeitlang ruhig und dann hat's auch mit den Mädchen angefangen. [...] Der Lehrer hat mich nie aufgerufen, obwohl ich den Finger gehoben habe. Ich war ganz allein in einer Bank gesessen."

Abb. 12: Ilse Unger
(Archiv St. Peter Lths.)

Quelle: MANFRED MOHR u. ILSE SCHOELL-MOHR, *Meine Kindheit im Anfang war wunderbar, bis... (Interview mit Ilse Unger, Israel)*, in: Gemeindebrief: Gemeinde aktiv – St. Peter & St. Mauritius (2018 Okt/Nov) 118, 4–6.

10. KRIEG

Darum geht es in diesem Kapitel:

Dieses Kapitel beschreibt die tiefgreifenden Auswirkungen des Ersten und Zweiten Weltkriegs auf Leutershausen. Der Erste Weltkrieg hatte ein traumatisches, instabiles Klima zur Folge, das den Aufstieg der NSDAP begünstigte. Zu den Vorbereitungen des kommenden 2. Weltkrieges zählten militärische Übungen der SA und Luftschutzschulungen für die Bevölkerung. Der Krieg brachte wirtschaftliche Einschränkungen, Verluste an Menschenleben und Zerstörungen durch Bombardierungen mit sich. Die nationalsozialistische Propaganda glorifizierte den Heldentod und organisierte Sammlungen zur Unterstützung der Kriegsanstrengungen. Nach dem Krieg stand die Stadt vor der Herausforderung des Wiederaufbaus.

10.1. RELEVANZ UND AUSWIRKUNGEN DES 1. WELTKRIEGES

Der 1. Weltkrieg blieb tief im kollektiven Gedächtnis der Stadt verwurzelt. Kriegervereinigungen wie der „Frontkriegerbund" hielten die Kriegserfahrungen von Veteranen wach und trugen sie in die Gegenwartsgesellschaft hinein. Solche Vereine organisierten Heldengedenktage, Kranzniederlegungen und Gedenkfeiern, bei denen die „schweren Kriegsjahre", die „Kameradschaft" im Krieg und die „Opfer"-Bereitschaft der einstigen Soldaten immer neu in Erinnerung gerufen wurden. Gefallenendenkmäler in Leutershausen und den umliegenden Dörfern mit den Namen der im 1. Weltkrieg gefallenen Soldaten dienten demselben Ziel. Inschriften auf den Denkmälern verherrlichten die Soldaten im Nachhinein als „Helden" und stellten deren Bereitschaft heraus, ihr Leben für das „Vaterland" zu geben.

91. Näheres dazu:

1941, März: „Neunkirchen. (Heldengedenktag.)

Die Kriegerkameradschaft zog geschlossen mit Fahne zum Ehrenhain, wo die Krieger-Hinterbliebenen sowie Gemeindeglieder und die Jugend versammelt waren.

Kameradschaftsführer Paul O. [...] würdigte die Taten der jungen Wehrmacht, die den Geist der Unbesiegten des Weltkrieges mit sich trug und durch ihre Waffen und ihren genialen Heerführer die Fahne des Reiches vom Nordkap bis zur Biskaya aufflattern läßt; sie wird auch den letzten Feind zu Boden werfen.

Gemeinsamer Gesang und Vorbeimarsch am Ehrenmal bildeten den Abschluß der Feier." (FZ 18. März 1941)

10.2. VOM 1. WELTKRIEG ZUM AUFSTIEG DER NSDAP

- *Psychische und ökonomische Nöte*

Der verlorene 1. Weltkrieg wurde von vielen als „nationale Schmach" empfunden, was in Kombination mit der steigenden Skepsis gegenüber der Weimarer Republik ein fruchtbares Umfeld für nationalistische und radikale Ideologien schuf.

Die wirtschaftliche Notlage, bedingt durch die Folgen des Krieges wie Inflation und Arbeitslosigkeit, führte zu wirtschaftlicher Instabilität und einem Klima der Unsicherheit und Unzufriedenheit.

- *Aufstieg der NSDAP*

Die NSDAP instrumentalisierte die Kriegserfahrungen und die weit verbreitete Sehnsucht nach nationaler Einheit und Stärke, um ihre Ideologie und Macht zu festigen und Anhänger zu gewinnen. Die Partei versprach eine Rückkehr zur „nationalen Geschlossenheit" und sprach damit viele Deutsche an, die sich nach dem verlorenen Krieg gedemütigt fühlten. Ihr Programm war geprägt von einem radikalen Nationalismus und der Ablehnung des Versailler Vertrags. Die Partei vertrat einen völkischen Nationalismus, der schließlich in die Idee einer überlegenen „arischen Rasse" mündete. Der Führerkult um Hitler entwickelte sich in der NSDAP bereits Mitte der 1920er Jahre. Am Ende hatte die NSDAP als Einheitspartei Staat und Gesellschaft vollständig unter ihre Kontrolle gebracht.

Der 2. Weltkrieg wurde zum Mittel einer expansionistischen Bewegung Richtung „Lebensraum im Osten". Der „Endsieg" wurde als das große Ziel propagiert, um die Existenz und Vorherrschaft des deutschen Volkes zu sichern.

92. Näheres dazu:

1941 im Januar: „Kreis Ansbach: NSDAP-Versammlungswelle. Ziel: der ‚Endsieg'. Mit unseren Fahnen ist der Sieg. [...] Mit dem Jahre 1941 sind wir in ein entscheidungsvolles Jahr der deutschen Geschichte getreten. Hatten bereits die vergangenen Monate uns Erfolge gebracht, wie sie in ähnlichem Ausmaße noch niemals erlebt wurden, so gilt es nunmehr alle Kräfte zusammenzufassen, um den Endsieg zu erringen. Daß unsere herrliche Wehrmacht diesen gewaltigsten Sieg der Weltgeschichte an ihre Fahnen heftet, ist heute bereits uns allen unumstößliche Gewißheit. Denn der Führer hat dieser Wehrmacht die besten Waffen geschmiedet und das deutsche Heer, die deutsche Marine und die deutsche Luftwaffe für die kommenden Monate noch besser ausgerüstet. / Uns in der Heimat bleibt es vorbehalten, unseren Soldaten draußen treu zur Seite zu stehen und ihnen in ihrem Kampf jenen Rückhalt zu geben, der sie zuversichtlich und vertrauensvoll im Blick auf die Heimat zu Höchstleistungen anspornt. [...]." (FZ 14. Januar 1941)

1941 im November: „Mitteldachstetten. Heldenehrung. Am Sonntagabend fand im Endreß-Saal eine Feierstunde [...] statt, an dem die Parteigenossenschaft mit Politischen Leitern, SA., HJ. und NS-Frauenschaft teilnahm. Ortsgruppenleiter Schmidt sprach kurz und schlicht über Deutschlands tiefste Erniedrigung im Jahre 1918, die zunächst jede Hoffnung auf einen Wiederaufstieg zunichtemachte. Dann aber kam Adolf Hitler, der als Frontkämpfer den Gemeinschaftsgedanken verkündete. [...] Und nun steht das ganze deutsche Volk im siegreichen Kampf gegen alle äußeren Feinde. Die Opfer dieses Krieges werden der Nachwelt künden als den Trägern des größten Sieges aller Zeiten über Haß, Brutalität und Vernichtungswillen einer versinkenden Welt. [...] Die Feier fand mit dem Führergruß ihren Abschluß." (FZ 12. November 1941)

10.3. MILITÄRISCHE PRÄSENZ

Das Militär war ein prägendes Element der Gesellschaft und beeinflusste den Alltag der Menschen erheblich. Die befragten Quellen zeigen, wie die Einführung der Wehrpflicht 1935 und die anschließende wehrstammrollenmäßige Erfassung 1936 die Bevölkerung mobilisierten und zur Militarisierung der Gesellschaft beitrugen. Musterungs- und Aushebungstermine verdeutlichten die enge Verknüpfung von zivilem Leben und militärischer Verpflichtung.

93. Näheres dazu:

Die **Wehrstammrolle** diente der Erfassung und Registrierung aller wehrpflichtigen Männer im Deutschen Reich. Sie war ein wichtiges Instrument zur Vorbereitung des Krieges, da sie es den Behörden ermöglichte, schnell und effizient Soldaten zu mobilisieren. Die Wehrstammrolle war eng mit der Wiedereinführung der **Wehrpflicht** im Jahr 1935 verbunden. Die Wehrstammrolle enthielt auch Informationen über die militärische Ausbildung, den Gesundheitszustand und die politische Zuverlässigkeit der Wehrpflichtigen. Dies ermöglichte es den Nationalsozialisten, die Wehrmacht nach ihren ideologischen Kriterien zu formen und sicherzustellen, dass nur „arische" und politisch „unbedenkliche" Männer in den Militärdienst eintraten.

Eine städtische Bekanntmachung aus dem Jahr 1936 forderte alle wehrpflichtigen Deutschen, die militärisch ausgebildet waren und im April 1937 das 45. Lebensjahr noch nicht überschritten hatten, bei der zuständigen polizeilichen Meldebehörde (Bürgermeister) vorstellig zu werden, um in die Wehrstammrolle aufgenommen zu werden.

(Quelle: Städtische Bekanntmachung vom 18. Dezember 1936)

Die Propaganda spielte eine zentrale Rolle bei der Mobilisierung der Bevölkerung. Veranstaltungen wie der „Tag der Wehrmacht" sollten die Stärke der Wehrmacht demonstrieren und die Kriegsbegeisterung fördern. Kriegsberichterstattung und Auszeichnungen für

Tapferkeit priesen den Mut der Soldaten und sollten die Moral aufrechterhalten.

Der Krieg brachte auch erhebliche Veränderungen im Alltag mit sich. Sammlungen für das Rote Kreuz und das Einsammeln privater Ausrüstungsgegenstände zeigten die Knappheit an Ressourcen.

94. Näheres dazu:

Der „**Tag der Wehrmacht**" wurde 1936 eingeführt und fand jährlich am dritten Sonntag im März statt. Er diente dazu, den Krieg zu verherrlichen, die Leistungen der Soldaten zu preisen, die Bevölkerung für die Ziele des Regimes zu mobilisieren und sie für den Krieg zu begeistern. Die Einbindung der Jugend in die Feierlichkeiten zeigt die langfristige Strategie der Nationalsozialisten, eine militarisierte Gesellschaft zu schaffen. Besonders die HJ war in die Feierlichkeiten zum Tag der Wehrmacht eingebunden.

Leutershausen: Im Jahr 1942 wurde zu diesem Tag ein **Eintopfessen** im Saal des „Mädelarbeitsdienstlagers" organisiert. Die Bevölkerung war eingeladen, Wehrmachtsgeräte zu besichtigen (z. B. Scherenfernrohre, Fernsprechleitungen in Betrieb, M.G) und selbst zu schießen. (Städtische Bekanntmachung vom 27. März 1942).

10.4. KRIEGSVORBEREITUNGEN UND AUSWIRKUNGEN

Die befragten Quellen zeigen, dass Leutershausen längst vor dem Ausbruch des Zweiten Weltkriegs umfassende Maßnahmen zur Vorbereitung auf mögliche militärische Konflikte ergriff. Diese Vorbereitungen umfassten militärische Übungen, Luftschutzschulungen und die Integration von Veteranen in die nationalsozialistischen Strukturen.

- *Militärische Übungen*

Die „Herbstwettkämpfe" der SA, die Schießübungen, Geländeläufe und andere militärische Disziplinen umfassten, dienten der militärischen Ausbildung und der Stärkung der Kampfbereitschaft der SA. Diese Wettkämpfe waren Teil der paramilitärischen Aktivitäten, die

die SA als Kampforganisation der NSDAP während der Weimarer Republik durchführte. Die SA spielte eine entscheidende Rolle beim Aufstieg der Nationalsozialisten, indem sie deren Versammlungen vor politischen Gegnern schützte und gegnerische Veranstaltungen störte. Neben den Herbstwettkämpfen wurden „Wehrsportübungen" durchgeführt, die zur körperlichen Ertüchtigung und Vorbereitung auf den Militärdienst von Organisationen wie der SA und der Hitlerjugend dienten

95. Näheres dazu:

SA-Wehrsportübungen

z. B. 1933: Wiedersbach. „Am Ostermontag hielt der Sturm 2/19 in der Nähe unseres Dorfes eine Wehrsportübung ab. Die Führung und Leitung lag in den bewährten Händen der Herren Engelhardt und Wiedlein - Leutershausen. Die Zuschauer konnten sich restlos davon überzeugen, daß die SA-Leute mit Liebe und kolossalem Eifer bei der Sache waren und sind." (FZ 22. April 1933)

z. B. 1937: „Leutershausen. (Sporttag der SA.) Morgen Sonntagnachmittag 3 Uhr wird auf dem Sportplatz beim Arbeitsdienstlager der diesjährige Sporttag der SA.-Stürme 24/19 u. 25/19 abgehalten. Dieser Sturmsporttag wird nun alljährlich durchgeführt und bildet den Höhepunkt der sportlichen Tätigkeit für die örtlichen Stürme. Wie bekannt, ist jetzt der SA. die wehrsportliche Ausbildung übertragen worden." (FZ 12. Juni 1937)

- *Luftschutzschulungen*

Ab 1935 wurden in Leutershausen Luftschutzkurse abgehalten, um die Bevölkerung auf die Gefahren von Luftangriffen vorzubereiten. Teilnehmer aus verschiedenen Bereichen, darunter Stadtverwaltung, NSDAP, Hitlerjugend und Bund Deutscher Mädel, sowie Hausbesitzer und Mieter, nahmen an diesen Kursen teil.

96. Näheres dazu:

Die Schulungen vermittelten den Teilnehmern die notwendigen Maßnahmen zum Schutz vor Luftangriffen, darunter:

- **Verdunkelung**: Die Verdunkelung von Häusern und Straßen sollte feindlichen Flugzeugen die Orientierung erschweren und die Gefahr von Bombenabwürfen reduzieren.

- **Bau und Nutzung von Luftschutzkellern**: Die befragten Quellen beschreiben die Einrichtung von Luftschutzkellern in verschiedenen Gebäuden, die der Bevölkerung Schutz vor Bomben und Granatsplittern bieten sollten.

- **Brandbekämpfung**: Die Schulungen beinhalteten auch die Brandbekämpfung, da Brandbomben eine große Gefahr darstellten. Den Teilnehmern wurde der Umgang mit Feuerlöschgeräten und die Bekämpfung von Bränden demonstriert.

- **Verhalten bei Gasangriffen**: Die Teilnehmer der Luftschutzkurse wurden auch auf die Gefahr von Gasangriffen vorbereitet und im Gebrauch von Gasmasken geschult.

- **Erste Hilfe**: Die befragten Quellen erwähnen, dass die Luftschutzkurse auch Erste Hilfe bei Verletzungen durch Bombensplitter oder Brände umfassten.

- *Brandschutzübungen*

97. Näheres dazu:

Im Jahr 1935 (Sonntag, 1. September 1935 um 13:00 Uhr) fand in Leutershausen eine großangelegte Übung statt, bei der ein Luftangriff mit Brandbomben simuliert wurde. Details der Übung (FZ 4. September 1935):

- **Szenario**: Die Übung simulierte einen Luftangriff auf Leutershausen, bei dem sechs Brandbomben auf Gebäude abgeworfen wurden.

- **Feuerwehr im Einsatz**: Die Feuerwehr war in sieben Einsatztrupps aufgeteilt, die an verschiedenen strategischen Punkten in der Stadt positioniert waren, um schnell auf die simulierten Brände reagieren zu können.

– **Koordinierte Brandbekämpfung**: Die Einsatztrupps meldeten den Umfang der Schäden und die Ausbreitung der Brände an die Befehlsstelle.

– **Simulation eines Großbrandes**: Um die Komplexität der Übung zu erhöhen, wurden zwei Scheunen als Brandherde angenommen, die von den Einsatztrupps nicht unter Kontrolle gebracht werden konnten. Zusätzliche Feuerwehrkräfte wurden mobilisiert, um den simulierten Großbrand zu bekämpfen.

▪ *Integration von Veteranen in NS-Strukturen*

Durch Appelle, Versammlungen und Vorträge wurden Veteranen auf Ziele des NS-Regimes eingeschworen und für den Einsatz im Krieg vorbereitet.

98. Näheres dazu:

Krieger- und Militärkameradschaften wurden auf Ziele des NS-Regimes eingeschworen und auf den kommenden Krieg vorbereitet. Im Einzelnen:

– **Integration in den NS-Staat**: Die befragten Quellen dokumentieren die Eingliederung bestehender Kriegervereine in den NS-Reichskriegerbund (Kyffhäuserbund). Diese Gleichschaltung ermöglichte es der NSDAP, die Mitglieder der Kameradschaften für ihre Zwecke zu instrumentalisieren.

– **Schulung und Indoktrination, Propaganda und Mobilisierung**: Die befragten Quellen berichten von zahlreichen Schulungsabenden und Vorträgen innerhalb der Kameradschaften. Themen wie Rassenlehre, Antisemitismus und die Verherrlichung des Krieges wurden in diesen Veranstaltungen behandelt. Die Appelle und Versammlungen der Kameradschaften dienten auch der Verbreitung von Propaganda. Die Veteranen wurden dazu aufgerufen, ihrer „Pflicht" gegenüber Führer und Vaterland nachzukommen und sich für den „Endsieg" einzusetzen.

– **Verherrlichung des Krieges**: Die Quellen zeigen, wie die Kameradschaften den Krieg verherrlichten und die Veteranen auf den kommenden Kampf vorbereiteten. Die Kriegserfahrungen der Veteranen wurden instrumentalisiert, um die jüngere Generation zu motivieren und den Kriegswillen der Bevölkerung zu stärken.

10.5. Auswirkungen des Krieges auf das Stadtleben

Die Auswirkungen des Zweiten Weltkriegs auf das Leben in Leutershausen waren tiefgreifend:

- *Wirtschaftliche Einschränkungen*

Der Krieg führte zu wirtschaftlichen Engpässen und Mangelerscheinungen. Lebensmittel wurden rationiert, und viele Güter des täglichen Bedarfs waren knapp. Die Bevölkerung musste sich mehr und mehr einschränken und auf vieles verzichten.

99. Näheres dazu:

Beispiele für Regelungen des Lebensmittelverkehrs:

- **1939** (September): Es werden Brot-, Fleisch- und Milchmarken ausgegeben.
- **1939** (September): Die direkte Abgabe von Milch vom Erzeuger an den Verbraucher wird verboten.
- **1939** (November): Es werden Lebensmittelmarken für verschiedene Lebensmittelgruppen ausgegeben.
- **1941** (September): Die Bevölkerung wird angewiesen, ihren Kartoffelbedarf bei den Landwirten zu decken, darf aber pro Kopf nur 3 Zentner kaufen.
- **1941** (November): Die Verfütterung von Speise- und Pflanzkartoffeln wird verboten, um die Versorgung mit Speisekartoffeln zu sichern.
- **1944** (Mai): Alles Brotgetreide, das nicht für den Eigenbedarf benötigt wird, muss abgeliefert werden.
- **1944** (Mai): Es wird angeordnet, dass pro Huhn 40 Eier abgeliefert werden müssen.

- *Einquartierung von Soldaten und Flüchtlingen*

Die Stadt musste Soldaten und Flüchtlinge aufnehmen, was zu einer Überlastung der vorhandenen Wohnkapazitäten führte. Familien mussten ihre Wohnungen teilen und auf engstem Raum zusammenleben.

---

100. Näheres dazu:

- **Soldateneinquartierung**: Bereits 1937 wurde eine Nachrichtenabteilung aus Württemberg in Leutershausen einquartiert (Empfang mit Feier und Tanz im Schillersaal). Im März 1942 wurden ca. 351 Soldaten für mehrere Wochen in Leutershausen untergebracht. Der Bürgermeister verwies auf die Pflicht der Bürger, Soldaten aufzunehmen, und drohte mit polizeilicher Durchsetzung bei Verweigerung. (FZ 18. September 1937 und 7. März 1942)

- **Flüchtlinge und „Rückwanderer"**: Im Januar 1940 wurden „deutsche Rückwanderer aus Russland" in Leutershausen einquartiert. Die Unterbringung dieser Personen in Privatquartieren für 4-6 Wochen wurde zunächst auf freiwilliger Basis organisiert, doch der Bürgermeister drohte auch hier mit Zwangseinquartierungen. (FZ 17. Januar 1940)

- **Auswirkungen auf die Wohnverhältnisse**: Die Aufnahme von Soldaten und Flüchtlingen führte zu einer Überlastung der vorhandenen Wohnkapazitäten. So musste beispielsweise der Schulsaal der 1. Klasse im Lutherhaus für die Unterbringung von „Rückwanderern" aus der Bukowina geräumt werden. (FZ 13. September 1941).

- **Wohnraumlenkung**: Wohnraumlenkungen zielten darauf ab, vorhandenen Wohnraum möglichst effizient zu nutzen. Dazu gehörten die Meldepflicht für Wohnungsinhaber mit mehr als einer Wohnung oder die Beschlagnahme von Wohnungen für die Unterbringung von Menschen aus „luftgefährdeten Gebieten". (Städtische Bekanntmachung vom 2. April 1942 und Stadtarchiv, Korrespondenz unter Az 682-4).

- *Verluste an Menschenleben*

Auch Leutershausener fielen im Krieg oder wurden vermisst. Ihre Familien mussten mit dem Verlust der Gefallenen umgehen.

- *Zerstörungen durch Bombardierung*

Der Angriff von amerikanischen Bombern am 18. April 1945 führte zu erheblichen Zerstörungen, zu Toten und Verletzten unter der Bevölkerung. Der Wiederaufbau nach dem Krieg stellte eine große Herausforderung dar.

- *Trauma und Verunsicherung*

Mit Sicherheit litten viele Menschen in Leutershausen unter den psychischen Folgen des Krieges und der Nachkriegszeit, auch wenn diese Traumatisierungen in den befragten Quellen nicht explizit thematisiert werden. Die beschriebenen Ereignisse und Lebensbedingungen legen jedoch nahe, dass der Krieg nachhaltig tiefe Wunden in der Seele der Bevölkerung hinterlassen hat. Die politische und gesellschaftliche Ordnung war zusammengebrochen.

101. Näheres dazu:

- **Traumatische Erlebnisse**: Die „Kriegschronik" von Dekan Blendinger berichtet von der Angst der Bevölkerung vor Luftangriffen und von den schweren Verlusten, die die Gemeinde durch den Krieg erlitt: „Die Kriegserklärung am 1.9. legte sich wie eine schwere Last auf alle Gemüter. ‚Nun wieder Krieg wie vor 20 Jahren?' war fast allgemein die Stimmung. Keine laute Kriegsbegeisterung wie 1914!" – [1941] „Der Krieg mit Russland hat unserer Gemeinde große Verluste gebracht. Vom 22.6. ab bis Jahresende sind 16 Gefallene und viele Verwundete in unserer Gemeinde gezählt worden."

- **Zusammenbruch der Ordnung**: Der Zusammenbruch der politischen und gesellschaftlichen Ordnung nach dem Krieg verstärkte die Verunsicherung der Bevölkerung. Die amerikanische Militärregierung nach dem Krieg versuchte, eine „Entnazifizierung" der Gesellschaft durchzuführen und neue demokratische Strukturen aufzubauen.

- **Propaganda und Verdrängung**: Die nationalsozialistische Propaganda hatte über Jahre hinweg versucht, die Bevölkerung zu manipulieren und den Krieg zu verherrlichen. Nach dem Krieg setzte eine Phase der Verdrängung und des Schweigens über die NS-Vergangenheit ein. So nahm z. B. die Aufklärung antijüdischer, von Nationalsozialisten begangener Unrechtstaten und Verbrechen einen nur geringfügigen Raum in der Presse ein.

10.6. SAMMLUNGEN ZUR UNTERSTÜTZUNG DES KRIEGS

Das Militär in Leutershausen während der NS-Zeit war eng mit der Zivilgesellschaft verbunden.

Verschiedene Arten von Sammlungen bezogen die Bevölkerung aktiv mit ein, zum Beispiel Sammlungen für das Winterhilfswerk, für Kriegsopfer und für die Wehrmacht.

Sie wurden zur Finanzierung des Krieges, zur Versorgung der Soldaten, zur Mobilisierung der Bevölkerung und nicht zuletzt zur Verschleierung von Kriegsverbrechen eingesetzt.

102. Näheres dazu:

Altmaterialsammlung:

- Eine Aktion war die auf behördliche Anordnung durchgeführte Altmaterialsammlung im Februar 1937.
- Die SA ging von Haus zu Haus und forderte die Bürger auf, ihr Altmaterial bereitzustellen.
- Gesammelt wurden vor allem Metalle wie Blech und Eisen, die dringend benötigt wurden, um Rohstoffe für die Rüstungsindustrie zu beschaffen (vgl. städtische Bekanntmachung vom 18. Februar 1937).

Winterhilfswerk:

- In Sammlungen für das Winterhilfswerk wurde im Wesentlichen um Lebensmittel wie Getreide, Kartoffeln, Kraut, Fisch u.a.m. gebeten (städtische Bekanntmachung vom 24. Oktober 1933), um Winterkleidung (FZ 16. Januar und 1. Oktober 1942) oder um Geld (FZ 23. Februar 1934 und 23. Oktober 1934).
- Durchführende u.a.: SA, SS, NSDAP, NSF, HJ, BDM, VDA, RK.

Rotes Kreuz:

- Im Jahr 1940 fand eine Sammlung für das Rote Kreuz statt, die darauf abzielte, die Soldaten an der Front zu unterstützen.
- Diese Initiative sollte nicht nur materielle Hilfe leisten, sondern auch das patriotische Gefühl der Bürger stärken und ihre Solidarität mit den Kämpfenden betonen (städtische Bekanntmachung vom 15. Mai 1940).

Reichsspinnstoffsammlung:

- Die während des Krieges als Ausdruck der Volksgemeinschaft und des Kampfeswillens inszenierte „Reichsspinnstoffsammlung" aus dem Jahr 1941 diente der Beschaffung von Textilien für die Herstellung von Uniformen und anderen kriegswichtigen Gütern. Sie wurde jedoch weithin als ein Beitrag zur Ressourcenschonung und zur Unterstützung der Konsumgüterproduktion dargestellt.
- Die Genehmigung der Sammlung im Mai 1941 erfolgte zu einem Zeitpunkt, als die deutsche Kriegsführung erste Rückschläge erlitt. Die nationalsozialistische Führung suchte jedoch zu verhindern, dass die Bevölkerung einen direkten Zusammenhang zwischen den Sammlungen und der sich verschlechternden militärischen Lage herstellte.

Ein Bericht vom 1. September 1941 in der Fränkischen Tageszeitung (FZ) bezeichnet die Reichsspinnstoffsammlung in Leutershausen als Erfolg:

- „Die **Reichsspinnstoffsammlung** konnte in der Ortsgruppe Leutershausen mit einem sehr guten Ergebnis abgeschlossen werden. Viele Zentner Altstoff liegen in der Sammelstelle zum Abtransport bereit und bezeugen die Opferbereitschaft aller Volksgenossen der Ortsgruppe. Der Erfolg der Sammlung ist nicht zuletzt der Tätigkeit unseres Ortsgruppenleiters zu danken, der in Aufklärungsversammlungen auf die große Bedeutung der Sammlung immer wieder hinwies und Säumige an ihre Pflicht erinnerte, während unsere rührige Frauenschaft die Durchführung der Sammlung in vorbildlicher Weise besorgte."

10.7. DIE BOMBARDIERUNG VON LEUTERSHAUSEN

Die befragten Quellen liefern detaillierte Informationen über die Bombardierung Leutershausens am 18. April 1945, wenige Tage vor Kriegsende. Verschiedene Zeitzeugenberichte, die im Stadtarchiv Leutershausen aufbewahrt werden, schildern die Ereignisse des 18. April 1945 aus unterschiedlichen Perspektiven.

- *Der Angriff und seine Folgen*

Acht amerikanische P-47 Jagdbomber griffen Leutershausen am 18. April 1945 um 17.45 Uhr an. Die Flugzeuge warfen mehrere Bomben ab und feuerten mit Bordwaffen, was zu verheerenden Schäden führte.

103. Näheres dazu:

Verluste u.a.:

- *Verluste unter der Bevölkerung*: Sechs Menschen kamen bei der Bombardierung ums Leben. (Dekan Bachmann 1971, in: H. Schreiber 1975, 450). Die Attacke löste Panik unter der Bevölkerung aus, viele flüchteten in Keller oder anschließend zu Verwandten aufs Land.

- *Bemessung der Zerstörung von Gebäuden*: Etwa 188 Gebäude wurden zerstört. Die Schadensaufnahme kategorisierte wie folgt: **121 Totalschäden** (43 Wohnhäuser, 38 Scheunen und Lager, 5 Werkstätten, 33 Ställe, ein Betriebs- und ein Kulturgebäude), **17 schwere Schäden** (9 Wohnhäuser einschließlich Krankenhaus und Synagoge, 6 Scheunen, das Feuerwehrgerätehaus und ein Stall), sowie **50 leichte und mittlere Schäden** vor allem an Dächern. Besonders hervorzuheben sind: das Obere Tor. (Konrad Bickert, in: Heimatverein „Die Brücke", April 2015).

Übersicht der Gebäudeschäden

Gebäudetyp	121 Total-Schäden	17 Schwere Schäden	50 Leichte / mittlere v.a. Dach-Schäden
102 Wohnhäuser	43	9	50
44 Scheunen, Lager	38	6	
5 Werkstätten	5		
34 Ställe	33	1	
1 Betriebsgebäude	1	1	
2 Kulturgebäude	1		

- *Die Schuldfrage*

Bemerkenswert ist die kontroverse und langanhaltende Debatte um die Bombardierung Leutershausens. Wer trug die Schuld daran? Wäre die Bombardierung vermeidbar gewesen? Abwechselnd wurden ein Lehrer, der Bürgermeister oder die Amerikaner beschuldigt.

104. Näheres dazu:

Nach dem Krieg gab es in Leutershausen heftige Auseinandersetzungen darüber, wer die Verantwortung für die Bombardierung und die damit einhergehende Zerstörung der Stadt trug. Verschiedene Personen und Gruppen wurden beschuldigt, darunter:

- *Hauptlehrer R., Führer des Volkssturms*: Ihm wurde vorgeworfen, im letzten Moment SS-Soldaten aus Büchelberg zur Verteidigung der Stadt herbeigerufen zu haben. Deren Angriff auf die anrückenden amerikanischen Truppen habe die bereits geplante friedliche Übergabe der Stadt vereitelt und die Bombardierung provoziert. Die Spruchkammer Ansbach entlastete R. 1947 von den Vorwürfen. (*vgl.: H. Woller, Gesellschaft und Politik in der amerikanischen Besatzungszone, 1986, 56*).
- *Die amerikanischen Truppen*: Einige Einwohner sahen die Schuld bei den amerikanischen Streitkräften, die die Stadt bombardiert hatten, obwohl es keinen nennenswerten Widerstand gab. Die vorrückende amerikanische Armee soll ihrerseits in Leutershausen deutsche Truppen

vermutet und sich für die Bombardierung entschieden haben, um einen Häuserkampf zu vermeiden. (vgl. Captain William O'Dweyer in: Ansbacher Nachrichten vom 2. Juli 1966).

- **Bürgermeister Georg Schiller**: Es wurde von einigen behauptet, Bürgermeister Schiller habe nicht genug getan, um die SS-Soldaten aus der Stadt zu vertreiben und die friedliche Übergabe sicherzustellen. Schiller argumentierte dagegen in einer schriftlichen Erklärung, er habe versucht, die Stadt kampflos zu übergeben, sei aber von SS-Offizieren daran gehindert worden. Ein SS-Offizier habe ihm gedroht, die Stadt zu beschießen, falls die weiße Fahne gehisst oder sonst übergeben würde. Mehrere Zeugenaussagen (u. a. Dekan Blendinger) stützten Schillers Darstellung. (Quellen: Stadtarchiv Leutershausen Az 322-13, April 1945, sowie FLZ-Nr. 143 vom 2. Juli 1966).

Dekan Blendingers Rolle: Dekan Blendinger, der in der Nacht zum 19. April zu den Amerikanern ging und die Übergabe der Stadt verhandelte, verhinderte dadurch möglicherweise weitere Bombardierungen.

Abb. 13: Nach der Bombardierung (Foto [bearb.] in: Bickert 1987)

10.8. WIEDERAUFBAU UND PRAGMATISCHE NOTWENDIGKEITEN

Der Wiederaufbau der zerstörten Stadt nach dem Bombenangriff vom 18. April 1945 stand im Vordergrund. Die Notwendigkeit, die Infrastruktur wiederherzustellen und die Lebensbedingungen der Bevölkerung zu verbessern, hatte oberste Priorität.

Die Wohnungsnot und die Versorgung der Bevölkerung mit dem Nötigsten erforderten pragmatische Lösungen, die eine umfassende Aufarbeitung der NS-Vergangenheit zunächst in den Hintergrund treten ließen.

105. Näheres dazu:

Fränkische Landeszeitung, 22. Februar 1947:

„Es ist nun über ein Jahr her, daß der gewählte Bürgermeister und die 8 Stadträte ihre Arbeit begannen, und es war keine leichte Arbeit, die auf sie wartete.

In dem schwer mitgenommenen Leutershausen stand naturgemäß der Wiederaufbau der zerstörten Wohn- und Wirtschaftsgebäude im Vordergrund. Der erste Schritt dazu war die Beseitigung der beträchtlichen Schuttmassen, die große Sorgen bereitete. Durch freiwillige, unbezahlte Arbeitsleistungen der Bevölkerung wurde diese Aufgabe aber in verhältnismäßig kurzer Zeit gelöst. Eine vom Stadtrat durchgeführte Sammlung erbrachte den beachtlichen Betrag von über 70 000 RM, die an die bedürftigsten Ausgebombten zur Finanzierung der Bauvorhaben verteilt wurden. So konnte beim Eintreten des Frühlingswetters der Aufbau beginnen, d. h. er hätte im großen Stil beginnen können, wenn es nicht, wie überall, an Baumaterial aller Art gefehlt hätte. Und doch sind von den insgesamt 88 abgebrannten Gebäuden, trotz aller Schwierigkeiten, 39 Gebäude, davon 16 Wohnhäuser und 23 Scheunen, im Bau und zum Teil schon fertiggestellt, allerdings meist erst im Rohbau ohne Inneneinrichtung.

Besonders erfreulich ist, daß mit der Wiederherstellung des Oberen Turmes noch in diesem Jahr begonnen werden soll, wie Bürgermeister Schultheiß mitteilte. Der Wille zum Aufbau ist da. Was fehlt, sind vor allem Bauholz, Dachziegel und Kalk."

10.9. KRIEGSOPFER

Die befragten Quellen zeichnen ein vielschichtiges Bild der Kriegs-opfer in Leutershausen während der NS-Zeit. Sie zeigen sowohl die Verherrlichung des Heldentodes als auch die stille Trauer um die Ge-fallenen und die Not der Kriegsversehrten und Hinterbliebenen.

- *Kriegsversehrte der beiden Weltkriege: Fürsorge*

Die Situation von Kriegsversehrten des 1. Weltkrieges während der NS-Zeit ist in den befragten Quellen nur fragmentarisch dokumen-tiert. Sie deuten aber darauf hin, dass Kriegsversehrte unterstützt wurden. Hinweise auf eine Fürsorge liefert z. B. eine Meldung aus dem Jahr 1936 über eine Sammlung für das Winterhilfswerk, an der auch Kriegsopfer und Frontkämpfer beteiligt waren, ebenso eine „Aufklärungsversammlung" der „NS.-Kriegsopferversorgung" Leu-tershausen im Jahr 1942. Eine Meldung aus dem Jahr 1933 berichtet von einer „NS-Kriegsopferfahrt" nach Dinkelsbühl, an der 64 Perso-nen aus Leutershausen teilnahmen

106. Näheres dazu:

- 1933, Leutershausen, NS-Kriegsopferfahrt: „Bei der ersten NS-Kriegs-opferfahrt nach Dinkelsbühl am Sonntag, den 17. September war auch die Ortsgruppe Leutershausen mit 64 Teilnehmern vertreten. [....] Dieser Tag mit seinen Erlebnissen wird wohl von den Kriegsopfern, welche in den vergangenen Jahren, seit sie ihre Wunden empfingen, nur im Schat-ten standen, nicht so schnell vergessen werden. Auch für die Kriegsop-fer ist ein neuer Geist eingezogen, sie erhalten im neuen Reiche den Eh-renplatz, der ihnen gebührt. ‚Auch ein armes Vaterland kann dankbar sein'." (FZ 23. September 1933).
- 1933, Leutershausen: NS-Kriegsopferversorgung (Pflichtversammlung): „Der Stützpunkt der NS-Kriegsopferversorgung Leutershausen hielt am Samstag im Simonschen Saal eine Pflichtversammlung ab [...]. Kame-rad Beisbarth - Ansbach, der in einer Ansprache über das Thema ‚Wa-rum marschieren die Kriegsbeschädigten mit Adolf Hitler?' u. a. aus-führte: Wäre Hitler nicht gekommen, dann stünde es um die Kriegsopfer schlecht. Die Männer des früheren Systems hätten sich selbst versorgt,

aber die Kriegsopfer dabei vergessen. Es sei das größte Verbrechen der ehemaligen Machthaber gewesen, die Kriegsbeschädigtenfürsorge absichtlich zu brüskieren, um auf diese Weise zu erreichen, daß jede nationale Regung im Volke erstickt würde. Heute stünden auch die Kriegsopfer geeinigt da; für die noch abseits stehenden sei es Pflicht, sich in die Einheitsfront einzugliedern. Der Redner ging dann auf den 12. November ein. An diesem Tage sei es den Kriegsopfern eine Ehrenpflicht, geschlossen an die Wahlurne zu gehen und ihre Ja-Stimme abzugeben. Die Kriegsopfer werden Plakate mit der Aufschrift tragen: ‚Deutscher, hast du schon gewählt? Wenn nicht, dann war mein Opfer umsonst!‘„ (FZ 9. November 1933).

– 1936, Frommetsfelden, Sammlung für Winterhilfswerk: „Innerhalb der hiesigen Ortsgruppe sammelten am Sonntag ebenso wie anderwärts Kriegsopfer und Frontkämpfer zum Winterhilfswerk. Gern und freudig erwarben sich die Volksgenossen die Plakette mit dem ‚alten Fritz‘.“ (FZ 11. Januar 1936).

– 1942, Leutershausen. Aufklärungsversammlung: „Am Sonntag, 8. November, um 14 Uhr findet im Gasthaus zur Post von Georg Schiller durch die NS.-Kriegsopferversorgung, Kameradschaft Leutershausen eine Aufklärungsversammlung statt [...] Alle Kriegsversehrten und Hinterbliebenen, auch des jetzigen Kriegseinsatzes, sind dazu eingeladen.“ (FZ 7. November 1942)

- *Der „Helden"-Tod im Dienst des „Vaterlandes"*

Die Propaganda während der NS-Zeit stilisierte den Tod im Krieg zu einem heroischen Opfer für Führer, Volk und Vaterland. Gefallene Soldaten wurden als „Helden" bezeichnet, die ihr Leben für eine „höhere Sache" geopfert hatten. Die Propaganda vermittelte den Eindruck, dass die Soldaten für eine gerechte Sache kämpften, obwohl Hitlers Kriege reine Angriffs- und Expansionskriege waren, für die es keine faktische Rechtfertigung gab. Die NS-Propaganda nutzte verschiedene Medien, um diese Botschaften zu verbreiten und die öffentliche Meinung zu manipulieren. Sie stellte die Kriege als notwendige Verteidigungsmaßnahmen dar – eine Lüge.

107. Näheres dazu:

In den Traueranzeigen für gefallene Soldaten, die von den Angehörigen in Leutershausen und Umgebung veröffentlicht wurden, wird der Tod auf dem Schlachtfeld immer wieder als heldenhafter Opfertod für Volk und Vaterland verherrlicht. Beispiele (Quelle: FZ)

— **1942:** „Tieferschüttert erhielten wir die schmerzliche, unfaßbare Nachricht, daß nach Gottes heiligem Willen unser unvergeßlicher, herzensguter, braver Sohn und Bruder … in soldatischer Pflichterfüllung getreu seinem Fahneneid gefallen ist. Er gab sein junges Leben für die Größe und den Bestand von Volk und Vaterland. Sein sehnlichster Wunsch, in die geliebte Heimat zurückzukehren und seine Lieben wiederzusehen, sank mit ihm ins Heldengrab."

— **1943:** „Hart und schwer traf uns die schmerzliche Nachricht, daß mein heißgeliebter, herzensguter, unvergeßlicher Mann, mein liebster Papa, unser lieber, tapferer Sohn, edler Bruder, Schwiegersohn, Schwager und Pate … den Heldentod fand."

— **1945:** „Nun mußte auch noch mein lieber Sohn und Bruder … sein Leben lassen. Er folgte …. seinem lieben Vater im Heldentode nach."

Die Berichterstattung über Kriegsauszeichnungen wie das Eiserne Kreuz diente dazu, die Tapferkeit und den Einsatz der Soldaten zu würdigen und den Kriegsgeist in der Bevölkerung zu stärken. Die Verleihung solcher Orden sollte den Soldaten Anerkennung für ihre Leistungen im Kampf verschaffen und gleichzeitig die nationale Einheit fördern. Indem die Auszeichnungen öffentlichkeitswirksam verliehen wurden, trugen sie dazu bei, das Bild des heldenhaften Soldaten zu propagieren und die Kriegsbereitschaft innerhalb der Gesellschaft zu erhöhen.

Menschen, die im Krieg für „Volk und Vaterland" verwundet wurden, erhielten zum Zeichen ihres Mutes und ihrer Treue zur Sache oft auch das „Verwundetenabzeichen".

108. Näheres dazu:

Beispiele (Quelle: FZ):

– **1940**, Tapferkeit vor dem Feinde: Der „Kriegsfreiwillige SS-Mann N.N. bei der Waffen-SS wurde wegen Tapferkeit vor dem Feinde im Westen mit dem Eisernen Kreuz 2. Kl. ausgezeichnet." (FZ 29. Oktober 1940)

– **1942**, hervorragende Tapferkeit: „Dem Unteroffizier N.N. wurde wegen hervorragender Tapferkeit im Osten das Eiserne Kreuz 1. Kl. verliehen." (FZ 31. Oktober 1942)

– **1942**, besondere Tapferkeit: Erneute hervorragende Tapferkeit: „Dem Unteroffizier N.N. wurde beim Einsatz im Osten für erneute hervorragende Tapferkeit das Eiserne Kreuz 1. Kl. verliehen. Wir wünschen dem tapferen Sohn unserer Stadt, daß ihm das Soldatenglück auch weiterhin treu zur Seite stehen möge." (FZ 31. Oktober 1942)

– **1943**, Verwundetenabzeichen: „N.N., zur Zeit Rotkreuz-Schwester im freiwilligen Einsatz bei einem Feldlazarett an der Ostfront, wurde das Kriegsverdienstkreuz mit Schwertern und infolge Verwundung auch das Verwundetenabzeichen in Schwarz verliehen." (FZ 6. August 1943)

– **1944**, besondere Tapferkeit: „Der Unteroffizier in einem Füsilierbataillon, N.N, ... wurde wegen besonderer Tapferkeit im Osten mit dem Eisernen Kreuz 1. Kl. ausgezeichnet. (FZ 2. März 1944)

Die befragten Quellen zeigen, dass die nationalsozialistische Ideologie versuchte, den Tod im Krieg zu verklären und den Fokus auf den „Sieg" zu lenken, anstatt auf das Leid und die Opfer des Krieges, geschweige denn auf gescheiterte Kriegshandlungen.

109. Näheres dazu:

— **1942**: „Massenkundgebung" der NSDAP in Leutershausen 1942: „Die Schwere des Augenblicks fordert restlose Einsatzbereitschaft und Opferwilligkeit. Komme, was kommen mag, wir wollen bereit sein für alle Aufgaben, die uns das Schicksal stellt und keine Macht wird uns den Sieg entreißen." (FZ 19. März 1942)

— **1942**: „In einer Versammlung der NSDAP., Ortsgruppe Leutershausen, sprach am letzten Sonntag vor zahlreichen Zuhörern Gauredner Pg. Karl Mittmann, Nürnberg, über das Thema ‚Wir erringen den Sieg'. [...]. Stärker als je steht das deutsche Volk heute seinen Feinden gegenüber, denen es nie gelingen wird, Deutschland niederzukämpfen. Das Heldentum unserer Wehrmacht und die Opferbereitschaft der deutschen Heimat werden den Sieg erringen." (FZ 18. November 1942)

— **1943**, Leutershausen: „Am vergangenen Sonntag sprach Reichsredner Pg. Zettel aus Wien in einer Aufklärungsversammlung über die Lügenpolitik unserer Gegner und über die feindliche Agitation, durch die man das deutsche Volk wie im Jahre 1918 zu zermürben und seinen Glauben an den Sieg zu erschüttern sucht. Man glaubt, das deutsche Volk wie damals durch eine moralische Niederlage wieder ins Unglück stürzen zu können; aber nie wieder wird das gelingen. Das deutsche Volk mit seiner unvergleichlichen Wehrmacht will nicht noch einmal einen ‚Frieden um jeden Preis' wie 1918; heute gilt für das ganze deutsche Volk der Kampfruf: ‚Sieg um jeden Preis!'„

Die Trauer um die Gefallenen im Zweiten Weltkrieg zeigte sich in Leutershausen sowohl öffentlich als auch im Stillen. Bei Beerdigungen, Trauer- und Gedächtnisgottesdiensten erwiesen Kriegerkameradschaften, Gemeindevertreter, Vereine und die NSDAP den gefallenen Kameraden die letzte Ehre.

Trotz der offiziellen Heldenverehrung in der Propaganda lassen die Quellen auch die tiefe persönliche Trauer und emotionale Belastung der Familien und der Gemeinde erkennen. Angehörige drückten ihren grenzenlosen Schmerz mit Worten wie „unsagbares Leid", „tiefe Trauer", „großer Schmerz" und „tiefstes Leid" aus.

110. Näheres dazu:

Todesanzeigen in lokalen Zeitungen drücken den Schmerz über den Verlust der Angehörigen aus (Quelle: FZ):

- **1942**: „Tief erschüttert erhielten wir die noch unfaßbare, schmerzliche Nachricht..." (FZ 29. Mai 1942)

- **1943**: „Unfaßbar schwer traf uns die bittere Nachricht, daß..." (FZ 29. Oktober 1943).

- **1944**: „In tiefer Trauer: die schwergeprüften Eltern..." (FZ 6. September 1944).

- **1945**: „In tiefem Schmerz: ... die Gattin mit ihren 5 Kindern, Geschwister und Verwandte" (FZ 24. Januar 1945).

Öffentliche Gedenkfeiern ehrten die „Helden", z. B.:

- **1942**, Leutershausen. Heldenehrung. „Am Sonntag findet die diesjährige Heldenehrung am Kriegerdenkmal statt. Sämtliche Gliederungen der Partei sowie die Kriegerkameradschaft und das DRK. treten pünktlich um 8 Uhr am Adolf-Hitler-Platz an. Hierzu wird die gesamte Bevölkerung, besonders die Hinterbliebenen der Gefallenen, herzlichst eingeladen." (FZ 7. November 1942)

11. UMSIEDLUNGEN

Darum geht es in diesem Kapitel:

Das Kapitel über Umsiedlungen behandelt die Ankunft von deutsch-stämmigen Menschen aus Wolhynien, Bessarabien und der Bukowina in Leutershausen während des Zweiten Weltkriegs. Die Wolhyniendeutschen, ursprünglich aus dem heutigen Ukrainegebiet, wurden 1939/40 ins Deutsche Reich umgesiedelt. Die Bessarabiendeutschen, deren Vorfahren im 19. Jahrhundert aus Südwestdeutschland ausgewandert waren, kamen 1940 nach Leutershausen. Auch die Deutschstämmigen aus der Bukowina wurden 1940/41 im Rahmen der „Heim ins Reich"-Politik der Nationalsozialisten umgesiedelt. Die Ankunft bzw. der vorübergehende Aufenthalt dieser Umsiedler stellte Leutershausen vor erhebliche Herausforderungen, insbesondere hinsichtlich der Unterbringung und Integration in die bestehende Gemeinschaft.

11.1. WOLHYNIEN-DEUTSCHE

Wolhyniendeutsche waren deutsche Auswanderer und deren Nachkommen, die sich hauptsächlich im 19. Jahrhundert in Wolhynien niedergelassen hatten und dort bis zum Zweiten Weltkrieg lebten. Im Rahmen einer geplanten Neuordnung im Osten „Großdeutschlands" bzw. NS-"Germanisierungspolitik" wurden sie vorläufig „heim ins Reich" geführt. In Leutershausen kamen sie, ca. 150 an der Zahl, im Kronen- und Hirschenwirtskeller sowie im ehemaligen RAD-Lager unter. Im September 1940 verließen sie Leutershausen Richtung Lodz (seinerzeit: „Litzmannstadt"), um dann – so der Plan – im Warthegau und anderen Orten angesiedelt zu werden.

111. Näheres dazu:

- *„Heim ins Reich"*: Im Mai 1940 wurden im Zuge der NS-"Germanisie-rungspolitik" rund 150 Wolhyniendeutsche in Leutershausen unterge-bracht. Diese Umsiedlung war Teil des „Heim ins Reich"-Programms, das die Ansiedlung von „Volksdeutschen" aus Osteuropa im Deutschen Reich zum Ziel hatte. (vgl. H. Schreiber 1975, 267).

- *Vorläufige Unterbringung*: Die Unterbringung der Wolhyniendeutschen in Leutershausen war als vorläufig gedacht, bis die „geplante Neuord-nung im Osten ‚Großdeutschlands'„ abgeschlossen sein würde.

- *Unterbringung und Namen*: Lager I: vormals RAD-Lager; Lager II: Kro-nenkeller; Lager III: Hirschenwirtskeller. *Namenslisten*: Stadtarchiv Az 460-1

11.2. BESSARABIEN-DEUTSCHE

Auch Ankunft und Aufenthalt der Bessarabiendeutschen in Leuters-hausen waren ein bedeutendes Ereignis im Rahmen der nationalso-zialistischen „Heim ins Reich"-Politik, die die Umsiedlung von „Volksdeutschen" aus Osteuropa ins Deutsche Reich zum Ziel hatte.

112. Näheres dazu:

Die **Umsiedlung der Bessarabiendeutschen** war Teil einer größeren natio-nalsozialistischen Strategie, die durch den Hitler-Stalin-Pakt von 1939 er-möglicht wurde. Die Bessarabiendeutschen waren zwischen 1814 und 1940 in Bessarabien (heute Teile Moldawiens und der Ukraine) ansässig und lebten dort als überwiegend bäuerliche Bevölkerung.

Ende 1940 trafen rund 50 Bessarabiendeutsche in Leutershausen ein, nachdem sie größtenteils aus Tarutino, der größten deutschen Gemeinde in Bessarabien, stammten. Zunächst wurden sie im HJ-Heim untergebracht.

113. Näheres dazu:

Tarutino, heute bekannt als Tarutyne, liegt in der Oblast Odessa im Süden der Ukraine, etwa 118 km westlich von Odessa. Der Ort wurde 1814 von deutschen Auswanderern gegründet und war die erste deutsche Kolonie in Bessarabien. Die Siedler sprachen überwiegend Plattdeutsch und bildeten eine vorwiegend bäuerliche Gesellschaft. Im Laufe des 19. Jahrhunderts entwickelte sich Tarutino zu einem wichtigen wirtschaftlichen und kulturellen Zentrum, das zahlreiche Industriebetriebe, Geschäfte und Vereine beherbergte.

Bedeutung von Tarutino: Die Bedeutung Tarutinos für die Bessarabiendeutschen ist nicht nur geografisch, sondern auch historisch und kulturell zu verstehen. Ende des 19. und Anfang des 20. Jahrhunderts erlebte der Ort einen wirtschaftlichen Aufschwung, was ihn zu einem Anziehungspunkt für weitere deutsche Siedler machte. Die Gründung von Institutionen wie dem Deutschen Volksrat und dem Deutschen Wirtschaftsverband in Tarutino zeigt das Bestreben der Gemeinschaft, ihre Interessen zu wahren und sich gegen die zunehmenden Russifizierungs- und Rumänisierungsbestrebungen zur Wehr zu setzen.

Einschränkungen und Herausforderungen: Trotz dieser Blütezeit waren die Bessarabiendeutschen mit verschiedenen Herausforderungen konfrontiert. Die politischen Umwälzungen im 20. Jahrhundert führten zu einer fortschreitenden Erosion ihrer kulturellen Identität.

- *Kirchliches Leben*

Das kirchliche Leben der Bessarabiendeutschen war eingeschränkt; der Besuch von Geistlichen in den Lagern war unzulässig, ebenso die Abhaltung von Bibelstunden und die Verteilung religiöser Schriften. Laut Dekan Blendinger hielten sich viele von ihnen ohnehin von der Kirche fern, möglicherweise aus Angst vor Benachteiligungen bei der Ansiedlung.

Trotz dieser Restriktionen fand an Weihnachten 1940 eine Feier im Kapitelsaal des Dekanats statt. (FZ 27. Dezember 1940).

- *Weiterfahrt*

Die Integration der Bessarabiendeutschen gestaltete sich jedoch schwierig. Im Februar 1941 wurden 85 Bessarabiendeutsche in ein Übergangslager bei Łódź gebracht, während die restlichen 12 Personen in ein Lager in Erlangen kamen.

114. Näheres dazu:

FZ, 2. September 1941:

„Leutershausen. (Abschied.) Am vergangenen Sonntagvormittag verließen die Deutschen aus Bessarabien, welche im hiesigen Lager untergebracht waren, unser Städtchen, um in die **Ostgebiete** des Reiches überzusiedeln, dort eine neue Heimat zu finden und deutsche Kultur dorthin zu verpflanzen.

Kerndeutsch in ihrer Gesinnung und Bildung, deutsch ihre Sprache und freundlich gegen jedermann, waren sie bei uns den Winter über liebe Gäste, die wir nun ungern scheiden sehen.

Anläßlich ihres Abschiedes veranstaltete die NSDAP.-Ortsgruppe Leutershausen am Samstagabend eine Abschiedsfeier.

Die vereinigten Gesangvereine Leutershausen und Wiedersbach eröffneten dieselbe mit dem Lied ‚Wo gen Himmel Eichen ragen' [...], worauf ein Lagerinsasse in tiefempfundenen Worten den Dank aussprach für die liebevolle Aufnahme in Leutershausen und für alles Gute, durch das man ihnen ihr Lebensschicksal erleichtert hat.

Heimat- und Abschiedslieder der beiden Gesangvereine, sowie Musikvorträge der Stadtkapelle umrahmten die Feier.“

11.3. BUKOWINA-DEUTSCHE

115. Näheres dazu:

Hintergrundinformationen über die **Bukowinadeutschen**:

Die Bukowinadeutschen waren eine deutschsprachige Minderheit in der Bukowina, einer Region, die heute zur Ukraine und zu Rumänien gehört.

Sie siedelten sich dort ab dem späten 18. Jahrhundert an und bildeten eine hauptsächlich bäuerliche Bevölkerung.

Die kulturellen Traditionen und die Sprache dieser Gemeinschaft waren stark von ihrer Herkunft geprägt.

Die Ankunft der Bukowinadeutschen in Leutershausen steht im Kontext der nationalsozialistischen „Heim ins Reich"-Politik, die die Umsiedlung von deutschen Minderheiten aus Osteuropa zum Ziel hatte.

Eine größere Gruppe Bukowinadeutscher kam vorübergehend im Lutherhaus in Leutershausen unter, bevor sie am 11. Oktober 1941 nach Schwarzenberg bei Scheinfeld weiterzog.

Eine Liste im Stadtarchiv dokumentiert zum 1. September 1941 die zu diesem Zeitpunkt anwesenden Bukowinadeutschen. Sie enthält neben ihren Namen auch Informationen über ihre Berufe. Neben zahlreichen Kindern und einigen Rentnern, Witwen und „Ehefrauen" sind Berufe wie Landwirt, Schuhmacher, Tischler, Zimmermann, Maurer, Gärtner, Dienstmädchen und Fabrikarbeiterin aufgeführt. Diese Vielfalt an Berufen spiegelt die wirtschaftliche Struktur der Bukowinadeutschen-Gruppe wider, die überwiegend aus landwirtschaftlichen und handwerklichen Tätigkeiten bestand.

Am 8. September 1941 fand in Leutershausen eine Feier zur Einbürgerung der Bukowinadeutschen statt. Diese Einbürgerung war ein symbolischer Akt der Integration in die deutsche Gesellschaft.

Allerdings führte die Ankunft dieser neuen Bevölkerung zu einem Platzmangel in den örtlichen Schulräumen, was die Herausforderungen der Integration weiter verstärkte.

116. Näheres dazu:

FZ 8. September 1941:

Einbürgerung von Bukowinadeutschen.

„Im Schillersaal wurden am Samstagnachmittag die Volksdeutschen aus dem Buchenlande feierlich in die deutsche Volksgemeinschaft aufgenommen.

Kreisleiter Pg. Seitz überreichte im Beisein von Landrat Dr. Conrath und von Kreisamtsleiter für Kommunalpolitik Pg. Nattermann die Einbürgerungsurkunden und sprach zu den neuen deutschen Volksgenossen von der Bedeutung dieser Stunde und der Größe unserer Zeit."

12. Kriegsgefangene und Fremdarbeiter

Darum geht es in diesem Kapitel:

In Leutershausen lebten während des Zweiten Weltkriegs sowohl polnische als auch französische Kriegsgefangene in eigens eingerichteten Unterkünften und wurden vor allem in Land- und Forstwirtschaft eingesetzt. Ein Vertrag zwischen dem Kriegsgefangenenlager Stalag XIII C und der Stadt regelte ihre Arbeitsbedingungen, zum Beispiel „ausreichende Ernährung". Allerdings wurden die Kriegsgefangenen als Feinde betrachtet; vor jeglicher Art von Verbrüderung wurde gewarnt. Neben den Kriegsgefangenen waren auch „Ostarbeiter" in Leutershausen tätig, für die strenge Vorschriften galten, im Besonderen eine Trennung von der deutschen Bevölkerung. Ihre Situation war außerordentlich prekär, da sie als „rassisch minderwertig" galten.

12.1. Kriegsgefangene

- *Herkunft und Anzahl der Kriegsgefangenen*

Die befragten Quellen werfen ein Licht auf die Herkunft, die Arbeitsbedingungen, die Unterbringung sowie die allgemeine Behandlung der Kriegsgefangenen.

In Leutershausen waren sowohl polnische als auch französische Kriegsgefangene stationiert. Die Anzahl der Kriegsgefangenen variierte im Laufe des Krieges.

- *Arbeitseinsatz der Kriegsgefangenen*

Die Kriegsgefangenen wurden vor allem in der Landwirtschaft und als Facharbeiter eingesetzt, konnten „angefordert" werden und erhielten eine Entlohnung nach Tarif. Ein Vertrag zwischen dem Kriegsgefangenen-Stammlager (Stalag) XIII C in Hammelburg und der Stadt Leutershausen regelte die Arbeitsbedingungen (u.a. Arbeitszeiten und Ruhezeiten) der französischen Kriegsgefangenen.

117. Näheres dazu:

Es gab ein „**Arbeitskommando F 4366**", das dem Kriegsgefangenen-Mannschafts-Stammlager XIII C in Hammelburg unterstand.

Ein Vertrag, abgeschlossen am 12. September 1940 zwischen dem im unterfränkischen Hammelburg gelegenen Kriegsgefangenen-Stammlager („Stalag") XIII C451 und der Stadt Leutershausen, die hier als „Unternehmer" fungierte, regelte die Einzelheiten.

- Demnach erhielt die Gemeinde Leutershausen 20 Kriegsgefangene aus dem Stalag XIII C für landwirtschaftliche und forstwirtschaftliche Arbeiten.
- Die **Arbeitszeit** orientierte sich am örtlichen Brauch; in besonderen Fällen waren auch Arbeiten an Sonn- und Feiertagen erforderlich. Diese Arbeiten umfassten Saat- und Erntearbeiten sowie die Bekämpfung von Forstschädlingen.
- Jeder Kriegsgefangene hatte Anspruch auf eine wöchentliche **Ruhezeit** von mindestens 24 Stunden.
- Die **Vergütung** für die Kriegsgefangenen betrug RM 0,80 pro Arbeitstag und RM 20,80 pro Monat. Sie erhielten täglich Lohn, ausgenommen an gesetzlichen Feiertagen und Krankheitstagen, während der Unternehmer für Verpflegung und Unterkunft verantwortlich war.
- Die **Verpflegung** musste ausreichend sein und umfasste Frühstück, Mittag- und Abendessen.
- In Bezug auf die **Behandlung** der Gefangenen wurde gefordert, dass sie mit Menschlichkeit behandelt wurden und vor Gewalt sowie Beleidigungen geschützt werden mussten.

Ein Merkblatt aus dem Jahr 1943 gibt weitere Anweisungen zum Umgang mit den Kriegsgefangenen.

118. Näheres darüber:

Ein **Merkblatt** aus dem Jahr 1943 stellte klar, dass die Kriegsgefangenen „ausreichend ernährt" werden müssen.

– Das Merkblatt hebt hervor, dass die Kriegswirtschaft den Einsatz aller verfügbaren Arbeitskräfte erfordert, weshalb Kriegsgefangene in vollem Umfang in den Dienst der deutschen Wirtschaft gestellt wurden.
– Die Behandlung der Kriegsgefangenen sollte ihre volle Leistungsfähigkeit sicherstellen.
– Ausreichende Ernährung war ein wichtiger Bestandteil dieser Behandlung.

- *Unterbringung*

Die Kriegsgefangenen lebten in eigens dafür eingerichteten Unterkünften. Eine Inventarliste aus dem Jahr 1941 dokumentiert die Ausstattung dieser Unterkünfte mit Betten, Strohsäcken, Kopfpolstern und Waschschüsseln.

119. Näheres dazu:

„Kriegsgefangenen-Unterkunft" in Leutershausen, **Inventarliste** vom 1. August 1941:

– Die Unterkunft verfügte über 11 Doppelbettzellen und war mit Strohsäcken, Kopfpolstern und Waschschüsseln ausgestattet.
– Zur weiteren Ausstattung gehörten Betten, Tische, Stühle, Schränke, ein Ofen und eine Kochstelle.
– Die Inventarliste erwähnt auch einen Eimer, eine Feuerpatsche und eine Anschlagtafel.

- *Behandlung und Propaganda*

In den befragten Quellen wird zugleich deutlich, dass die Kriegsgefangenen als „Feinde" betrachtet wurden. Sie seien als „feindlich gesinnt" anzusehen; vor jeglicher „Verbrüderung" oder „Bevorzugung" wird gewarnt.

120. Näheres dazu:

Zitat aus dem **Merkblatt**: „Kriegsgefangene gehören nicht zur Haus-, Tisch- oder Hofgemeinschaft, also auch nicht zur Familie. Sie haben als Soldaten ihres Landes gegen Deutschland gekämpft und müssen auch jetzt noch als feindlich gesinnt angesehen werden. / Wer sie deutschen Arbeitskräften gleichstellt oder sogar bevorzugt behandelt, wird zum Verräter an der Volksgemeinschaft. / Deutsche Frauen, die in Beziehungen zu Kriegsgefangenen treten, schließen sich von selbst aus der Volksgemeinschaft aus und erhalten ihre gerechte Bestrafung. Selbst der Schein einer Annäherung muß vermieden werden." (Stadtarchiv Leutershausen, Az 003-2. Merkblatt).

- *Auflockerung der Bewachung*

Im November 1941 wurde eine versuchsweise Auflockerung der Bewachung für kriegsgefangene Franzosen angeordnet. Dies führte jedoch nicht zu einer grundlegenden Verbesserung ihrer Lebensbedingungen; die Bewegungsfreiheit blieb stark eingeschränkt.

- *Umwandlung zu Zivilarbeitern*

Es gab Pläne, polnische Kriegsgefangene zu Zivilarbeitern umzuwandeln. Ob dies konkret in Leutershausen umgesetzt wurde, bleibt unklar. Die „Zivilarbeiter" hätten sich schriftlich verpflichten müssen, jede ihnen zugewiesene Arbeit zu verrichten und ihren Arbeitsplatz nicht ohne Genehmigung zu verlassen.

121. Näheres dazu:

Ein Schreiben von Heinrich Himmler vom 10. Juli 1940, das auch von Bürgermeister Schiller in Leutershausen zur Kenntnis genommen wurde, beschreibt die geplante Freilassung polnischer Kriegsgefangener, die in Zivilarbeiter umgewandelt werden sollten:

„Betrifft: Behandlung der im Reich eingesetzten Zivilarbeiter u- Arbeiterinnen polnischen Volkstums – hier Freilassung polnischer Kriegsgefangener. Nach Mitteilung des OKW der Wehrmacht wird die Freilassung der polnischen Kriegsgefangenen in allen Wehrkreisen durchgeführt. Zur Freilassung kommen hierbei alle arbeitsfähigen polnischen Kriegsgefangenen. Die Freilassungen erfolgen ausschliesslich unter der Bedingung, dass jeder einzelne Kriegsgefangene sich schriftlich verpflichtet, bis zur endgültigen

Entlassung durch das Arbeitsamt in die Heimat als Zivilarbeiter jede ihm vom Arbeitsamt zugewiesene Arbeit zu verrichten und seine Arbeitsstelle ohne Genehmigung des Arbeitsamtes oder der Polizei nicht zu verlassen. Mit der Freilassung scheiden die Kriegsgefangenen aus dem Gewahrsam der Wehrmacht aus und werden damit Zivilarbeiter. Sie sind demensprechend nach den Vorschriften betr. die Behandlung der im Reich eingesetzten Zivilarbeiter- u. Arbeiterinnen polnischen Volkstums zu behandeln."

(Stadtarchiv Leutershausen, Az 003-2)

- *Nachkriegszeit*

Nach dem Ende des Krieges kehrten viele deutsche Kriegsgefangene nach Leutershausen zurück. Bürgermeister Schultheiß meldete deren Anzahl und Identität an das Landratsamt Ansbach. Zudem gab es Bemühungen, das Schicksal vermisster Personen aufzuklären.

122. Näheres dazu:

Kriegsgefangene (Rückkehrer):

Am 20. Juni 1947 meldet Nachkriegsbürgermeister Schultheiß an das Landratsamt Ansbach als „erstes Ergebnis der Registrierung der [deutschen] Kriegsgefangenen" aus Leutershausen 55 männliche und null weibliche „KG" (= Kriegsgefangene). Hinzu kam 1 „Nachmeldung" am 28. Juni.

Heimkehrer:

- Im Januar 1950 wurden die Gemeinden im Landkreis aufgefordert, auch jene Heimkehrer statistisch zu erfassen, die schon vor dem 1. Oktober 1947 aus dem Osten zurückgekehrt waren. Ziel dieser Erfassung war es, dem Schicksal eventuell noch Vermisster nachzugehen.

Vermisste:

- Im Jahr 1947 wurden 72 Vermisste der Wehrmacht (71 Männer und 1 Frau) und 10 Vermisste der Zivilbevölkerung (4 Männer und 6 Frauen) gezählt.
- Am 26. Mai 1950 wurde eine Vermisstenliste mit 82 Namen an das Bayerische Rote Kreuz München versandt.

Entlassung von Kriegsgefangenen:

- Das Rathaus beschäftigte sich auch mit der „Entlassung von Kriegsgefangenen". Ein Beispiel dafür ist ein Schreiben von Bürgermeister Schultheiß aus dem Jahr 1948 an das Gefangenenlager 319 / Novo-

Mesto in Jugoslawien, in dem er die Entlassung eines Leutershausener Bürgers beantragte, „da dieser in Leutershausen als Fachmann dringend für die Wiederherstellung der Wasserversorgungsanlage gebraucht werde." (Quelle: Stadtarchiv Az 060-19, 17. Juni 1945).

12.2. FREMDARBEITER / OSTARBEITER

Die befragten Quellen liefern aufschlussreiche Informationen über die Präsenz und Behandlung von Fremdarbeitern in Leutershausen während der NS-Zeit. Nachgewiesen ist der Einsatz von „ausländischen Arbeitskräften" im Bereich der Gemeinde Leutershausen und Umgebung durch eine Reihe von amtlichen Listen und Schreiben. Diese Arbeiter und Arbeiterinnen wurden hauptsächlich in landwirtschaftlichen Betrieben und Industrie eingesetzt.

123. Näheres dazu:

— Als „Ostarbeiter" wurden während des Zweiten Weltkriegs Arbeitskräfte bezeichnet, die aus den von der deutschen Wehrmacht besetzten Gebieten der Sowjetunion zur Zwangsarbeit nach Deutschland verschleppt wurden.
— Diese Gebiete umfassten sowohl die am 22. Juni 1941 bestehenden sowjetischen Gebiete als auch die Gebiete des ehemaligen Polens, die nach dem Polenfeldzug an die UdSSR abgetreten worden waren.
— Ostarbeiter mussten ein Abzeichen mit der Aufschrift „Ost" tragen.

Der Einsatz und die Behandlung von Fremdarbeitern unterlagen strengen Richtlinien und sicherheitspolitischen Anordnungen. Diese Anordnungen waren vertraulich und durften Außenstehenden nicht bekannt werden.

- *Reglementierung und Kontrolle der „Ostarbeiter"*

Die „Ostarbeiter" in Leutershausen unterlagen strengen behördlichen Kontrollen bezüglich ihrer Zuteilung und Unterbringung, um ihre Arbeitskraft optimal zu nutzen.

Sie wurden in Arbeitsdienstlagern oder bei Bauernfamilien untergebracht. Ihre Bewegungsfreiheit war stark eingeschränkt; sie durften sich nur in Begleitung Deutscher frei bewegen und konnten ohne deutsche Begleitung nicht einmal Kartoffeln kaufen, wie ein Erlass von 1943 zeigt.

Auch der Zugang zu Dienstleistungen war reglementiert. Für polnische „Ostarbeiter" galten spezifische Anweisungen, die beispielsweise zulässige oder verbotene Dienstleistungen von Friseuren regelten.

Sowohl die Fremdarbeiter als auch ihre Arbeitgeber mussten die geltenden Bestimmungen durch Unterschrift bestätigen. Die befragten Quellen enthalten Listen mit Namen von Arbeitgebern und Hausnummern der Arbeitsstätten von „Ostarbeitern" in Leutershausen.

124. Näheres dazu:

Aus dem Schreiben der Friseurinnung (Stadtarchiv Az 505-2, 1. Dezember 1943):

„Mit Zustimmung des Reichswirtschaftsministers hat der Reichsinnungsmeister des Friseurhandwerks eine Regelung getroffen hinsichtlich der Behandlung von Polen und Ostarbeitern in Friseurbetrieben. Darnach dürfen männliche und weibliche ausländische Arbeitskräfte, die durch besondere Abzeichen als Polen oder Ostarbeiter gekennzeichnet sind, während der allgemeinen Geschäftzeit in deutschen Friseurbetrieben nicht mehr behandelt werden. [...] Für Polen und Ostarbeiter dürfen nur folgende Leistungen ausgeführt werden: Für Männer Haarschneiden, Kopfwaschen und nur falls notwendig Rasieren. Für Frauen: Kopfwaschen, Haarschneiden und Haarordnen (Ondulationen, Wasser- und Dauerwellen sind unzulässig). [...] Heil Hitler!"

- *Nachkriegszeit*

Die Situation von Nachkriegsarbeitnehmern aus den Bereichen Fremdarbeiter, Flüchtlinge, entlassene Kriegsgefangene usw. lässt sich aus den befragten Quellen nur marginal darstellen.

125. Näheres dazu:

Im September 1945 begann die Metallwarenfabrik von Emil Strasser mit 8 Arbeitern. Hinzu kamen schon bald **Flüchtlinge und entlassene Kriegsgefangene**, die hier Arbeit fanden. Im Januar 1947 zählte das Werk bereits über 200 Arbeiter und Angestellte, von denen 64 Prozent Vertriebene und 17 Prozent Kriegsbeschädigte waren.

Im Januar 1947 wurde berichtet, dass in Leutershausen seit Kriegsende verschiedene neue Betriebe eröffnet wurden, die meist von „**Flüchtlingen oder Evakuierten**" unter schwierigsten Bedingungen eingerichtet wurden. Diese Betriebe boten „Einheimischen und Neubürgern" Arbeit und Brot.

Mehrere aus den Jahren 1939-1951 stammende „Namensverzeichnisse betreffend Ausländer, die im Gemeindebereich Leutershausen gemeldet bzw. beschäftigt waren", liefern Informationen über die Präsenz von **polnischen Zivilarbeitern** auch nach Kriegsende.

Eine „Neuaufstellung der Flüchtlingsindustrie-Kartei" erfolgte 1950. Als „**Flüchtlingsbetriebe**" sind darin aufgeführt: H. Hausner & Sohn (Veredelung von Textilien), F. Biedermann & Sohn (Wirk- und Strickwaren), F. Zettelmeißl & Co. (Handschuhe und Strickwaren), sowie Emil Böhm (Maschinenstickerei – Wäschefabrikation) – Stand 1. Oktober 1950.

13. FLÜCHTLINGE, EVAKUIERTE, HEIMKEHRER

Darum geht es in diesem Kapitel:

Das folgende Kapitel beschreibt Ankunft und Aufenthalt von Flüchtlingen, Evakuierten und Heimkehrern in Leutershausen während des Krieges. Die Stadtverwaltung forderte die Bürger auf, freiwillig Quartiere bereitzustellen und drohte andernfalls mit Zwangseinweisungen. Nach Kriegsende kehrten viele Menschen in ihre Heimatorte zurück, während andere in Leutershausen blieben. Die systematische Erfassung der Heimkehrer war ein komplexer Vorgang, ebenso die Vermisstensuche. Ein altes Plakat im Rathausarchiv dokumentiert Namen von Gefallenen, Vermissten und Heimkehrern aus dem Zweiten Weltkrieg.

13.1. FLÜCHTLINGE UND EVAKUIERTE

Die Ankunft von Flüchtlingen und Evakuierten in Leutershausen während und nach dem Zweiten Weltkrieg ist ein bedeutendes Kapitel der regionalen Geschichte. Die befragten Quellen beschreiben unterschiedliche Gruppen, darunter deutsche Rückwanderer aus Russland, Flüchtlinge aus West und Ost sowie Evakuierte.

- *Flüchtlinge*

Im Januar 1940 traf eine große Anzahl deutscher Rückwanderer aus Russland in Leutershausen ein. Da die Siedlungsfrage noch nicht geklärt war, mussten diese Personen vorübergehend in Privatquartieren untergebracht werden. Im November 1944 kam ein Sonderzug mit Flüchtlingen an, die aufgrund von „Räumungen" ihre Heimat verlassen mussten.

126. Näheres dazu:

– Aus der städtischen Bekanntmachung vom 17. Januar **1940**: „Mit Ablauf dieser Woche kommt eine große Anzahl deutscher Rückwanderer aus Rußland u. a. auch nach Leutershausen. Nachdem die Siedlungsfrage noch nicht vollkommen gelöst ist, müssen diese Personen auf zirka 4–6 Wochen in Privatquartieren untergebracht werden. Als Entschädigung pro Tag und Kopf für Kost und Wohnung werden 2 Mark gewährt. An die Bevölkerung geht hiemit die Bitte, Quartiere freiwillig zur Verfügung zu stellen. Meldungen bis Morgen Mittag 12 Uhr auf dem Rathaus. Sollten die benötigten Quartiere durch freiwillige Meldungen nicht zur Verfügung gestellt werden, müßte zur zwangsweisen Einquartierung geschritten werden. Es wird darauf vertraut, daß sich die Bevölkerung schon aus Vaterlandsgefühl und anständiger Gesinnung heraus freiwillig zur Aufnahme der Rückwanderer bereit erklärt, sodaß nicht zu Zwangsmaßnahmen gegriffen werden muß. Berücksichtigt muß dabei werden, daß schon in vielen Teilen Deutschlands seit Monaten Einquartierung besteht und daß auch wir für Deutschlands Sieg Opfer bringen müssen."

– Aus der städtischen Bekanntmachung vom 28. November **1944**: „Heute Abend treffen wieder 120 Flüchtlinge aus dem Westen ein, die hier aufgenommen werden müssen. Die noch nicht belegten Quartiere müssen sofort bereit gemacht werden. Es soll sich niemand erlauben, die zugeteilten Leute abzuweisen. Wer glaubt, sie nicht unterzubringen zu können, kann dies persönlich bei mir vorbringen. Vorläufig müssen die Umquartierten auch mit verpflegt werden."

– Aus der städtischen Bekanntmachung vom 28. November **1944**: „Die Sicherheit des Reiches verlangt die Räumung verschiedener Gebiete im Westen. Aus diesem Grunde trifft heute früh ein Sonderzug mit Flüchtlingen ein, welche in der Ortsgruppe Leutershausen bei den Familien untergebracht und vorläufig verpflegt werden müssen. Es wird erwartet, daß die ankommenden Volksgenossen eine gute Aufnahme finden. Verweigerung derselben würde unbedingte Bestrafung nach sich ziehen."

– Darüber hinaus wurden im Mai **1946** alle Flüchtlinge aus den Ostgebieten aufgefordert, sich zur Ausstellung von Flüchtlingspässen auf dem Rathaus zu melden. Im Februar 1946 mussten sich alle Flüchtlinge und Evakuierte, die nach dem 1. September 1939 in Leutershausen angekommen waren, ebenfalls auf dem Rathaus registrieren.

- *Evakuierte*

Zusätzlich zu den Flüchtlingen gab es „Evakuierte", wie zum Beispiel eine Liste von 1948 zeigt, die 24 Nürnberger nennt, die nach Leutershausen evakuiert wurden

127. Näheres dazu:

Diese Nürnberger „Evakuierten" wurden verteilt auf die Häuser mit den damaligen Nummern 35a, 37, 59, 74, 107, 114, 116, 121, 127, 133 (2x), 137, 152, 160, 181, 207, 214, 222, 225, 258, 259, 261, 274 und 294 (vgl. Az 460-4, 1948-05-19, Nr 1–24).

Die befragten Quellen berichten von einer Überbelegung der Häuser durch Evakuierte und Flüchtlinge.

- Im Juni **1945** wurden 272 Flüchtlinge und Evakuierte gezählt, die auf ihre Heimreise warteten (Az 460-4, 17. Juni 1945).
- Im Jahr **1946** wurden 543 Flüchtlinge und Evakuierte gezählt (Az 460-4, 17. Juni 1945, Liste mit 12 Seiten, jeweils Name, Geburtsdatum, Religion, Berufstätigkeit, Heimatort, Adresse in Leutershausen zum Zeitpunkt).
- Im Jahr **1949** wurden im Februar 660 (= 235 Männer, 258 Frauen, 167 Kinder), im März und August 528 „Ausgewiesene" und „Evakuierte" gezählt. (Az 460-4: 1. Februar 1949; 23. März 1949; 2. August 1949).
- Im Jahr **1950** wurden 581 „Heimatvertriebene, Evakuierte aus der Ostzone und aus Berlin" gezählt, nämlich: „1. Deutsche Evakuierte aus Berlin: 28 Pers. 2. Deutsche Evakuierte aus der Ostzone: 41 Pers. 3. Flüchtlinge aus dem Gebiet östlich Oder/Neisse: 190 Pers. 4. Deutsche Flüchtlinge aus der CSR: 299 Pers. 5. Volksdeutsche aus Ungarn: -?- 6. Volksdeutsche aus anderen Ländern ausser Österr.: 17 Pers. 7. Deutsche aus Österreich. (Az 460-4, 21. März 1950).

- *Unterbringung und Versorgung*

Die Unterbringung der Flüchtlinge und Evakuierten erfolgte in verschiedenen Einrichtungen: Neben Privatquartieren wurden sie im ehemaligen RAD-Lager sowie in den Kellern des Kronen- und Hirschenwirts untergebracht. Sammlungen und Spendenaktionen wurden organisiert, um die Not der Flüchtlinge zu lindern.

Die Stadt Leutershausen war für die Unterbringung und Versorgung dieser Gruppen verantwortlich. Es gab eine Flüchtlingsvertretung und -fürsorge, die sich um die Belange der Neuankömmlinge kümmerte. Zu ihren Aufgaben gehörte

- die Unterbringung der Flüchtlinge in Privatquartieren, Notunterkünften oder eigens errichteten Lagern;
- die Versorgung der Flüchtlinge mit Lebensmitteln, Kleidung und anderen notwendigen Gütern;
- Unterstützung bei der Arbeitssuche in Betrieben und in der Landwirtschaft;
- Beratung und Betreuung der Flüchtlinge in rechtlichen und sozialen Angelegenheiten.

▪ *Rückkehr und Integration*

Nach Kriegsende kehrten viele Flüchtlinge und Evakuierte in ihre Heimatorte zurück. Die befragten Quellen berichten von „Rückführungen" und der Ausstellung von Heimreisepapieren. Einige Flüchtlinge und Evakuierte blieben jedoch in Leutershausen und bauten sich dort eine neue Existenz auf.

13.2. HEIMKEHRER UND VERMISSTE

Die Erfassung der Heimkehrer aus Krieg und Kriegsgefangenschaft nahm im Januar 1950 Fahrt auf, als im Landkreis Ansbach die Gemeinden aufgefordert wurden, auch die Heimkehrer zu erfassen, die vor dem 1. Oktober 1947 zurückgekehrt waren. Parallel dazu lief die „Vermisstennachforschung", um das Schicksal vermisster Soldaten zu klären. Das Rathausarchiv von Leutershausen enthält ein Plakat mit den Namen von 198 Gefallenen, Vermissten und Heimkehrern aus dem Zweiten Weltkrieg. →siehe Seite 184, Abb. 14.

Die befragten Quellen bieten jedoch nur einen begrenzten Einblick in die Situation der Heimkehrer in Leutershausen, da sie sich hauptsächlich auf offizielle Meldungen und Statistiken konzentrieren. Persönliche Erfahrungen und Schicksale werden nur am Rande erwähnt.

Dies wirft Fragen auf, z. B.:

- Welche Probleme hatten die Heimkehrer bei ihrer Rückkehr zu bewältigen?
- Wie gingen sie mit traumatischen Kriegserlebnissen um?
- Wie wurden sie von der Bevölkerung aufgenommen?
- Welche individuelle Unterstützung erhielten sie im Einzelnen von staatlicher bzw. kommunaler Seite?

Abb. 14: 198 Gefallene, Vermisste, Heimkehrer (Ausschnitt, F.: RS)

14. AUFARBEITUNG: UMGANG MIT DER NS-VERGANGENHEIT

Darum geht es in diesem Kapitel:

Nach Kriegsende wurden in Leutershausen sichtbare Spuren der NS-Zeit beseitigt (Hakenkreuze an Gebäuden, umbenannte Straßen und Plätze usw.). Ehemalige NSDAP-Mitglieder versuchte man im Rahmen der sogenannten „Entnazifizierung" zur Rechenschaft zu ziehen. Amnestien, wie die Jugend- und Weihnachtsamnestie, führten allerdings zu einer Reduzierung der Verfahren. Die Ahndung des Pogroms von 1938 gestaltete sich schwierig, da der Hauptangeklagte seine Mittäter deckte.

Die oft gestellte Frage, wie „braun" Leutershausen tatsächlich war, erfordert eine differenzierte Betrachtung. In den letzten Jahren hat sich in Leutershausen eine aktivere Erinnerungskultur entwickelt, die sich um eine umfassende und wissenschaftlich fundierte Aufarbeitung der NS-Vergangenheit bemüht.

14.1. NACHKRIEGSZEIT: HERAUSFORDERUNGEN UND MASSNAHMEN

Die Besetzung Leutershausens durch alliierte Truppen im April 1945 beendete die Herrschaft der NSDAP in der Stadt. In der unmittelbaren Nachkriegszeit wurden zahlreiche praktische Maßnahmen ergriffen, um die Entnazifizierung voranzutreiben und die deutsche Gesellschaft zu transformieren.

- *Entfernung von Spuren der NS-Herrschaft*

Sichtbare Zeichen der NS-Herrschaft verschwanden aus dem öffentlichen Raum, etwa durch die Entfernung von Parteisymbolen an Gebäuden. Der „Adolf-Hitler-Platz" erhielt seinen ursprünglichen

Namen „Am Markt" zurück, die „Karl-Holz-Straße" wurde wieder zur „Schillingsfürster Straße".

Ein vielsagender Hinweis auf die vormalige Präsenz des Hakenkreuzsymbols im Stadtbild ist eine Anordnung der Militärregierung aus dem Jahr 1945, ein Hakenkreuz im Wappen am Sparkassengebäude zu entfernen.

128. Näheres dazu:

Landrat Dr. Neff (Ansbach) richtet im September 1945 an „die Herren Bürgermeister des Landkreises" ein Schreiben: „Betreff: Beseitigung von Symbolen der NSDAP."

Demnach waren „Anweisungen zu erlassen über Entfernung von NS-Abzeichen jeder Art, insbesondere Hakenkreuzen und anderen Abzeichen an alle[n] Arten von öffentlich zugänglichen Straßen und Plätzen, an Brücken, Gebäuden, Anlagen oder wo diese Symbole sonst vorkommen."

Auf diese Anweisung antwortet Bürgermeister Schiller noch am selben Tag, dass der „Adolf-Hitler-Platz" wieder in den bereits früheren „Am Markt" und die „Karl Holz-Straße" wieder in die „bereits frühere „Obere Vorstadt" umbenannt wurden. Das Hakenkreuz sei „aus dem an der Stirnwand des Rathauses befindlichen Hoheitsabzeichen entfernt" worden, ebenso „die Worte ›Adolf Hitler‚ über dem „zur Stadt- und Kreissparkasse Ansbach, Zweigstelle Leutershausen". Ferner sei „angeordnet" worden, „aus dem Wappen über dem Mittelfenster des 1. Stocks vom Gebäude der Stadt- und Kreissparkasse Ansbach/Leutershausen ein etwas verstecktes Hakenkreuz zu entfernen."

(Stadtarchiv Az 631-13 Straßen-Benennung, Schreiben 9. Oktober 1945).

- *Wohnraum-Entnazifizierung*

Schon bald nach dem Krieg gab es Bemühungen, die Verstrickungen von Leutershausener Bürgern mit dem Nationalsozialismus zu klären. Frühere NSDAP-Mitglieder durften nun keine leitenden Positionen mehr einnehmen, und 1947 wurden ehemalige Nationalsozialisten, die noch in „Dienstwohnungen" lebten, aufgefordert, diese zu räumen.

129. Näheres dazu:

Das Landratsamt Ansbach wies die Gemeinden am 28. April 1947 an, ehemaligen Nationalsozialisten, die noch in Dienstwohnungen wohnten, das Wohnungsnutzungsrecht zu entziehen. Die Räumung musste innerhalb von 14 Tagen erfolgen. Die freiwerdenden Wohnungen sollten vorrangig an neue Stelleninhaber und danach an Flüchtlinge vergeben werden. (Stadtarchiv Leutershausen, Az 681-2).

Kurz darauf erfolgte eine Aufforderung zur „verschärften" Wohnraum-Entnazifizierung:

– „Die wiederholten Anordnungen des Arbeitsministeriums, die eine weitgehende Denazifizierung des Wohnraums früherer Parteimitglieder vorsehen, sind bisher im Landkreis noch nicht in ausreichendem Maße durchgeführt worden.

– Eine Kontrolle der Militärregierung hat die Notwendigkeit ergeben, hier erheblich schärfer durchzugreifen.

– In der Tat wäre es nicht zu verstehen, wenn heute noch die Menschen, die durch ihre aktive Mitarbeit am Nationalsozialismus unser heutiges grenzenloses Elend wesentlich mitverschuldet haben, in ihren alten Räumen wohnen, als wäre nichts geschehen, während zu gleicher Zeit unbelastete Flüchtlinge in den dürftigsten Verhältnissen auf engstem Raume zusammengedrängt leben müssen." (Stadtarchiv Leutershausen Az 681-2b, 3. März 1947).

• *Spruchkammer-Verfahren und Amnestien*

Von Bedeutung waren auch die sogenannten Spruchkammerverfahren gegen Personen, die in der NS-Zeit aktiv waren. Um deren Verantwortung und Schuld zu ermitteln, teilte man den betroffenen Personenkreis, allen voran ehemalige Parteimitglieder, in verschiedene Kategorien ein und verhängte Sühnemaßnahmen wie Wiedergutmachungsarbeiten, Berufsverbote, Verlust von Rentenansprüchen und Aberkennung des Wahlrechts (*vgl. dazu: wikipedia.org „Mitläufer'*).

Die befragten Quellen erwähnen auch Verfahren gegen Einzelpersonen wegen Spionage und Zusammenarbeit mit der Gestapo.

187

130. Näheres dazu:

Aus einem Bericht der Fränkischen Zeitung vom 6. Dezember 1947:

„Die Spruchkammer Ansbach-Land verhandelte Freitag gegen Emil St[...]., den Besitzer der Metallfabrik St[...]. in Leutershausen. Auf Grund des beigebrachten Beweismaterials, dem zufolge St[...] der Spionage und der Zusammenarbeit mit dem Sicherheitsdienst und der Gestapo verdächtigt war, beantragte der öffentliche Kläger Einstufung unter die Hauptschuldigen und Einziehung des gesamten Vermögens bis auf einen lebensnotwendigen Rest. St[...]s Anwalt gelang es jedoch, die Beweiskraft der vorliegenden Dokumente zweifelhaft zu machen, so daß das Verfahren aufgeschoben wird, bis genauere Ermittlungen vorliegen."

Die befragten Quellen erwähnen, dass einige Personen versuchten, sich der Entnazifizierung zu entziehen. Bemerkenswert ist im Übrigen, dass der Stadtrat es 1948 ablehnte, den Spruchkammerbescheid über einen ehemaligen Volkssturmführer öffentlich auszuhängen. In einigen Fällen wurden Verfahren gegen ehemalige NSDAP-Mitglieder auf Grundlage von Jugend- und Weihnachtsamnestien eingestellt.

131. Näheres dazu:

- Die **Weihnachtsamnestie** wurde 1946 angekündigt und am 5. Februar 1947 von der amerikanischen Militärregierung erlassen. Sie betraf hauptsächlich „Mitläufer" des NS-Regimes, um die Entnazifizierungsverfahren zu reduzieren und eine Reintegration in die Gesellschaft zu erleichtern.
- Auch in Leutershausen führte die Amnestie zur Aufhebung von Urteilen, die zuvor von Spruchkammern gefällt worden waren. Betroffene konnten ihre Einstufungen als „Minderbelastete" (Kategorie III) oder „Mitläufer" (Kategorie IV) rückgängig machen.
- Die **Jugendamnestie** betraf Personen, die nach dem 1. Januar 1919 geboren wurden, und stellte sicher, dass eine nominelle Zugehörigkeit zu NS-Organisationen keine negativen Folgen hatte.

- *Ahndung des Pogroms von 1938*

Die Ahndung des Leutershausener Pogroms gestaltete sich insofern schwierig, als der Rädelsführer bzw. Hauptangeklagte darauf bedacht war, seine Mittäter zu decken.

132. Näheres dazu:

- „Vor dem Landgericht Ansbach fand im Herbst 1947 ein **Prozess** gegen 11 an den Ausschreitungen vom Oktober 1938 Beteiligte statt; acht Angeklagte wurden schuldig gesprochen und zu Haftstrafen verurteilt." (Quelle: K.-D. Alicke, Online, Aus der Geschichte der jüdischen Gemeinden...: Leutershausen-Altmühl, Mittelfranken-Bayern).
- Die sogenannte „Reichskristallnacht" „hatte in Leutershausen Frühzündung" gehabt, wie die Zeitschrift SPIEGEL es 1966 in der ihr eigenen saloppen Art ausdrückte, und berichtete weiter: „Am 24. Oktober 1947 verurteilte die Strafkammer beim Landgericht Ansbach den Hauptangeklagten Maurer Johann P. als Rädelsführer zu drei Jahren Zuchthaus wegen schweren Land- und Hausfriedensbruchs." Restlos aufgeklärt worden sei „der Sachverhalt" dennoch nicht, habe der Angeklagte P. doch „die **Alleinschuld**" auf sich genommen: Er habe „das getan, um jene Leute unter seinen zehn Mitangeklagten zu decken [...]."

14.2. WIE „BRAUN" WAR LEUTERSHAUSEN?

- *Hinweise auf eine starke nationalsozialistische Prägung*

Zunächst lassen sich bestimmte Phänomene von Haltung und Verhalten finden, die gemeinhin und mit Recht als „braun" qualifiziert werden:

- Ein Hinweis auf die Unterstützung des Nationalsozialismus in Leutershausen ist das – angeblich? – hohe **Wahlergebnis** der NSDAP bereits vor 1933. Reichstagswahlen 1932: 86 % für die NSDAP).
- Ein zweiter Hinweis ist der schon früh sich einnistende und Stück um Stück anwachsende **Antisemitismus** in Teilen der Bevölkerung. Dafür stehen u. a. Berichte über angeblich von Juden

verbreitete, „bösartige Gerüchte" gegen den Gauleiter und schon 1930/31 beobachtete physische Angriffe auf jüdische Mitbürger, später die schrittweise Entrechtung und Verfolgung der jüdischen Gemeinde, der Boykott jüdischer Geschäfte, der Ausschluss jüdischer Bürger aus Vereinen, die Verweigerung von Gaststättenbesuchen u.a.m. Die Pogromnacht im November 1938 stellte den Tiefpunkt der Gewalt gegen Juden in Leutershausen dar.

- Ein dritter Hinweis ist die Verleihung der **Ehrenbürgerwürde** an **Adolf Hitler** schon im Juli 1932, ebenso die Umbenennung von Straßennamen.

- Ein vierter Hinweis ist die rege Aktivität der **NSDAP-Ortsgruppe** und ihrer Gliederungen in regelmäßigen Versammlungen, Appellen und Schulungen. Insbesondere die Hitlerjugend (**HJ**) und der Bund Deutscher Mädel (**BDM**) waren stark präsent und prägten das Leben in der Stadt.

▪ *Faktoren, die eine differenzierte Bewertung erfordern*

Unbestritten war Leutershausen stark vom Nationalsozialismus geprägt. Die nationalsozialistische Ideologie erfreute sich offensichtlich breiter Zustimmung. Inwiefern die Stadt jedoch als *„besonders"* braun gesonnen bezeichnet werden kann, ist eine komplexe Frage, die eine differenzierte Betrachtung erfordert. Ein Vergleich mit anderen Orten und Städten legt sich zunächst nahe, birgt aber die Gefahr, komplexe lokal-historische Prozesse zu stark zu vereinfachen und Besonderheiten der jeweiligen örtlichen Verhältnisse zu übersehen.

Hinzu kommt, dass sich die Archiv-Quellenlage vor Ort weitgehend auf amtliche Dokumente und NS-gesteuerte Presseberichte stützt und somit nur ein begrenzter Einblick in die tatsächlichen Einstellungen und Verhaltensweisen der Bevölkerung möglich ist. Es bleibt also unklar, inwieweit die im Einzelnen herrschenden Meinungen differenzierter gewesen sein mögen als es die befragten Quellen widerspiegeln. Um die Frage nach dem „wie braun?" umfassender zu beantworten, wäre das Aufsuchen auch privater Quellen wie Tagebücher, Briefe oder Fotos von Einwohnern Leutershausens sicher hilfreich, ebenso das Gespräch mit noch lebenden Zeitzeugen sowie eine nähere Betrachtung der Rolle von Vereinen und Organisationen (z.B. Sportvereine, Kirchengemeinden, Berufsverbände).

133. Näheres dazu:

Zur Frage nach dem Ausmaß der in Leutershausen vorherrschenden und möglicherweise „besonders" braunen Gesinnung gehört unverzichtbar, praktische Konsequenzen aus dieser in nachdiktatorischen Zeit aufgetretenen Selbsteinschätzung oder Selbstanklage zu ziehen.

Denn die Auseinandersetzung mit der eigenen Geschichte ist nicht nur eine Frage des Erinnerns, sondern auch eine Herausforderung für die weitere gesellschaftliche Entwicklung und den heute an den Tag gelegten Umgang mit den Folgen der Diktaturerfahrung.

In diesem Kontext stellt sich die essenzielle Frage: Wie kann eine Gesellschaft aus ihrer Vergangenheit lernen, um eine verantwortungsvolle Zukunft zu gestalten?

14.3. GEDENKEN UND ERINNERUNGSKULTUR

- *Äußere Zeichen des Gedenkens*

In Leutershausen und Jochsberg prägen verschiedene äußere Zeichen des Gedenkens die Erinnerungskultur. Gefallenendenkmäler erinnern an die Männer, die als Soldaten in den beiden Weltkriegen ihr Leben verloren. Aber es gibt auch verborgenere „Denkmäler", zum Beispiel die im Stadtarchiv aufbewahrten Unterlagen über Kriegsgräber, im Besonderen jene von Zwangsarbeitern, die während des Krieges in Leutershausen starben. Gerade derlei Dokumente eröffnen die Chance, ein differenzierteres Bild der Vergangenheit zu erhalten.

In jüngerer Zeit hat das Gedenken an die ehemalige jüdische Gemeinde in Leutershausen zunehmend an Bedeutung gewonnen. Durch gezielte Anstrengungen wurde und wird die Geschichte dieser einst lebendigen Gemeinschaft wieder in das Bewusstsein der Stadt gerückt. Ein sichtbares Zeichen dieses Engagements ist die Enthüllung einer Gedenktafel am Rathaus. Sie erinnert an die aus Leutershausen vertriebenen und an die in der Fremde schließlich ermordeten jüdischen Bürgerinnen und Bürger. Sie trägt dazu bei, die Erinnerung an das erlittene Unrecht wachzuhalten. → siehe Seite 197, Abb. 15.

- *Zeitzeugenberichte*

Die befragten Quellen enthalten Zeitzeugenberichte, die die Bombardierung Leutershausens, die Ankunft von Flüchtlingen und die allgemeine Stimmung in der Stadt während des Krieges und der Nachkriegszeit beschreiben.

134. Näheres dazu:

Aus einem Tagebuch:

- Eine Tagebuch-Bericht, der im Stadtarchiv Leutershausen aufbewahrt wird, schildert die Ereignisse aus der Perspektive einer Person, die sich während des Angriffs im Keller ihres Hauses versteckte. Der Bericht beschreibt die Angst und Panik der Menschen, als die Bomben fielen und die Stadt in Flammen aufging, berichtet von den Schäden, die durch den Angriff entstanden sind, und von den Bemühungen der Menschen, sich nach dem Angriff mit dem Nötigsten zu versorgen.

Erinnerungen von Bürgermeister Georg Schiller:

- Georg Schiller war zum Zeitpunkt der Bombardierung Bürgermeister von Leutershausen. In einem Leserbrief, der in der Fränkischen Landeszeitung veröffentlicht wurde, widerspricht er der Darstellung des US-Luftwaffenministeriums, Leutershausen sei eine „verteidigte Stadt" gewesen. Schiller betont, dass es in Leutershausen selbst keine deutschen Soldaten gab und die Stadt nicht verteidigt wurde. Er argumentiert, dass die Amerikaner die Stadt unnötig zerstört haben und dass sie auch bei der Bombardierung anderer Orte, die nicht verteidigt wurden, nicht zimperlich vorgingen.

Erinnerungen von Werner Skowronek:

— Werner Skowronek war zum Zeitpunkt der Bombardierung 15 Jahre alt und lebte als Flüchtlingskind bei einer Familie in Leutershausen. In einem Brief, den er 1989 dem Stadtarchiv Leutershausen zukommen ließ, schildert er detailliert seine Erlebnisse während des Angriffs. Skowronek beschreibt die Geräusche der Flugzeuge, die Explosionen der Bomben und die Angst, die er empfand. Er berichtet auch von dem Moment, als er mit seiner Gastfamilie in den Keller flüchtete und von den Stunden, die sie dort ausharren mussten.

Die Stadt dankte für diesen Bericht am 28. Juni 1989 wie folgt:

— „[...] wir danken Ihnen ganz herzlich dafür, daß Sie Ihren wertvollen Bericht über den Luftangriff auf Leutershausen uns [...] zur Verfügung stellten. / Mit großem Interesse und Betroffenheit haben wir Ihre ausführliche und detailgetreue Schilderung des verheerenden Angriffes auf Leutershausen gelesen. Wir werden diesen Bericht an einem würdigen Platz in unserem, bis ins 14. Jahrhundert zurückreichende Stadtarchiv einfügen. Möge Ihre geschichtliche Abhandlung auch künftigen Generationen zur Mahnung dienen. Mit freundlichen Grüßen i.V. (Rummel) 2. Bürgermeister.“

▪ *Schweigen und Verdrängung*

In den 1950er Jahren begann eine Phase des relativen Schweigens über die NS-Zeit. Die Entnazifizierungsverfahren wurden weitgehend eingestellt, und die Aufarbeitung der Vergangenheit geriet ins Stocken.

Im Jahr 1975 veröffentlichte Hermann Schreiber, vormals Dekan zu Leutershausen, eine stadtgeschichtliche, als „Heimatbuch" deklarierte Arbeit mit dem Titel „Leutershausen". Nach Rückblicken auf die Geschichte der Leutershausener Juden in alter Zeit widmete er sich auf zwei Seiten nach „vorliegenden Berichten" auch dem Leutershausener Oktoberpogrom von 1938 und eröffnete auf Seite 267 den kurzen Abschnitt darüber mit dem Satz: „Die weltanschaulichen

Auseinandersetzungen im Dritten Reich brachten auch hier [= Leutershausen] Spannungen und Härten mit sich. Nach vorliegenden Berichten kam es im Sommer 1938, jeweils nachts, zu den ersten Ausschreitungen gegen in Leutershausen wohnende Juden." Schreiber nahm die Einwohnerschaft von Leutershausen insoweit in Schutz, als das Pogrom „von der Mehrzahl der Bevölkerung als ein Akt der Verführung und Verirrung abgelehnt" worden sei und fügt allgemein erklärend hinzu: „Es war das Ergebnis einer Anzahl verhetzter Menschen, die zum Werkzeug der Parteiideologie wurden."

▪ *Dokumentationen*

Erst ab den 1980/1990er Jahren gab es wieder konkretere Ansätze zur Aufarbeitung der NS-Vergangenheit in Leutershausen. Zu den Schwergewichten der Darstellung jüdischen Lebens in Leutershausen zählen bislang eine im Stadtarchiv Leutershausen aufbewahrte Materialsammlung von Konrad Bickert (1999) sowie eine Arbeit von Ernst Stimpfig über die Geschichte der Juden in Leutershausen und Umgebung (2000).

-   Konrad Bickert, ehemals Stadtkämmerer, sammelte in jahrelanger Arbeit eine beträchtliche Menge an Dokumenten aus Archiven und Literatur, abgelegt in Form von Fotokopien in vier Aktenordnern. Seine Sammlung blickt zum einen zurück auf die Geschichte des Leutershausener Judentums und befasst sich zugleich intensiv mit der Zeit des Nationalsozialismus. Sie stellt einen ersten und seinerzeit bereits dringend anstehenden, in ihrem Umfang bislang nicht dagewesenen Aufbruch zur Klärung der Schicksale jüdischer Menschen in Leutershausen dar.
-   Ernst Stimpfig verfasste ein handgeschriebenes, von der Stadt Leutershausen dann als Faksimile veröffentlichtes Buch mit dem Titel „Die Juden in Leutershausen, Jochsberg, Colmberg und Wiedersbach", das sich hauptsächlich auf die ältere Geschichte der jüdischen Gemeinden konzentriert. Nur ein sehr

kleiner Teil des umfangreichen Werkes befasst sich mit dem Schicksal der Juden während der NS-Diktatur.

- *Stolpersteine – nicht realisiert*

Zur hinkünftigen Erinnerung an die vertriebenen, deportierten und ermordeten jüdischen Bürger – so der Plan – wurde ein Projekt „Stolpersteine" vorbereitet, das nach einem Einspruch Betroffener aber nicht realisiert werden konnte.

---

135. Näheres dazu:

Planung und Vorbereitung:

- Die Stadt Leutershausen plante im Jahr 2015 die Verlegung von Stolpersteinen durch den Künstler Gunter Demnig (*1947). Es wurden bereits erste Entwürfe für die Beschriftung der Steine erstellt und Informationen über die ehemaligen Wohnorte der jüdischen Familien zusammengetragen. Die Finanzierung sollte durch Spenden und Patenschaften erfolgen.

Einspruch Betroffener:

- Im Juli 2015 erhielt die Stadt ein Schreiben aus Israel, in dem sich eine Überlebende einer jüdischen Familie aus Leutershausen gegen die Verlegung von Stolpersteinen aussprach. Sie empfand diese Form des Gedenkens als unangemessen und befürchtete, dass die Namen der Opfer mit Füßen getreten werden könnten.

Absage des Projekts:

- Der Einspruch der Überlebenden führte zur Absage des Stolperstein-Projekts. Bürgermeister Heß informierte die Öffentlichkeit im August 2015 über die Entscheidung.

- *CVJM: Ruf nach ein jüdisches Denkmal*

In den 1930er Jahren war der Leutershausener CVJM zunächst unter den Einfluß der NSDAP-Propaganda geraten und für eine Weile zu einem ebenso suchenden wie mitlaufenden Spielball einer parteilich betriebenen und zudem durch Pfarrer Fries aktiv unterstützten Neuausrichtung der örtlichen Jugendarbeit geworden. Darauf antwortete der CVJM später umso emanzipierter und entschiedener mit unüberhörbaren und beständigen Aufrufen zur Aufarbeitung der nationalsozialistischen Herrschaft. So wurden vom CVJM wiederholt Vorträge zum Judentum organisiert (1993: „Die Juden und wir"). Besonders wichtig und in seiner Wirkung folgenreich bis in die Gegenwart war sein Antrag aus dem Jahr 1994 an den Stadtrat zur **Errichtung eines Denkmals für die jüdischen Mitbürger der Stadt**. → zum CVJM siehe mehr ab S. 104, zum Denkmal-Antrag Seite 106.

- *Gedenktafeln 2000 und 2020*

Am Rathaus wurde im Jahr 2020 eine Gedenktafel für die jüdischen Opfer des Nationalsozialismus angebracht (→ S. S. 197). Sie löste eine ältere aus dem Jahr 2000 ab, nachdem deren Text vielfach als unzulänglich und verschleiernd kritisiert worden war. Ihr Wortlaut war gewesen: *„Wir gedenken der Bürgerinnen und Bürger jüdischen Glaubens, die bis 1938 in unserer Stadt lebten. Stadt Leutershausen"*.

- *Aktive Erinnerungskultur und wissenschaftliche Aufarbeitung*

In den letzten Jahren hat sich in Leutershausen eine immer aktivere Erinnerungskultur entwickelt, die auf eine gründliche Auseinandersetzung mit der eigenen NS-Vergangenheit bedacht ist.

Ein Meilenstein war die Einrichtung eines Gremiums „Gedenken" im Jahr 2014, das die wissenschaftliche Aufarbeitung der NS-Geschichte fördern und den alten Plan der Errichtung einer Gedenkstätte vorantreiben will. In diesem Rahmen entstand auch das mit dem vorliegenden Buch gerafft wiedergegebene, mehrbändige und preisgekrönte Dokumentationsprojekt „Die Partei ruft". Im Herbst 2023 wurde eine Historikerin damit beauftragt, einen Beitrag zur nationalsozialistischen Geschichte der Stadt zu erarbeiten.

Solche Bemühungen trugen und tragen dazu bei, die Geschichte der nationalsozialistischen Herrschaft in Leutershausen umfassender in den Blick zu bekommen und dem Gedenken an die Opfer jener Zeit eine fundierte Grundlage zu geben.

Abb. 15: Gedenktafel am Rathaus Leutershausen (2020, Foto RS)

WIR GEDENKEN DER LEUTERSHÄUSER JUDEN

OPFER VON TYRANNEI UND
NATIONALSOZIALISTISCHEM RASSENWAHN
VOR ALLER AUGEN
GEDEMÜTIGT, ENTRECHTET
VERTRIEBEN, ERMORDET

STADT LEUTERSHAUSEN

15. ZEITLEISTE: POLITISCHE EREIGNISSE – EINE AUSWAHL

Darum geht es in diesem Kapitel:

Die folgende „Zeitleiste politischer Ereignisse in Leutershausen von 1930 bis 1948" verdeutlicht den Prozess des immerzu wachsenden Einflusses der NSDAP bis zur weitgehenden Gleichschaltung der Stadt seit Hitlers Machtergreifung. Unaufhörliche Propaganda, Sammlungen zur Kriegsunterstützung, die Einquartierung von Soldaten u.a.m. bestimmten den Alltag in den Kriegsjahren. Die Zeitleiste schließt mit dem Beginn des Wiederaufbaus und der Auseinandersetzung mit den Folgen von NS-Diktatur und Krieg.

1930   **NSDAP-Mitgliedschaften**: In den Jahren 1928 bis 1930 traten nur 10 Personen der NSDAP bei. Trotz der geringen Mitgliederzahl begann die NSDAP, ihre Präsenz in Leutershausen zu verstärken. Am 30. Oktober 1930 veranstaltete die NSDAP-Ortsgruppe eine Versammlung im Schillersaal, „bei der auch sehr viele Frauen, sowie Landleute anwesend waren" (FZ 1. November 1930)

       Antisemitische Stimmungen: Bereits 1930 wurden antisemitische Stimmungen in Leutershausen sichtbar. Der „Stürmer", eine nationalsozialistische Propagandazeitung, veröffentlichte einen Artikel über angebliche „Kipperjuden" in Leutershausen, der Vorurteile gegen die jüdische Gemeinde schürte.

       Beschwerde der Israelitischen Kultusgemeinde: Die Israelitische Kultusgemeinde beschwerte sich beim Stadtrat über die Aktivitäten der Nationalsozialisten. Der Stadtrat lehnte jedoch ein Einschreiten ab und berief sich auf die Meinungs- und Versammlungsfreiheit.

1931 **Wachstum der NSDAP**: Im Jahr 1931 traten 20 Personen in die NSDAP ein, im Vergleich zu nur 10 Eintritten in den Jahren 1928-1930.

Politische Versammlungen: Die NSDAP veranstaltete in Leutershausen und umliegenden Dörfern mehrere Versammlungen, um ihre Ideologie zu verbreiten. Bei einer Versammlung in Jochsberg sprach der Ingenieur Zimmermann aus Nürnberg über die politische Lage und kritisierte die „internationale Hochfinanz".

Straßenschlacht in Schillingsfürst: Am 25. Januar 1931 kam es in Schillingsfürst zu einer Straßenschlacht zwischen Nationalsozialisten und Sozialdemokraten, die zur Anklage von 28 Personen und einem Prozess vor dem Senatssaal der Regierung von Mittelfranken führte.

Antisemitische Hetze: Im Juni 1931 veröffentlichte der „Stürmer" einen Artikel mit dem Titel „Benno Guttmann von Leutershausen bringt fünfzig Bauern ums Geld. Der anständige Jude", in dem der jüdische Viehhändler Benno Gutmann verleumdet und diffamiert wurde. – Ein jüdischer Viehhändler wurde von einem SA-Mann aus Wiedersbach mit einer Stahlrute schwer verletzt. – Ein 13-jähriger jüdischer Realschüler wurde von einer Gruppe von Nazis angegriffen und misshandelt.

1932 **Prozess wegen Straßenschlacht**: Im Februar 1932 fand in Schillingsfürst ein Prozess wegen der Straßenschlacht zwischen Nationalsozialisten und Sozialdemokraten statt, die im Januar 1931 stattgefunden hatte. Sieben Angeklagte wurden zu Gefängnisstrafen verurteilt, sechs davon gehörten der SPD an.

Reichspräsidentenwahl: Im März und April 1932 fanden zwei Wahlgänge zur Reichspräsidentenwahl statt. In Leutershausen wurden städtische Bekanntmachungen über die Wahltermine, die Stimmabgabe und die Einsichtnahme in die Wahlkartei ausgeschellt.

Landtagswahlen: Im April fanden auch Landtagswahlen statt.

Reichstagswahlen: Im Juli und November 1932 fanden zwei Reichstagswahlen statt. Die NSDAP erzielte bei beiden Wahlen erhebliche Gewinne, konnte aber keine absolute Mehrheit erreichen.

NSDAP-Versammlungen: Die NSDAP veranstaltete im Laufe des Jahres 1932 zahlreiche Versammlungen in Leutershausen und den umliegenden Gemeinden. Bei diesen Versammlungen sprachen verschiedene Redner, darunter Bürgermeister Soldner von Schwandt, der die NSDAP unterstützte. Die Themen der Versammlungen reichten von der politischen Lage über die Wirtschaftskrise bis hin zur „ostpreußischen Bauernnot".

1933 **Wachsende Unterstützung für die NSDAP**: Die NSDAP gewann im Jahr 1933 weiter an Unterstützung in Leutershausen und der umliegenden Region. Dies zeigt sich unter anderem in den Wahlergebnissen, aber auch in der regen Tätigkeit der Partei, die zahlreiche Versammlungen und Veranstaltungen organisierte.

Ernennung Hitlers zum Reichskanzler: Am 30. Januar 1933 wurde Adolf Hitler zum Reichskanzler ernannt. Dieses Ereignis markierte einen entscheidenden Wendepunkt in der deutschen Geschichte und hatte auch in Leutershausen unmittelbare Auswirkungen. Die NSDAP begann sofort, ihre Macht zu konsolidieren und den Staat nach ihren Vorstellungen umzugestalten.

Gleichschaltung: Die Gleichschaltung aller Bereiche des öffentlichen Lebens begann unmittelbar nach der Ernennung Hitlers zum Reichskanzler. Parteien, Gewerkschaften, Vereine und andere Organisationen wurden verboten oder in die NSDAP eingegliedert. Auch in Leutershausen wurde dieser Prozess rigoros umgesetzt, wie die befragten Quellen zeigen.

Tag der nationalen Arbeit: Der 1. Mai, der traditionelle Tag der Arbeit, wurde in „Tag der nationalen Arbeit" umbenannt. In Leutershausen fand eine Feier auf dem Marktplatz statt, bei der Bürgermeister Faatz eine Rede hielt. In seiner Rede betonte er die Bedeutung des Tages für alle Deutschen und erinnerte daran, dass Leutershausen eine der ersten Städte Deutschlands war, die Hitler die Ehrenbürgerwürde verliehen hatte.

Bauernkundgebung: Im November 1933 fand in Leutershausen eine Bauernkundgebung statt, bei der der Kreisbauernführer Soldner und ein Redner aus Berlin auftraten. Die Kundgebung war Teil der nationalsozialistischen Propaganda, die darauf abzielte, die Unterstützung der Bauern für die NSDAP zu gewinnen.

Wahlversammlung mit „Bauernführer" Hergenröder: im November 1933 fand im Simon-Saal in Leutershausen eine Wahlversammlung mit dem „Bauernführer" Hergenröder statt. Hergenröder war ein hochrangiger Funktionär der NSDAP und Mitglied des Reichstages. In der städtischen Bekanntmachung zur Versammlung wurde die Bevölkerung aufgerufen, in Massen zu erscheinen, da es um das „Sein oder Nichtsein" des deutschen Volkes gehe.

Werbeabend der Jugendverbände: Die nationalsozialistischen Jugendverbände, wie die Hitlerjugend (HJ) und der Bund Deutscher Mädel (BDM), organisierten im November 1933 einen Werbeabend in den Schiller-Sälen in Leutershausen, zu dem die gesamte Bevölkerung eingeladen war. Das Programm des Abends war darauf ausgerichtet, junge Menschen für die nationalsozialistische Bewegung zu begeistern.

1934 **„Eingliederung" der evangelischen Jugend**: Im März 1934 berichtete die Fränkische Zeitung über die gemeinsame „Eingliederung" von Hitlerjugend und evangelischer Jugend in Leutershausen.

Saargebiet: Im Mai 1934 erging ein Aufruf der Reichsregierung an die im Saargebiet wohnhaften Personen, die am 28. Juni 1919 dort gewohnt hatten und am Abstimmungstag mindestens 20 Jahre alt waren, sich bis zum 12. Mai im Rathaus zu melden. Dies stand im Zusammenhang mit der Volksabstimmung über die Rückkehr des Saargebietes zum Deutschen Reich, die am 13. Januar 1935 stattfand.

Volksabstimmung über das Staatsoberhaupt: Am 19. August 1934 fand die Volksabstimmung über das Staatsoberhaupt des Deutschen Reichs statt, bei der Adolf Hitler die Zusammenlegung der Ämter des Reichskanzlers und des Reichspräsidenten auf seine Person als „Führer und Reichskanzler" bestätigen ließ.

Antrag auf Umbenennung des „Plan" in „Hermann-Göring-Platz": Ein im April 1934 eingereichter Antrag von acht Leutershausener Bürgern, den „Plan" in „Hermann-Göring-Platz" umzubenennen, wurde vom Stadtrat abgelehnt. Die Begründung für die Ablehnung war, dass es sich bei der Bezeichnung „Plan" um eine historische Bezeichnung handelte und Hitler selbst sich gegen die Umbenennung historischer Bezeichnungen ausgesprochen hatte.

VDA und **Winterhilfswerk**: Der Volksbund für das Deutschtum im Ausland (VDA) veranstaltete im Winter 1934 eine Sammlung für das Winterhilfswerk, um notleidende Deutsche in den Grenzlanden zu unterstützen. Die Einwohner Leutershausens wurden in einer städtischen Bekanntmachung um Spenden gebeten.

1935 **Einführung der allgemeinen Wehrpflicht**: Am 30. März wurde die Wiedereinführung der allgemeinen Wehrpflicht durch die Reichsregierung bekannt gegeben. Die städtische Bekanntmachung enthielt detaillierte Informationen über die Musterungstermine und die Pflichten der Wehrpflichtigen.

Protestkundgebung wegen „Schandurteil" gegen „unsere Brüder im Memelland": Am 27. März fand auf dem Adolf-Hitler-Platz eine Protestkundgebung statt, die sich gegen ein Urteil richtete, das gegen „unsere Brüder im Memelland" gefällt worden war. Der Redner der Kundgebung war Pg. Pfefferlein aus Ansbach. Die städtische Bekanntmachung unterstrich die Teilnahmepflicht aller Formationen und bezeichnete jeden der Kundgebung Fernbleibenden als ehrlos.

Musterungstermine und Gestellungsaufruf: Im Juni wurden die Musterungstermine und der Gestellungsaufruf für die männlichen Reichsangehörigen der Jahrgänge 1914 und 1915 bekannt gegeben. Die städtische Bekanntmachung unterstrich die Verpflichtung zur Erfüllung der Wehrpflicht.

Einquartierung von 130 Soldaten am 20. September für einen kurzen Aufenthalt; anderntags Weitermarsch.

Verdunkelungsübung im Oktober in Leutershausen.

NSDAP-Versammlung: Am 1. November fand eine öffentliche Versammlung der NSDAP in Leutershausen statt, bei der Kreisleiter Pg. Hänel aus Ansbach als Redner auftrat. Eine städtische Bekanntmachung lud alle Parteimitglieder und die gesamte Einwohnerschaft zur Teilnahme ein.

Totengedenken der „Bewegung": Am 8. November fand ein Totengedenken für „die 1. Toten der Bewegung" statt.

1936 **Wahlkampf-Versammlungen**: Im März fanden im Kreis Ansbach zahlreiche Wahlkampf-Versammlungen statt, bei denen die NSDAP um die Stimmen der Wähler warb.

NSDAP-Versammlungen: Bei einer NSDAP-Versammlung am 28. März in Lengenfeld legte der Redner Wert darauf, dass die Bauern dem „Führer" am meisten Dank schulden.

Einmarsch ins entmilitarisierte Rheinland: Im März 1936 marschierten deutsche Truppen in das entmilitarisierte Rheinland ein. In Leutershausen wurde dieser Schritt „sofort" mit dem Hissen von Fahnen gefeiert. Hitler brach damit den Versailler Vertrag und demonstrierte die wachsende Stärke Deutschlands, ohne auf nennenswerten Widerstand der Westmächte zu stoßen.

Reichstagswahl: Am 29. März 1936 fand eine Reichstagswahl statt. Städtische Bekanntmachungen forderten alle Wahlberechtigten auf, sich polizeilich anzumelden, um erfasst zu werden.

Einquartierung am 10. Juni für 1 Übernachtung von 17 Offizieren und Beamten sowie 164 Unteroffizieren und Mannschaften. Die Unteroffiziere und Mannschaften erhielten Abendessen und Frühstück.

Wehrpflicht: Eine städtische Bekanntmachung im Juli 1936 forderten wehrpflichtige Deutsche zur Anmeldung im Rathaus auf.

Parteitag: Im September 1936 wurde die Bevölkerung aufgefordert, ihre Häuser für die Dauer des Parteitags zu beflaggen.

Tag der nationalen Solidarität: Im Dezember 1936 wurde die Bevölkerung in einer städtischen Bekanntmachung aufgefordert, dem „Führer" und der „Volksgemeinschaft" durch eine großzügige Spende am Tag der nationalen Solidarität ihre „innere Einstellung" zu zeigen. Der Tag der nationalen Solidarität diente der Sammlung von Spenden für das Winterhilfswerk.

Wehrstammrollenmäßige Erfassung: Im Dezember 1936 wurde bekannt gegeben, dass sich alle wehrpflichtigen Deutschen, die militärisch ausgebildet waren und am 1. April 1937 das 45. Lebensjahr noch nicht überschritten hatten, zur wehrstammrollenmäßigen Erfassung bei der Meldebehörde melden mussten.

1937 **Versammlungen im Kreis Ansbach**: Im März 1937 fanden im Kreis Ansbach zahlreiche Versammlungen im Rahmen des Wahlkampfes für die Reichstagswahl statt.

Massenkundgebung in der Rezathalle Ansbach: Am 17. März 1937 fand in der Rezathalle zu Ansbach eine Massenkundgebung statt.

Versammlungen im Kreis Ansbach: Aufgrund der Massenkundgebung in Ansbach wurden die ursprünglich für den 17. März angesetzten Versammlungen im Kreis Ansbach auf den 19. März verlegt.

Versammlung der Deutschen Arbeitsfront (DAF): Im Mai 1937 fand im Schillersaal in Leutershausen eine Versammlung der DAF statt, bei der Pg. Ribler aus Nürnberg über die aktuelle politische Lage sprach. Die DAF war die nationalsozialistische Einheitsorganisation der Arbeitnehmer und Arbeitgeber und diente der Kontrolle der Arbeitswelt und der Verbreitung nationalsozialistischer Ideologie.

KdF-Bodenseefahrt und Sonderfahrt nach Stuttgart: Die nationalsozialistische Organisation „Kraft durch Freude" (KdF) organisierte 1937 Fahrten an den Bodensee und nach Stuttgart. Die KdF sollte der Bevölkerung Freizeitangebote und Urlaubsreisen ermöglichen und diente der Verbreitung nationalsozialistischer Ideologie und der Stärkung des Gemeinschaftsgefühls.

Einquartierung einer Soldaten- bzw. Nachrichtenabteilung aus Württemberg im September. Die Abteilung sei mit „froher Begeisterung" empfangen worden. „Nach Aufstellung der Fahrzeuge und Verteilung in die Quartiere schloß sich am Abend im Schillersaal ein kleiner Tanz an. Am nächsten Morgen rückten die Truppen wieder in ihre Heimat ab." (FZ 18. September 1937).

NSDAP-Versammlung mit Gaupropagandaleiter Pg. Schöller: Im November 1937 fand im Schillersaal in Leutershausen eine NSDAP-Versammlung statt, bei der Gaupropagandaleiter Pg. Schöller über die politische Lage und die Maßnahmen der Regierung im Rahmen des Vierjahresplans sprach. Der Vierjahresplan zielte auf die Aufrüstung und wirtschaftliche Unabhängigkeit Deutschlands ab.

Rede des stellvertretenden Gauleiters Karl Holz: Am 28. November sprach der stellvertretende Gauleiter Karl Holz in Neuendettelsau und Neunkirchen bei Leutershausen. Holz war ein einflussreicher Funktionär der NSDAP in Franken und nutzte seine Reden zur Verbreitung nationalsozialistischer Propaganda.

1938 **„Anschluss" Österreichs**: Im März 1938 wurde der „Anschluss" Österreichs an das Deutsche Reich vollzogen. Aus diesem Anlass wurde in Leutershausen eine Beflaggung der öffentlichen Gebäude bis zum 20. März angeordnet und die Bevölkerung gebeten, sich dieser Beflaggung anzuschließen. Die NSDAP-Ortsgruppe Leutershausen veranstaltete eine Feierstunde mit Fackelzug zum Adolf-Hitler-Platz, bei der Ortsgruppenleiter Rattler eine Rede hielt.

Wahlkampf und Reichstagswahl: Im März und April 1938 fanden im Kreis Ansbach zahlreiche Wahlversammlungen und Wahlkundgebungen statt, bei denen die NSDAP für die Wahl am 10. April um die Stimmen der Wähler warb und damit die „unerschütterliche treue zum Führer zu beweisen". (FZ 24. März 1938)

Dank für Truppen-Einquartierung: „Der Kommandeur der hier einquartierten Truppe hat heute schriftlich den Dank der Truppe für die gute Aufnahme in Leutershausen übermittelt" (Städtische Bekanntmachung vom 1. Oktober 1938)

Antisemitisches Pogrom: Im Oktober 1938 kam es in Leutershausen zu einem antisemitischen Pogrom. Die Synagoge wurde geschändet und demoliert, die letzten in Leutershausen lebenden Juden flohen und ließen Hab und Gut zurück.

„Reichskristallnacht": Am 17. November 1938 wurde für alle öffentlichen Gebäude Trauerbeflaggung angeordnet und die Bevölkerung gebeten, sich der Trauerbeflaggung anzuschließen. Anlass war die Beisetzung in Berlin von Ernst Eduard vom Rath, ein deutscher Diplomat, der in Paris am 9. November von einem jüdischen Studenten erschossen worden war. Dieses Ereignis wurde von den Nationalsozialisten als Vorwand für die sogenannte „Reichskristallnacht" genutzt, in der Synagogen und jüdische Geschäfte in ganz Deutschland zerstört wurden.

Sudetengebiete – Ergänzungswahlen zum Reichstag: Im Dezember 1938 fanden Ergänzungswahlen zum deutschen Reichstag in den Sudetengebieten statt, die nach dem Münchner Abkommen an das Deutsche Reich angeschlossen worden waren. Aus diesem Anlass wurde in Leutershausen eine Beflaggung der öffentlichen Gebäude angeordnet und die Bevölkerung aufgerufen, sich der Beflaggung anzuschließen.

NSDAP-Versammlungen: Die NSDAP organisierte weiterhin Versammlungen, um ihre Ideologie zu verbreiten und die Bevölkerung zu mobilisieren. Im Dezember 1938 fand im Schillersaal eine Versammlung der Deutschen Arbeitsfront (DAF) statt, bei der Kreisobmann Pg. Stich aus Ansbach über die Beseitigung der Arbeitslosigkeit, die Bedeutung der Technik und der Wehrhaftmachung des Volkes sprach

1939 **Einmarsch deutscher Truppen in die Tschechoslowakei:** Am 15. März 1939 marschierte die Wehrmacht in die Tschechoslowakei ein, was zur Errichtung des „Reichsprotektorats Böhmen und Mähren" führte. Die systematische Verfolgung von politischen Gegnern und Juden begann umgehend. Eine allgemeine

Beflaggung wurde angeordnet, der auch in Leutershausen Folge geleistet wurde.

„Rückkehr des Memellandes zum Reich": Am 25. März wurde die „Rückkehr des Memellandes zum Reich" bekannt gegeben und mit einer allgemeinen Beflaggung gefeiert.

Wehrversammlung: Am 23. März fand eine Wehrversammlung statt, bei der die Teilnehmer aufgefordert wurden, ihren Wehrpass mit Kriegsbeorderung mitzubringen.

Kriegsbeginn: Am 1. September 1939 begann der Zweite Weltkrieg mit dem deutschen Überfall auf Polen.

Generalappell der NSDAP-Ortsgruppe: Am 18. September fand im Schillersaal ein Generalappell der NSDAP-Ortsgruppe Leutershausen statt, bei dem Kreisleiter Hänel über die Aufgaben der heutigen Zeit sprach und zu „treuer Pflichterfüllung und Opferbereitschaft" ermahnte.

1940 **Tag der Nationalen Solidarität:** Am Jahresanfang 1940 wurde die Bevölkerung in einer städtischen Bekanntmachung aufgerufen, am Tag der Nationalen Solidarität großzügig zu spenden, um den „Ereignissen des heurigen Jahres" gerecht zu werden.

Verhalten bei Fund von feindlichen Flugzeugen: Im Januar 1940 wurde die Bevölkerung in einer städtischen Bekanntmachung über das Verhalten beim Auffinden abgestürzter oder notgelandeter feindlicher Flugzeuge informiert. Es wurde ausdrücklich darauf hingewiesen, dass „Hände weg von jedem Flugzeug" gelte und nur Wehrmacht und Polizei befugt seien, sich den Flugzeugen zu nähern.

NSDAP-Versammlung: Im März 1940 fand im Schillersaal eine Versammlung der NSDAP-Ortsgruppe Leutershausen statt, bei der Pg. Zimmermann aus Nürnberg sprach.

Monatsversammlung der NS-Frauenschaft: Im Mai 1940 fand in Hinterholz in der Wirtschaft zum Gumbertusbrunnen eine

Monatsversammlung der NS-Frauenschaft mit verschiedenen Vorträgen statt.

Gemeinschaftsabend der NS-Frauenschaft im Mai in Leutershausen: Die Ortsfrauenschaftsleiterin sprach zum Thema „Mütter im Kriegsdienst". Anschließend verlas sie Feldpostkarten von mit Liebesgaben beschenkten Soldaten.

Wolhyniendeutsche: Im Mai 1940 wurden rund 150 Wolhyniendeutsche im Kronen- und Hirschenwirtskeller und im ehem. RAD-Lager untergebracht.

Einquartierung von Truppen: Am 7. Juli 1940 wurde bekannt gegeben, dass „heutigen Tages" 220 Soldaten in Leutershausen Quartier beziehen werde: „Für gute Schlafgelegenheit ist zu sorgen".

Truppeneinquartierung: 20. Juli 1940, Ankündigung: Ein Infanterie-Bataillon wird „am kommenden Montag" zur Einquartierung eintreffen. Die „Sieger" sind nach „schweren Kämpfen und gewaltigen Märschen in Frankreich" „herzlich zu empfangen". – 22. Juli 1940: Die Bevölkerung, politische Leiter, SA, Hitlerjugend und BDM werden zum Empfang ankommender und einzuquartierender Truppen an der Hohen Brücke aufgefordert. „Groß und Klein bringt viele Blumen mit, um die Soldaten zu schmücken. Die gesamte Bevölkerung wird aufgefordert, nun ihre Häuser zu schmücken und zu beflaggen." – 22./23. Juli 1940: Einquartierung weiterer Truppen in Leutershausen. „Die Einwohner werden ersucht, sich ebenso wie gestern zum Empfang derselben an der Straße zur Hohen Brücke bis zum Marktplatz einzufinden. Die gesamte Jugend, weibl. Arbeitsdienst, Ratsherrn, politischen Leiter und Gliederungen der Partei stehen an der Hohen Brücke um 16 Uhr. Viele Blumen mitbringen." (Städtische Bekanntmachung vom 23. Juli 1940).

Filmabend der Krieger- und Militärkameradschaft: Im Dezember 1940 veranstaltete die Krieger- und Militärkameradschaft in Leutershausen einen Filmabend im Schillersaal. Es wurden die Filme „Reichskriegertag in Kassel 1939", „Unterseeboot am Feind" und „Unsere Fallschirmjäger" gezeigt. Kreiskriegerführer

Riedl hielt eine Rede, in der er über die Entwicklung der Kriegervereine und des NS-Reichskriegerbundes sprach.

Bessarabiendeutsche: Nach Abzug der Wolhyniendeutschen
kamen rund 50 Bessarabiendeutsche aus Rumänien in Leutershausen an. Sie wurden im HJ-Heim untergebracht. In der Weih-
nachtszeit 1940/41 fand im Kapitelsaal des Dekanats eine Feier
für die Bessarabiendeutschen statt, besonders für deren Frauen
und Kinder.

1941 **Patiententrennung im Krankenhaus:** Ein vertrauliches Schreiben des Reichsministers des Innern vom 27. Januar 1941 fordert
die „getrennte Unterbringung" deutscher Patienten von ausländischen Arbeitskräften bzw. Kriegsgefangenen im Krankenhaus.
Ohnehin widerspreche die Aufnahme solcher „kulturell tiefer
stehenden" Menschen „dem gesunden Volksempfinden" und sei
daher „höchst unerwünscht".

NSDAP-Versammlungen: Die NSDAP organisierte weiterhin
zahlreiche Versammlungen in Leutershausen und den umliegenden Dörfern (NSDAP-Versammlungswelle. Ziel: der „Endsieg" –
„Mit unseren Fahnen ist der Sieg".)

Abschied von den Bessarabiendeutschen: Die NSDAP in Leutershausen organisiert eine Abschiedszeremonie für die Bessarabiendeutschen, die in den Osten weiterziehen.

Sammlung von Altmaterial: Im April wurde die Bevölkerung aufgefordert, alte Blechgefäße und sonstiges „Gerümpel" abzuliefern.

Kriegsaufgaben zur Ernährungssicherung: Am 19. April fand im
Ansbacher Onoldiasaal anläßlich des Geburtstages des „Führers" eine „Großkundgebung der Kreisbauernschaft" statt, bei
der Pg. Haide aus Berlin über „Kriegsaufgaben zur Ernährungssicherung" sprach.

Rede eines Gauredners: Im April sprach ein Gauredner in Leutershausen über die bisherigen Erfolge Deutschlands im Krieg
und das „unvergleichliche Feldherrntalent des Führers".

Schulung der Politischen Leiter: Im Mai fand im Schillersaal eine Schulung der Politischen Leiter der NSDAP statt.

Großkundgebungen der NSDAP: Im Juli rief die Partei zu Großkundgebungen auf, um die Bevölkerung auf den Kampf gegen den „bolschewistischen Weltfeind" einzuschwören.

„Tag der nationalen Solidarität": Im Oktober wurde die Bevölkerung dazu aufgerufen, am „Tag der nationalen Solidarität" reichlich zu spenden, um die „Größe der Ereignisse" des Jahres zu würdigen.

NSDAP-Appell in Neunkirchen: Im Juni wurde bei einem Appell der NSDAP in Neunkirchen der Krieg als vom Juden „angezettelt" dargestellt, „wie er dies schon seit Jahrtausenden getan" habe.

Bukowinadeutsche: Wegen Platzmangels aufgrund der Ankunft von „Rückwanderern" aus der Bukowina wird der Schulsaal der 1. Klasse im Lutherhaus von September bis November für die Unterbringung der Bukowinadeutschen genutzt.

1942   **Höchstpreise für Schlachtschweine**: Im Februar 1942 wurden zur Regulierung der Lebensmittelpreise im Kontext des Krieges per städtischer Bekanntmachung „Höchstpreise für Schlachtschweine" festgelegt.

Einquartierung von Truppen: Ab dem 10. März mussten ca. 351 Soldaten für einige Wochen in Leutershausen einquartiert werden. „Auf Grund des Reichsleistungsgesetzes können sämtliche Unterkünfte und Räume, welche nicht unbedingt für die eigenen Unterkünfte oder den eigenen Geschäftsbetrieb benötigt werden, für Truppenunterkünfte in Anspruch genommen werden. Die Inanspruchnahme wird im Weigerungsfalle polizeilich erzwungen." (Städtische Bekanntmachung vom 7. März 1942)

Antritt der Kriegerkameradschaft in Uniform: Im März 1942 wurde bekannt gegeben, dass alle Mitglieder der Kriegerkameradschaft Leutershausen am Sonntag, den 15. März in Uniform am Adolf-Hitler-Platz antreten sollten.

Vortrag über „Neuordnung Europa": Im April 1942 hielt Oberbürgermeister Hänel aus Ansbach vor der Kriegerkameradschaft in Lengenfeld einen Vortrag über die „Neuordnung in Europa und Ostasien".

„Schicksalsschlacht vor Stalingrad": Ab August 1942 berichtete die „Fränkische Zeitung" über die Kämpfe in Stalingrad. Die Berichte schilderten den Kampf als „Schicksalsschlacht" und stellten die deutschen Soldaten als „überlegen", die sowjetischen Truppen hingegen als „verzweifelt" heraus.

Kriegswirtschaft:

- **Zuteilung von** Brennstoffen: Die „Anordnung über die Regelung der Brandversorgung im Kohlenwirtschaftsjahr 1942/43" vom Oktober 1942 bestimmte die Zuteilung von Brennstoffen.
- **Kohle sparen**: Im November 1942 wurden die Besitzer von Zentralheizungen aufgefordert, „Kohle zu sparen".
- **„Heize richtig":** Im Winter 1942/43 erließ die Deutsche Arbeitsfront einen Aufruf zum „richtigen Heizen", um Energie zu sparen.

1943 **Stalingrad**: Die Schlacht von Stalingrad, die im Februar 1943 mit der Kapitulation der deutschen 6. Armee endete, war ein Wendepunkt im Zweiten Weltkrieg. Die Quellen dokumentieren, wie die Propaganda versuchte, die Niederlage zu verharmlosen und die Moral der Bevölkerung aufrechtzuerhalten.

Am 20. und 21. Januar 1943 berichtete die „Fränkische Zeitung" (FZ) über den „heldenhaften Widerstand" der deutschen Soldaten in Stalingrad, die trotz „harter Entbehrungen" „sämtliche Angriffe der Sowjets" abwehrten.

Am 25. Januar 1943 beschrieb die FZ die Kämpfe als „gigantische Winterschlacht" und pries das Opfer der deutschen Soldaten für „den Bestand des ganzen deutschen Volkes und ebenso dem Bestande der europäischen Nationen".

Am 4. Februar 1943 meldete die FZ die Kapitulation der 6. Armee mit den Worten: „Die 6. Armee getreu ihrem Fahneneid bis zum letzten Atemzug der Uebermacht des Feindes erlegen". Die

Niederlage wurde als „Nibelungenschicksal" verklärt, das „jeden Mann und jede Frau in Deutschland" erfülle.

NSDAP-Versammlungswelle: Im Dezember 1943 rief die NSDAP zu einer „Groß-Aufklärungswelle" auf, um die Bevölkerung gegen die „feindliche Propaganda" zu immunisieren. In den Versammlungen wurde die „gerechte Sache des Führers" beschworen und der „unverrückbare Glaube an den Sieg" propagiert.

Einsatz von Zwangsarbeitern: Die befragten Quellen belegen den Einsatz von Zwangsarbeitern, insbesondere von „Ostarbeitern" und französischen Kriegsgefangenen, in Leutershausen.

Am 22. Mai 1943 wurde angeordnet, dass Zwangsarbeiter auch an nichtgesetzlichen Feiertagen arbeiten mussten, um den „totalen Kriegseinsatz" zu gewährleisten.

Das Stadtarchiv Leutershausen bewahrt Dokumente, die die Unterbringung und den Einsatz von „Ostarbeitern" in der Stadt belegen.

Ein Vertrag zwischen dem Kriegsgefangenenlager Stalag XIII C und der Stadt Leutershausen regelte die Bedingungen für den Einsatz französischer Kriegsgefangener.

Kriegsopfer und Gefallene: Die befragten Quellen dokumentieren die Verluste, die der Krieg für Leutershausen mit sich brachte.

1944 **NSDAP-Versammlungen und Schulungen:** Die NSDAP organisierte weiterhin Versammlungen und Schulungen, um die Moral der Bevölkerung aufrechtzuerhalten und die Kriegsanstrengungen zu unterstützen. Im Februar sprach Pg. Pitroff aus Ansbach in einem Lichtbildvortrag über „Deutschlands Kampf um seinen Lebensraum und um Europas Freiheit". Im März hielt Pg. Haberkern aus Nürnberg eine Rede zum Thema „Der Glaube an den Sieg".

„Kriegsberufswettkampf" der ländlichen Jugend: Im März 1944 fand im Schillersaal der „Kriegsberufswettkampf" der ländlichen Jugend statt, bei dem 54 Mädchen und 22 Jungen aus Leutershausen und Neunkirchen teilnahmen. Die Veranstaltung sollte die Jugend auf die Anforderungen des Krieges vorbereiten und die Bedeutung der Landwirtschaft für die Kriegswirtschaft hervorheben.

Wehrschießen der SA: Im April und Juni führte der SA-Sturm 2/19 Wehrschießen in Lengenfeld und Wiedersbach durch. Alle männlichen Volksgenossen ab 14 Jahren wurden zur Teilnahme aufgerufen.

„Ehrendienst der deutschen Frau": Im Juli forderten Bürgermeister Schiller und Ortsgruppenleiter R. Frauen zu einer „Besprechung über den Ehrendienst der deutschen Frau" auf.

Appell an wehrfähige Männer: Im August ordnete der stellvertretende Gauleiter Karl Holz Appelle aller wehrfähigen Männer im Alter von 16 bis 65 Jahren an. Diese sollten die „hohe Verpflichtung der Heimat gegenüber der kämpfenden Front" hervorheben.

Kraftstoffversorgung im „totalen Krieg": Im August 1944 erging die „Anordnung über die Erfassung und Beschlagnahme von flüssigen Kraftstoffen".

1945 Öffentliche Exekution am Friedhof Leutershausen: die „Fahnenflüchtigen" Richard Köhler (17) und Friedrich Döppel (37) wurden im April 1945 verhaftet und vor aller Öffentlichkeit durch Erschießung hingerichtet.

Bombardierung Leutershausens: Am 18. April 1945 wurde Leutershausen von amerikanischen Jagdbombern bombardiert, was zu erheblichen Zerstörungen führte. Die Schuldfrage für den Angriff wurde in den Nachkriegsjahren kontrovers diskutiert.

Kriegsende und die Ankunft der amerikanischen Truppen: Die Quellen erwähnen die kampflose Übergabe der Stadt an die amerikanischen Truppen im April 1945. Beherzte Bürger und Bürgerinnen sollen die Soldaten zum Abzug bewegt haben, um eine Zerstörung der Stadt zu verhindern.

Einsetzung neuer Bürgermeister: Nach dem Kriegsende amtierte zunächst Dr. Hans Reichard als Bürgermeister. Kurz darauf wurde Friedrich Schultheiß von der Militärregierung zum Bürgermeister ernannt.

Herausforderungen der Nachkriegszeit: Die befragten Quellen erwähnen Herausforderungen, vor denen die Stadt in der unmittelbaren Nachkriegszeit stand, wie die Versorgung mit Heizmaterial, der Mangel an Wohnraum und die große Zahl von Flüchtlingen und Evakuierten.

1946 **Entnazifizierung**: Die amerikanische Militärregierung leitete Maßnahmen zur Entnazifizierung ein, die unter anderem die Entfernung belasteter Personen aus Ämtern und die Beschlagnahmung von NSDAP-Vermögen umfassten. Bürgermeister Schultheiß erstellte im Januar 1946 eine Ergänzungsliste der Parteifunktionäre und der angeschlossenen Gliederungen.

Entnazifizierungsgesetz: Die amerikanische Militärregierung setzte zur Regelung der Entnazifizierung im März 1946 ein „Gesetz zur Befreiung von Nationalsozialismus und Militarismus" in Kraft.

Kommunalwahlen: 1946 fanden in Leutershausen Kommunalwahlen statt, bei denen die Bürgerinnen und Bürger einen neuen Stadtrat und Bürgermeister wählten.

Kandidaten für die Kreistagswahlen: Die „Fränkische Landeszeitung" berichtete im April 1946 über die Kandidatenlisten für die Kreistagswahlen. Zugelassen waren vier Parteien: CSU, SPD, KPD und DDP.

Kreistagswahl: Im April 1946 fand die Kreistagswahl statt, für die am 2. April nochmals auf die Aushänge an der Amtstafel hingewiesen wurde.

Wahlergebnisse im Landkreis Ansbach: Die CSU errang bei den Kreistagswahlen mit 85% die Mehrheit der Sitze. Georg Diezinger aus Leutershausen wurde als Vertreter der DDP in den Kreistag gewählt.

Politische Meldebögen: Im Mai 1946 wurden die Einwohner aufgefordert, politische Meldebögen beim Rathaus abzuliefern.

Diese dienten vermutlich der Überprüfung der politischen Vergangenheit der Bürger im Rahmen des Entnazifizierungsprozesses.

Volksentscheid über die Verfassung: Im Dezember 1946 fand in Bayern ein Volksentscheid über die neue Verfassung statt. In Leutershausen wurde die Verfassung mehrheitlich abgelehnt.

1947 **Flüchtlingsversammlung der KPD**: Die „Fränkische Landeszeitung" (FLZ) berichtete am 8. Februar 1947 über eine Flüchtlingsversammlung der Kommunistischen Partei (KPD) in Leutershausen. Der Genosse Henninger sprach zum Thema „Flüchtlingsnot und deren Behebung".

Gewerbeprüfungen: Die amerikanische Militärregierung führte 1947 Gewerbeprüfungen durch, um ehemalige NSDAP-Mitglieder aus dem Wirtschaftsleben auszuschließen.

Versammlung von Flüchtlingen: Am 4. Dezember 1947 fand im Büro der Wohnungskommission eine Versammlung für Flüchtlinge statt, die noch Güter in der russischen Besatzungszone hatten.

1948 **Entnazifizierungsverfahren**: Die Spruchkammer Ansbach-Land befasste sich 1948 mit dem Fall des ehemaligen Volkssturmführers R., der für die Zerstörungen in Leutershausen im April 1945 verantwortlich gemacht wurde. Die Spruchkammer sprach R. von der Verantwortung frei. In den Quellen finden sich weitere Hinweise auf Entnazifizierungsverfahren im Jahr 1948.

Aberkennung der Ehrenbürgerschaft Hitlers: Am 20. Mai 1948 beschloss der Stadtrat Leutershausen einstimmig, Adolf Hitler die 1932 verliehene Ehrenbürgerschaft abzuerkennen. Die Diskussion über diesen Schritt war bereits im April 1948 in der Presse entfacht worden. Die Maßnahme war juristisch überflüssig, aber symbolisch von Bedeutung.

Meldung zugezogener Flüchtlinge: Im Mai 1948 erstellte Bürgermeister Schultheiß eine Liste für die Militärregierung über zugezogene Flüchtlinge und Evakuierte im Zeitraum vom 1. bis 30. April 1948.

Arbeitslosigkeitsüberprüfung: Im April 1948 wurden alle arbeitslosen Personen zur Überprüfung durch das Arbeitsamt auf das Rathaus einbestellt.

Bauernversammlung: Im Mai 1948 fand im Schillersaal eine öffentliche Bauernversammlung in Verbindung mit der Molkereiversammlung statt.

Kennkarten-Stempel „politisch überprüft": Im Juli 1948 wurde auf den Kennkarten der Einwohner der Stempel „politisch überprüft" angebracht.

Flüchtlingsversammlung: Im August 1948 fand im Schillersaal eine Flüchtlingsversammlung statt. Arbeitgeber, die Flüchtlinge beschäftigten, wurden zur Meldung aufgerufen.

FLZ: „Unschätzbarer Wert für die Nachwelt"

Am 8. Juli 2024 erschien in der Fränkischen Landeszeitung (FLZ) ein Bericht von Alexander Biernoth zur Übergabe der fertiggestellten NS-Doku an die Stadt Leutershausen.

Das engagierte Trio Dr. Rainer Schulz, Karlheinz Seyerlein und Stefan Diezinger übergaben Bürgermeister Markus Liebich die sechsbändige Quellensammlung „Die Partei ruft":

- ein Fundament für tiefgreifende, wissenschaftliche Auseinandersetzungen mit der NS-Ära in der Stadt Leutershausen,
- ein facettenreicher Einblick in die damalige Zeit, von Pressemeldungen über Alltagsdokumente bis hin zu bewegenden Zeugnissen über das Schicksal der einstigen jüdischen Mitbürger.

Mit Bewunderung sei nun die akribische und vollständig ehrenamtlich eingebrachte Arbeit der drei Hauptakteure gewürdigt worden:

- K.-H. Seyerleins monatelange Archivrecherche,
- R. Schulz' sorgfältige Transkription und Systematisierung,
- sowie Stefan Diezingers redaktionelle und technische Mitarbeit.

Der FLZ-Artikel fasste auch die von Stadträtin Beate Boch vorgetragene Entstehungsgeschichte des „Gremiums Gedenken" zusammen. Obwohl die ursprüngliche Idee der Stolpersteine nach vorgetragenen Bedenken jüdischer Familienangehöriger nicht realisiert werden konnte, sei der Wunsch nach Aufarbeitung ungebrochen gewesen. Dies habe zur Gründung des Gremiums geführt, das Vertreterinnen und Vertreter aus verschiedenen gesellschaftlichen Bereichen vereint: Kirchen, Bürgerschaft und Stadtrat.

Als erste greifbare Frucht dieser Bemühungen sei die erneuerte Gedenktafel am Rathaus zu sehen, enthüllt im Januar 2020.

Mittlerweile werde die geplante Zusammenarbeit mit einer Wissenschaftlerin der Universität Eichstätt in die Tat umgesetzt.

Den krönenden Abschluss habe Bürgermeister Liebich gesetzt, indem er den drei Akteuren nicht nur seinen tiefen Dank aussprach, sondern ihre außerordentliche Leistung für Leutershausen auch mit Präsenten honorierte – eine würdige Geste für ein Projekt von solch historischer Tragweite.

Abb. 16: FLZ-Bericht von A. Biernoth, Übergabe der Doku an die Stadt

„Unschätzbarer Wert für die Nachwelt'

Die sechsbändige Sammlung „Die Partei ruft" dokumentiert Leutershausen in der Zeit der nationalsozialistischen Gewaltherrscha

VON ALEXANDER BIERNOTH

TERSHAUSEN - Die Aufarbeitung der nationalsozialistischen Vergangenheit der Stadt ist einen entscheidenden Schritt weitergekommen. Dr. Rainer Schulz, Karl-Heinz Seyerlein und Stefan Diezinger übergaben nun die Quellensammlung „Die Partei ruft - Leutershausen in der Zeit der nationalsozialistischen Gewaltherrschaft".

Empfänger war Bürgermeister Markus Liebich in einer Sitzung des Gremiums Gedenken im Rathaus. Das sechsbändige Werk ist die dokumentarische Vorarbeit zur wissenschaftlichen Aufarbeitung des Lebens in Leutershausen während der...

...umfangreiche Opus liegt nur ...vor. Einige wenige Exemplaren gedruckt. Jeder Band des mentationsprojektes „Die Partei ruft", so schreibt Dr. Rainer ...im Vorwort, „mag für sich eine eigene Einheit bilden, in ...weils ein bestimmter thematischer Aspekt im Mittelpunkt des Interesses steht". Die sechs Bände erklären sich aber gegenseitig.

...ldbeladene ...se der Geschichte ...meinsam verstehen sie sich als ...lagenbeitrag, so Dr. Schulz, für ...geschichtswissenschaftlich ...Aufarbeitung der Zeit der na...

Bürgermeister Markus Liebich (links) würdigte die drei Mitarbeiter an der Quellensammlung „Die Partei ruft – Leutershausen zur Zeit der nationalsozialistischen Gewaltherrschaft": Karl-Heinz Seyerlein, Dr. Rainer Schulz und Stefan Diezinger (von links). *Foto: Alexander Biernoth*

der Theologe, einen am 31. Oktober 1941 in der Fränkischen Zeitung erschienen Artikel auf, der mit der Losung „Die Partei ruft" beginnt und mit „Führer befiehl, wir folgen!" endet.

Schulz erklärte auch, dass die digitale Ausgabe als pdf-Datei ein gezieltes Durchsuchen aller Texte nach Themen oder Schlagworten erlaube und so das wissenschaftliche Arbeiten ermögliche, ohne das jedesmal...

stützung und Begleitung des Dokumentations-Projektes, „dessen Ziel die erneute Annäherung an eine ebenso bedeutsame wie tragischschuldbeladene Phase der Stadtgeschichte ist".

Dokumente im Original-Wortlaut

In den einzelnen Bänden werden beispielsweise Pressemeldungen über Ereignisse in der Stadt Leu-

...ben, Leiden und Sterben der jüdischen Mitbürger thematisieren, im Original-Wortlaut wiedergegeben. Die Arbeit Beate Boch, die derzeit Stadträtin des Gremiums Gedenken koordiniert, blickte zurück und erinnerte daran, dass das Gremium Gedenken vor zehn Jahren gegründet worden war. Damals wurde die Verlegung von Stolpersteinen in Leutershausen diskutiert, was aber von den Nachkommen der jüdischen Fa...

habe sich das Gre...aus Vertretern der ...gerschaft und des ...det.

Einer der ersten ...Gedenktafel am Ra...ern, die am 26. J ...hüllt wurde. Dann i ...wissenschaftliche ...Universität Eichstä ...den, die eine Dok ...die NS-Zeit in L ...stellt. Dafür wurd ...Euro Spenden ge...der Stadtkasse wer...diese Arbeit der i...ben.

Über viele Mon...in Archiven ge...Karl-Heinz Seyer...le Monate Archiv...fiert, Dr. Rainer S...skribiert und syst...und Stefan Diezing...digiert. „Ich möch...diese Tätigkeiten al...lich und unentgelt...Beate Boch. Die t...Bände unterstützte...wissenschaftlich ...NS-Zeit und stellte...baren Wert für die ...die Stadträtin.

Dr. Rainer Schul...teten von ihrer A...ihren Einsatz...

PREISVERLEIHUNG FÜR DIE DOKU „DIE PARTEI RUFT"

- *Wilhelm Freiherr von Pechmann-Preis 2024*

*Abb. 17: W. v. Pechmann
(Foto: ELKiB online)*

Am 4. November 2024 verlieh die Evangelisch-Lutherische Kirche in Bayern erneut den renommierten Wilhelm Freiherr von Pechmann-Preis. Er erinnert an die Zivilcourage von Pechmann (1859-1948), dem ersten gewählten Präsidenten der Synode. In der NS-Zeit setzte er sich für Menschenwürde und gegen Rassismus ein.

Der Preis fördert herausragende wissenschaftliche Forschungsarbeiten und Leistungen in Bildungsarbeit und Publizistik, die sich mit der Zeit des Nationalsozialismus auseinandersetzen. Außerdem werden überzeugende Beispiele für Gemeinsinn und Zivilcourage in der Gegenwart ausgezeichnet.

- *Die Preisträger*

Der Preis ging diesmal an die folgenden Akteure:
  - **Sonderpreis**: Das Erinnerungsprojekt „Die Rückkehr der Namen" des Bayerischen Rundfunks.
  - **Projektgruppe „EKU Obermain & CO KC"** um Dr. Hubertus Habel: Auszeichnung für die Ausstellung „Da49, da 512: Züge in den Tod".
  - **Paula Lochte und Oliver Halmburger**: Preise für das Dokudrama „Hitlerputsch 1923. Das Tagebuch der Paula-Schlier„ und die Podcast-Serie „Paula sucht Paula".
  - **Projektgruppe von Dr. Rainer Schulz**: Auszeichnung für die Materialsammlung „Die Partei ruft" zur NS-Geschichte in Leutershausen.

- **Grußworte und Jury**

Synodalpräsidentin **Dr. Annekathrin Preidel** unterstrich in ihrem Schlusswort die Aktualität von Wilhelm Freiherr von Pechmanns Vorbild: „Ignoranz ist keine Option. Wir dürfen nicht aufhören, unbequeme Fragen an unsere Geschichte und Gegenwart zu stellen,“ mahnte sie. „Menschenwürde, Toleranz und Respekt stehen auf dem Spiel, und zwar heute, hier und jetzt, mitten in unserem Land."

Bei der feierlichen Preisverleihung sprachen die Festgäste

- Dr. h.c. Charlotte Knobloch, die Präsidentin der Israelitischen Kultusgemeinde München und Oberbayern,
- Romani Rose, der Vorsitzende des Zentralrats Deutscher Sinti und Roma,
- Dr. Armin Wouters, der Direktor des Erzbischöflichen Ordinariats München.

Der Jury für den Wilhelm Freiherr von Pechmann-Preis unter dem Vorsitz der Synodal-Präsidentin Dr. Annekathrin Preidel und des Münchener Regionalbischofs Thomas Prieto Peral gehören weiterhin an:

- Christina Flauder,
- Prof. em. Dr. Harry Oelke,
- Dekan Klaus Schlicker,
- Dr. Axel Töllner
- und Sindy Winkler.

Abb. 18: Freiherr-W.-v.-Pechmann-Preis 2024 (Foto ELKB/MCK)

v.l.n.r.: Dr. R. Schulz, S. Diezinger, Prof. em. H. Oelke, K.-H. Seyerlein

- *Prof. em. Dr. Harry Oelke, – **Laudatio***

> „Die Partei ruft
> Leutershausen zur Zeit der nationalsozialistischen Herrschaft".
> Dokumentation in 5 Bänden (6 Lieferungen)
> Dr. Rainer Schulz, Karlheinz Seyerlein, Stefan Diezinger.
> St. Markuskirche München, 04.11.2024

„Sehr geehrter Herr Regionalbischof, hochverehrte Amts- und Würdenträger:innen, liebe Familie von Pechmann-, meine Damen und Herren,

die wissenschaftlich-historische Arbeit steht und fällt mit den zur Verfügung stehenden historischen Quellen zum Untersuchungsgegenstand. Das Edieren von Quellen ist ein anspruchsvolles Kerngeschäft historischer Arbeit: Historische Quellen muss man in ihren diversen Erscheinungsformen zunächst einmal *kennen*, sodann muss man sie *ausfindig* machen, um sie dann in einer wissenschaftlich verwertbaren Form *öffentlich zugänglich* zu machen. Das alles erfordert große historische Sachkenntnis und einen Sinn für die methodische Anlage von Editionen.

Diese Kompetenzen hat eine dreiköpfige Arbeitsgruppe aus dem mittelfränkischen Leutershausen mit der Edition einer großartigen, sechs Bände umfassenden Quellendokumentation unter dem Titel „Die Partei ruft – Leutershausen zur Zeit der nationalsozialistischen Herrschaft" in einem außergewöhnlich hohen Maß unter Beweis gestellt. Dabei kommt das gesamte Team nicht aus der professionellen Historikerzunft, allerdings bringt jeder jahrelange einschlägige Erfahrungen im lokalhistorischen Engagement mit. Dr. Rainer Schulz ist ev. Pfarrer, bis zum

Abb. 19: (ELKB/MCK)
Prof. em. Dr. Harry Oelke

Beginn des Ruhestands 2020 war er als solcher in Leutershausen tätig; er hat als Projektleiter die Herausgeberschaft übernommen und die digitale Form der Sammlung erstellt; Karlheinz Seyerlein war bis zum Ruhestand als gelernter Bankkaufmann tätig und kümmerte sich im Projekt u. a. um die Archiv-Arbeit; Stefan Diezinger ist diplomierter Wirtschaftsinformatiker und hatte bei der Publikation u. a. deren komplette digitale Aufbereitung im Blick.

Initiativen und Projekte, die mit dem Wilhelm Freiherr von Pech-mann-Preis gewürdigt werden, haben gewöhnlich ihre eigene Geschichte. Es ist spannend zu beobachten, dass das geschichtswissenschaftliche Projekt dieser Arbeitsgruppe selbst historische Gründe hatte: Leutershausen – an der Altmühl gelegen und in den 1930er Jahren mit etwa 2.200 Einwohnerinnen und Einwohnern von überschaubarer Größe – war die dritte Stadt in Deutschland, die Hitler zum Ehrenbürger machte. Die Bewohnerinnen und Bewohner hatten das lange als Belastung empfunden, zumal diese politische Rechtslastigkeit in den 1960er Jahren noch einmal durch einen vergleichsweise hohen Anteil von NPD-Wählern eine Fortsetzung zu finden schien. Ein SPIEGEL-Artikel machte diese Leutershausener Umstände 1966 bundesweit bekannt. Der Schatten der NS-Zeit über der Stadt war dunkel und lang.

In Leutershausen entschied man sich etwa vor zehn Jahren zu dem bemerkenswerten Schritt, sich nicht vor der eigenen Geschichte wegzuducken, sondern diese bewusst aufzuarbeiten. In diesem Zusammenhang war es eine kongeniale Idee von Pfarrer Schulz – der kein geborener Leutershausener ist, sondern gewissermaßen „von außen" kam und als unbelastet gelten konnte – diesen Prozess durch eine Dokumentation zum Thema *„Leutershausen zur Zeit der nationalsozialistischen Herrschaft"* zu fördern. Um die Kosten der Stadt für ihr Geschichtsengagement niedrig zu halten, realisierte die Arbeitsgruppe das Projekt komplett auf ehrenamtlicher Basis.

Nach nur zweijähriger unfasslich fleißiger editorischer Arbeit ist eine nach wissenschaftlichen Maßstäben exzellente Quellenedition entstanden. Die Quellensammlung dokumentiert in sechs Lieferungen (fünf Bände) auf rund 1.200 Seiten mittels mehr als 5.300 Quellenstücken die Alltagsgeschichte in der NS-Zeit aus verschiedenen Perspektiven.

Die einzelnen Bände basieren oft auf einer bestimmten Quellengruppe. Gleich der erste Band bietet die mit Handglocke in Leutershausen „ausgeschellten" städtischen Bekanntmachungen. Der folgende Band spiegelt das facettenreiche politische und städtische Leben in der Stadt anhand von ausgewählten Meldungen aus der lokalen Presse. Äußerst aufschlussreich ist auch der Band „Der große Sieg. Vom Traum zum Albtraum", in dem aus Hunderten von Archivalien – vor allem aus dem kooperationsbereiten städtischen Archiv Leutershausen – die wechselnde Stimmung in der Stadt im Verlauf der Nazi-Herrschaft ausgedrückt wird. Ein eigener Band ist dem jüdischen Leben in der Stadt gewidmet, das in Begleitung der anderen fünf Bände zum integralen Teil der Stadtgeschichte wird. Ein kluger editorischer Schachzug! Hierin wird die stetig Tempo aufnehmende soziale Desintegration der jüdischen Mitbürgerinnen und Mitbürger von der Verfolgung über die Vertreibung bis zum Tod in erschütternder Klarheit dokumentiert. Am Ende wird noch der Fortgang der Stadtgeschichte nach 1945 mit dem demokratischen Neuaufbau und der frühen Erinnerungskultur zur NS-Zeit dokumentiert.

Die Bände bestechen auch durch ihre methodische Aufbereitung. Ohne jede Übertreibung steht fest: Hier waren Könner am Werk! Ein schneller Zugriff auf Quellen zu einem differenzierten Themenspektrum ist gewährleistet. Tausende von Einzelquellen sind dank der beharrlichen Leistung von Karlheinz-Seyerlein digitalisiert, die Texte in Computerschrift transkribiert. Die wertvollen Fußnotenkommentare bieten einen unschätzbaren Service für Lesende, die mit der NS-Zeit nicht mehr vertraut sind.

Keine Frage: die Bände geben eine Steilvorlage für die Forschung. Eine wissenschaftliche Auswertung an der Universität Eichstätt ist bereits auf dem Weg. Die Auswertung durch wissenschaftliche Qualifikationsarbeiten bietet sich an. Die Jury hat diese auf einem hohen wissenschaftlichen Niveau gefertigte Quellenedition beeindruckt. Die sich darin ausdrückende Form der Auseinandersetzung mit der NS-Zeit exemplifiziert an der Stadtgeschichte von Leutershausen ist vorbildlich. Die bewusste Zuarbeit in den innerstädtischen Diskurs über die eigene Vergangenheit ist ein idealtypisch gelungenes Beispiel ehrenamtlich organisierter Historiographie. Die Arbeitsgruppe leistet damit auch einen substanziellen Beitrag gegen eilfertige Geschichtsverdrehungen und Fake News aus dem Bereich der NS-Geschichte. Ohne eine aktive Universitätsanbindung der Bearbeiter ist ihnen eine herausragende historisch-wissenschaftliche Leistung gelungen.

**Daher gratulieren wir
Pfr. i. R. Dr. Rainer Schulz,
Karlheinz Seyerlein und Stefan Diezinger
sehr herzlich zum
Pechmann-Preis 2024 in der Rubrik Wissenschaft."**

- *Dankwort (Dr. Rainer Schulz)*

Sehr geehrte Festversammlung, sehr geehrte Mitglieder der Jury, mit Dank und Freude nehmen wir, das Projekt-Team aus Leutershausen, den Wilhelm Freiherr von Pechmann-Preis entgegen. Wir, das sind drei Menschen, geboren 1940, 1954 und 1981:

- o der Erste: in frühen Kindheitsjahren noch am unmittelbarsten berührt von mancherlei Folgen jener dunklen Epoche der Diktatur und des Krieges;
- o der Zweite: ich selbst, ein knappes Jahrzehnt nach Kriegsende zur Welt gekommen, hineingeboren in eine hoffnungsvoll aufstrebende, lichtvolle Zeit von Wohlstand und Frieden;
- o der Dritte: geboren in einer Zeit, in der nicht nur Ölkrise, neue Technologien und Globalisierung das gesellschaftliche Leben bestimmten, sondern ganz besonders auch der Mauerfall und die Wiedervereinigung Deutschlands.
- o Was hat uns als Projektteam bei all dieser biografischen Unterschiedlichkeit miteinander verbunden? Die Antwort lässt sich mit einem einzigen Wort geben – es lautet: Betroffenheit.

Abb. 20:
Dr. Rainer Schulz
(Foto: ELKB/MCK)

Betroffenheit heißt: Es ließ und lässt uns alles andere als unberührt, was damals geschah: Die Brutalität der nationalsozialistischen Diktatur, der Fanatismus, die Menschenverachtung, Rassismus, Antisemitismus, menschliche Demütigung, Entrechtung, Vertreibung, Holocaust und Krieg. Es berührt uns emotional, moralisch, menschlich und politisch, auch wenn „das alles" schon so lange her ist.

Es kann und darf keinen „Schlussstrich" geben – „nie und nimmer!" Stattdessen gilt es, sich die Gräuel mutig vor Augen zu führen und umso klarer Verantwortung für das Heute und Morgen zu übernehmen.

Das haben, wie viele andere, auch wir versucht, hier: 1200 Seiten lang – aber nicht nur wir drei, sondern mit uns auch das vor 10 Jahren vom

Stadtrat Leutershausen ins Leben gerufene „Gremium Gedenken" – eine Versammlung von engagierten Frauen und Männern, denen die gewissenhafte Aufarbeitung jenes so düsteren Kapitels der Stadtgeschichte schmerzlich am Herzen lag und liegt.

Ein wichtiger gemeinsamer Schritt ist mit der nun vorliegenden Dokumentation „Die Partei ruft" getan.

Herr Professor Oelke hat die inhaltlichen Details in seiner Laudatio eindrucksvoll hervorgehoben, wofür wir besonders danken.

Wir hoffen sehr, dass sich die geleistete Anstrengung als eine Türöffnerin für weitere Projekte erweist. Denn weitermachen, nicht nachlassen, und vor allem:

Nicht schweigen! Darauf kommt es an.

Herzlichen Dank!

ABBILDUNGEN

REGISTER: PERSONENNAMEN

NACHWORT: JEDE DIKTATUR STIRBT AN SICH SELBST

- *Vom Traum zum Albtraum*

Am Anfang der nationalsozialistischen Herrschaft stand der Traum eines neuen, nationalen Aufstiegs, einer Rückkehr zu vermeintlich besseren Zeiten und die glanzvolle Überzeugung, der Welt ab nun und für alle Zeit mit unüberwindbarer Stärke entgegentreten zu können. Dieses neue Selbstbewusstsein verschloss für eine Weile dramatisch Augen, Ohren, Herz und Verstand zahlloser Menschen.

Es mögen in Leutershausen etwa 10 bis 20 % der Bevölkerung gewesen sein, die diese totale Ideologisierung tatkräftig um- und durchzusetzen versuchten. Diese Wenigen führten die große Mehrheit einer begeistert bis ängstlich mitlaufenden Gesellschaft in den Abgrund. Wer nicht mitlief, musste befürchten, ausgegrenzt, diffamiert, in die Flucht geschlagen, eingesperrt oder getötet zu werden.

Das Ende der Weimarer Republik sowie das bei vielen Menschen anhaltende Gefühl der „Schmach" angesichts des verlorenen 1. Weltkrieges waren wesentliche Vorläuferstationen dieser Entwicklung. Ihnen folgten die weiteren Irrwege und Irreführungen – einige wenige Stichworte deuten den dramatischen und fatalen Prozess an:

Politische und Ideologische Maßnahmen	- *Hitlers Ehrenbürgerschaft* - *Umbenennung des Marktplatzes zum Adolf-Hitler-Platz und der Schillingsfürster Straße zur Karl-Holz-Straße* - *immer wieder NS-Beflaggung der Häuser* - *Aufmärsche und Feiern*
Vereinnahmung der Bevölkerung	- *Vereinnahmung von Kindern und Jugendlichen durch HJ und BdM*

	- *Vereinnahmung der Frauen in die NS-Frauen-schaft* - *Verpflichtung zum zunächst noch freiwilligen, sogenannten „Arbeitsdienst"*
Verfolgung und Vertreibung	- *Vertreibung der letzten noch anwesenden jüdischen Einwohner*
Kriegsverlauf	- *sogenannter „Ausbruch" des 2. Weltkrieges* - *Einberufungen in den Kriegsdienst zur angeblichen Rettung des Vaterlandes* - *Pflichtluftschutzübungen, Beschaffung von Gasmasken und dergleichen mehr*
Zivile Kriegsaus-wirkungen	- *kriegsbegründete Arbeitspflichteinsätze* - *zunehmende wirtschaftliche Engpässe und Mangelerscheinungen* - *Einquartierung von Soldaten* - *Aufnahme von Ost-"Heimkehrern"* - *Flüchtlingsströme* - *„Fremd"- und „Ost-Arbeiter"* - *Kriegsgefangene*
Mord	- *SS-Ermordung zweier Männer an der Friedhofsmauer kurz vor Kriegsende*
Kriegsende	- *die nahende amerikanische Armee* - *Zerbombung großer Teile der Stadt* - *Kapitulation*

Eine komplexe Frage bleibt die tatsächliche Täter-Opfer-Dynamik – im Besonderen: Welche Rolle kommt jenen Teilen der Bevölkerung zu, die aktiv zur Durchsetzung der NS-Ideologie durch deren Repräsentanten beitrugen? Wer machte durchaus „gerne" mit? Wie gestaltete sich die Interaktion zwischen Tätern und Mitläufern, die aus Angst oder Opportunismus handelten? Welche Mechanismen führten dazu, dass Menschen zu Tätern wurden? Diese Fragen können im Rahmen eines „Nachwortes" nicht ausreichend beantwortet werden und bedürfen eigener historischer Untersuchungen.

Am Ende dieser Geschichte eines großen Scheiterns stehen Gefallenendenkmäler und Kriegsgräber. In diesen Gräbern ruhen neben Tätern und bereitwilligen Mitläufern auch jene, die ganz und gar gegen ihren Willen in den großen Krieg gejagt wurden, von fanatischen Ideologen missbrauchte, oft junge Menschen, die einen angeblichen Verteidigungskrieg zur Rettung des Vaterlands zu führen glaubten, der in Wirklichkeit ein Angriffskrieg ohnegleichen war und die Menschen samt Vaterland in den sicheren Untergang führen musste. Besonders diese in ungeheuren und immer neuen Schlachten massenhaft aufgeriebenen Menschen klagen an und rufen dazu auf, das ideologische Lügenwerk nicht zu vergessen, mit dem das NS-Regime seine Macht errichtete.

Der Traum vom großen Sieg durch Krieg und Herrschaft wurde auch in Leutershausen, wie immer und überall, wo er geträumt wurde und wird, zum Trauma, zu einem über Generationen hin nachwirkenden Albtraum.

- *Die Macht von Propaganda und Gewaltherrschaft*

Die Kapitel dieses Buches zeigen, wie die Verbindung von nationalsozialistischer Propaganda und Gewaltherrschaft alle Lebensbereiche der Menschen bis in die letzten Winkel des Alltags zu beeinflussen suchte. Dass eine derart umfassende und intensive Durchdringung über viele Jahre hinweg gelingen konnte, lag vor allem am Aufbau von Massenorganisationen, die den gesellschaftlichen Zusammenhalt unter dem Banner einer angeblich bedrohten und zu verteidigenden „Volksgemeinschaft" beschworen. Widerspruch von Andersdenkenden oder individuelle Abweichungen galten moralisch als Untreue, juristisch als Landesverrat und Verbrechen. Das nationalsozialistische Regime gewann zeitweilig die Oberhand.

- *Das Unkontrollierbare – die Grenzen totalitärer Kontrolle*

Wie fest geschnürt aber war das Netzwerk dieser totalen Kontrolle über jeden Einzelnen tatsächlich? Können autoritäre Regime „ewig" so weitermachen? Stoßen sie nicht doch irgendwann an ihre eigene Grenze, um dann wie ein zu hoch aufgebautes Kartenhaus in sich zusammenzustürzen? Ist es nicht so, dass übermäßige und sich un-entwegt steigernde Repression langfristig genau zu Widerstand führt? Der Fall der DDR-Mauer spricht für diesen Gedanken. Irgend-wann war das „Zuviel" erreicht, und die Macht der Diktatur hatte ein Ende. Wo aber begann dieses Ende?

Diese Frage lenkt den Blick auf die letztlich unkontrollierbaren Win-kel und Nischen im Alltagsleben der Menschen, auf jene Bereiche, in denen zumindest „die Gedanken frei sind". Darüber geben Tage-bücher, private Briefe oder andere persönliche Hinterlassenschaf-ten Auskunft. Immer schon gab es diese innersten, privatesten Be-reiche im Leben der Menschen, die als eine Art von „implizitem", beinahe intuitiv sich einstellendem inneren „Widerstehen" dazu bei-trugen, selbst das noch so straff geführte Kontrollsystem eines nati-onalsozialistischen Regimes von innen her zu durchziehen und nach und nach auszuhöhlen: „Steter Tropfen höhlt den Stein".

Dass die Freiheit der Gedanken eines, wenn auch noch so fernen Ta-ges aus der Stille ihres Daseins heraustreten, sich bemerkbar ma-chen und durchsetzen wird, können auf Dauer weder Diktatoren noch propagandistische „Gehirnwäsche" aus der Welt schaffen. Es kommt der unerbittliche Augenblick, in dem die Menschen spüren: Wir sind belogen worden. Es reicht.

▪ *Ausdauer und Selbstzerstörung totalitärer Systeme*

Ein solcher Gedankenansatz mag zunächst romantisierend wirken und in hartem Kontrast zur tatsächlichen „Ausdauer" von Diktaturen stehen: In Rumänien hielt sich Nicolae Ceaușescu 24 Jahre an der Macht, in Kuba Fidel Castro 49 Jahre, in der DDR das SED-Regime 40 Jahre, in Spanien Francisco Franco 36 Jahre, in der Sowjetunion Josef Stalin 25 Jahre, in Chile Augusto Pinochet 17 Jahre, in Italien Benito Mussolini 21 Jahre. Das ist mehr als deprimierend.

Und doch zeigt die Geschichte, dass Diktaturen und Diktatoren sich gerne stärker machen, als sie tatsächlich sind. Sie präsentieren sich selbstgefällig als unbesiegbar, und genau das ist ihre größte Schwäche: nicht zu begreifen, dass „Macht ohne Ende" keine anthropologische Kategorie ist. Das zeigt sich besonders dann, wenn Diktaturen den selbst auferlegten, paranoiden Zwang zu immer totalerer Kontrolle auf Dauer nicht mehr durchhalten können. Irgendwann ist ein „Zuviel" des Totalitären erreicht. Spätestens dann beginnt das langsame, aber sichere Scheitern solcher Systeme und die Idee der Freiheit setzt sich wieder durch wie die Schneeschmelze im Frühling. Irgendwann ist auch der brutalste Diktator mit seiner Horde des Schreckens nicht mehr in der Lage, sein anfangs so erfolgreich errichtetes, giftiges Kontrollsystem aufrechtzuerhalten.

Das lässt hoffen.

Letztlich und regelmäßig geht jedes dieser Regime an Realitätsferne, Kontrollwahn, Korruption, Selbstisolation, Erstarrung, Lähmung und Selbstvergiftung zugrunde. Kommt es zum Zusammenbruch, ist er meist massiv radikal, sei es militärisch wie bei Hitler 1945, durch Sturz wie bei Mussolini 1943, durch Tod wie bei Stalin 1953 oder Francisco Franco 1975, durch Volksaufstand wie bei Ceaușescu 1989, durch eine friedliche Revolution wie in der DDR 1989 oder durch Referendum und Wahl wie in Chile 1988/89. Welches Ende das autoritäre Regime Wladimir Putins, das spätestens 2020 durch Verfassungsreform zur Diktatur wurde, nehmen wird, ist derzeit offen. Aber auch dieses Regime – und erst recht das egoman-narzisstisch-autokratische Polit-Theater eines US-Präsidenten Donald Trump – wird wie alle Diktaturen an sich selbst zugrunde gehen. So viel ist sicher. Denn: *„Die Gedanken sind frei… Kein Mensch kann sie wissen, kein Jäger kann sie erschießen…".*

- *Präventive Kräfte: Würde, Freiheit, Bildung, Erinnerung*

Aus diesem programmatischen, sich immer wiederholenden Scheitern aller Diktaturen ergibt sich der präventive Grundsatz, dass diktatorische, autokratische, imperialistische usw. Bestrebungen umso weniger eine Chance haben, je mehr eine Gesellschaft das individuelle Recht auf persönliche Freiheit und unantastbare Würde formuliert und praktiziert, und je unermüdlicher sie sich darum bemüht, gemeinsam, d.h. miteinander statt gegeneinander zu denken, zu reden, zu diskutieren, zu streiten.

Unmittelbar damit korrespondiert der funktionierende *Rechtsstaat*. Er schützt die individuellen Freiheiten und Rechte der Menschen und lässt sich zugleich durch sie kontrollieren.

Ebenso unverzichtbar ist ein ausreichendes Maß an *Bildung* und Aufklärung der Bevölkerung, um diktatorische Ideologien zu hinterfragen und sich ihnen bewusst entgegenzustellen.

Besonders präventiv aber wirkt eine starke und etablierte Erinnerungskultur. So ist das beständige Gedenken an die Opfer der NS-Zeit ebenso elementar wie die Benennung der Täter. Gedenkveranstaltungen, Denkmäler und lokale Erinnerungsinitiativen halten das kollektive Gedächtnis wach. Sie widersetzen sich dem Schweigen ebenso wie der Neigung zum sogenannten „Schlussstrich".

Ein kritisches Bewusstsein lässt keinen „Schlussstrich" zu, sondern übt sich darin, dem letztlich unsagbaren Grauen Ausdruck zu verleihen, statt sich desinteressiert abzuwenden und es achselzuckend hinter sich zu lassen.

Rainer Schulz, im November 2024

Vom selben Autor:

Weitere Veröffentlichungen des Autors zur Stadtgeschichte

Die Glocken der Stadtpfarrkirche Leutershausen.

Zwei Handschriften von Friedrich Fröhlich 1924 und 1936.
Buch und E-Book. Verlag: BOD (Books on Demand: www.bod.de) 2024.
ISBN 978-3-75974-940-6 und 978-3-75971-761-0

Zeitzeugen: Erinnerungen.

Dekan Gottfried und Luise Blendinger, Leutershausen 1934 bis 1954.
Buch und E-Book. Verlag: BOD (Books on Demand: www.bod.de) 2024.
ISBN 978-3-75976-640-3 und 978-3-75977-434-7.

Das Jahrhundert der Reformation.

Zitate, Quellen und Themen zum Jahrhundert der Reformation im Dekanat Leutershausen. 2017.
Bestellungen im Dekanat Leutershausen (Mittelfranken): Badgasse 2, 91578 Leutershausen.

In Vorbereitung (2025):

Leutershausen „gar schön beschrieben".
Zur Erinnerung an Hans Wild und seine Vorläufer.
Kommentierte Neuherausgabe des Hans-Wild-„Heimatbuches" von 1926.
Verlag: BOD (Books on Demand: www.bod.de)

In Vorbereitung (2025):

Jochsberg 1833, 1866 und 1914 – Morgendämmerung eines besseren Lebens – Drei Pfarrer beschreiben ihre Gemeinde. Kommentierte Erstveröffentlichung. Verlag: BOD (Books on Demand: www.bod.de)